民事訴訟法提要　全

齋藤孝治
緩鹿實彰 合著

明治廿四年再版

民事訴訟法提要 全

日本立法資料全集 別巻 1173

信山社

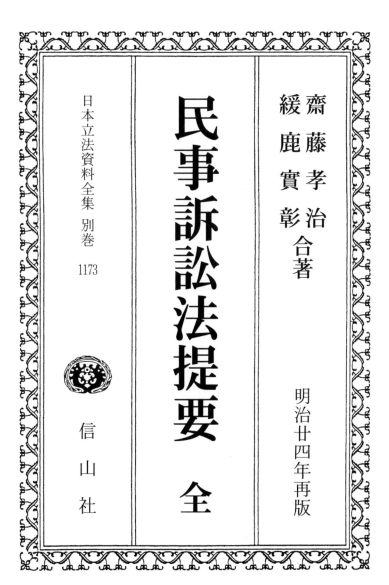

政治學講習會講義錄號外

文部大臣　大木伯題字

代言士　齋藤孝治
司法屬　綏鹿實彰　合著

民事訴訟提要　全

再版

發賣所　東京　明法堂

樞密議長 大木伯題字

代言士 齋藤孝治
司法屬 緩鹿實彰 合著

民事訴訟提要 全

發賣所 東京 明法堂

防無則戚之危
因法而后節法
守己自顧之力而
人而后誠法哉

人哉人乱法哉

民事訴訟提要目次

第三章　訴訟手續　五十七丁

書式目次

民事訴訟提要目次畢

民事訴訟提要

齋藤孝治
緩鹿實彰　合著

第一編　總説

第一章　裁判所

凡ソ裁判所ハ之ヲ分ッテ通常裁判所及特別裁判所ノ二種トス通常裁判所ハ即チ通常民事ニ關スル爭訟事件ニ付テノ裁判ヲ爲ス所ナリ而シテ其裁判所ハ左ノ如シ(搆第一第二)

第一　區裁判所
第二　地方裁判所
第三　控訴院
第四　大審院

右四箇ノ裁判所ノ組織權限ハ裁判所構成法ニ之ヲ規定セリ何人ヲ問ハス訴訟ヲ提起セントスルニハ其訴訟ノ屬スヘキ裁判管轄ヲ知ラサルヘカラス故ニ訴訟ノ提起前其訴訟ハ何裁判所ノ裁判權内ニ屬スヘキヤ又何地ノ裁判所ノ管轄ニ屬スヘキヤニ注意スルヿヲ要ス若シ其管轄ニ注意セス輕忽ニ起訴スル斤ハ或ハ區裁判所ノ裁判權内ニ屬スヘキモノヲ地方裁判所ニ提起シ地方裁判所ノ裁判權内ニ屬スヘキモノヲ區裁判所ニ提起シ又或ハ甲地ノ裁判所管轄ニ屬スヘキモノヲ乙地ノ裁判所ニ提起シ乙地ノ裁判所管轄ニ屬スヘキモノヲ甲地ノ裁判所ニ提起スル等ノ不都合ヲ生シ之カ爲メ受理セラレスシテ貴重ノ時日ト費用トヲ徒費スルノ不利ヲ招クニ至ルヘシ

第一節　裁判所ノ管轄

凡ソ裁判所ノ管轄ハ之ヲ別ツテ三種トス一ニ曰ク法律上ノ管轄二ニ曰ク上級裁判所ノ指定スル管轄三ニ曰ク當事者ノ合意ニ因ル管轄是レナリ

事物及ヒ土地ニ付テノ管轄ハ之ヲ稱シテ法律上ノ裁判所ノ管轄ト云フ事物及ヒ土地ノ管轄ニ付テハ被告ハ之ニ從屬セサルヲ得ス而シテ若シ其意志ニ反シ管轄權ヲ有セサル他ノ裁判所ニ訴ヘラルヽ𪜈ハ之ヲ拒ムノ權アルモノトス

上級裁判所ノ指定ニ因リ管轄ノ定マル𪜈ハ之ヲ上級裁判所ノ指定スル裁判所管轄ト云ヒ當事者ノ合意ニ因リ管轄ノ定マル𪜈ハ之ヲ當事者ノ合意ニ因ル裁判管轄ト云フナリ

第一欵　法律上ノ裁判所ノ管轄

第一　事物ノ管轄

裁判所ノ事物ノ管轄ハ法律上ノ裁判所ノ管轄ノ一ニシテ訴訟事件ノ價額若クハ種類ニ依リ之ヲ定ムルモノナリ(訴第一)而シテ第一審ノ裁判所權限ハ即チ左ノ如シ(第二審及ヒ第三審ノ裁判所權限ハ此第一審裁判所ノ權限ヨリ生スルモノトス)

一　區裁判所ニ於テハ左ノ事項ヲ審理判決ス（擣第一四）
第一百圓ヲ超過セサル金額又ハ價額百圓ヲ超過セサルモノニ關ル請求
第二住家其他ノ建物又ハ其或ル部分ノ受取明渡使用占據若クハ修繕ニ關リ又ハ賃借人ノ家具若クハ所持品ヲ賃貸人ノ差押タルコトニ關リ賃貸人ト賃借人トノ間ニ起リタル訴訟
第三不動產ノ經界ノミニ關ル訴訟
第四占有ノミニ關ル訴訟
第五雇主ト雇人トノ間ニ雇期限一年以下ノ契約ニ關リ起リタル訴訟
第六賄料又ハ宿料又ハ旅人ノ運送料又ハ之ニ伴フ手荷物ノ運送料ニ付旅人ト旅店若クハ飲食店ノ主人トノ間ニ又ハ旅人ト水陸運送人トノ間ニ起リタル訴訟

第七旅店若クハ飲食店ノ主人又ハ運送人ニ旅人ヨリ保護ノ爲メ預ケタル手荷物金錢又ハ有價ニ關シテ此等ノ者ノ間ニ起リタル訴訟

區裁判所ハ裁判所構成法及ヒ民事訴訟法其他ノ特別法ニ依リ以上ノ外尙ホ數多ノ事件ヲ管轄ス特ニ督促手續强制執行ノ如キ其管轄スル所タリ(訴三六六第三八三第五四三第六四一第七一八第七三九第七六一構一七)

二　地方裁判所ニ於テハ左ノ事項ヲ審理判決ス

第一區裁判所ノ權限ニ關リテ起リタル訴訟

第二裁判所構成法第三十八條ニ規定シタル皇族ニ對スル民事訴訟ニシテ控訴院ノ權限ニ專屬スルモノヲ除ク外總テノ民事訴訟

(構第二六)

地方裁判所ハ上ニ掲ケタル事件ノ外婚姻事件及ヒ養子緣組ニ關スル訴訟ヲ專屬管轄ス(明治卅三年十月法律第四號)

又公示催告手續ニ於テノ不服申立モ亦其管轄ニ屬ス(訴第七七四、搆第三〇)

第二　土地ノ管轄

裁判所ノ土地ノ管轄モ亦法律上ノ裁判所ノ管轄ノ一ニシテ地域上ニ於テ定メタル管轄ナリトス(例ヘハ京橋區裁判所ハ京橋區日本橋區ヲ管轄シ下谷區裁判所ハ神田區下谷區等ヲ管轄スト云フ如キ是レナリ何故ニ此管轄ヲ定ムルヲ要スルカト云フニ若シ此定メナカリセハ假令ハ訴訟物ノ價額ニ依リ之ヲ區裁判所又ハ地方裁判所ニ訴フヘキコトノ明瞭ナル場合ト雖モ何地ノ裁判所ニ訴ヘテ被告人ヲ召喚シ得ヘキヤ否ヲ知ルコト能ハサルヘシ是レ地域上ノ管轄ノ定メアルヲ要スル所以ナリ)

土地ノ管轄ハ之ヲ別ツテ二種ト爲ス一ニ曰ク普通管轄二ニ曰ク特別管轄是レナリ

(甲)普通管轄

(イ)住所ニ付テノ普通管轄

普通裁判籍ハ各人ノ住所所在地ノ裁判所ノ管轄ニ屬ス其住所ハ各人ノ確然タル住所ニシテ其經濟上及ヒ生活上ノ中心ナルモノヲ云フ(訴第一〇)

軍人、軍屬ニ付テハ其兵營地又ハ軍艦定繫所ヲ以テ其住所ナリトス然レトモ此規定ハ軍事ニ服スルヲ以テ其生活トスル所ノ者ニ限リ適用スヘキモノニシテ彼ノ兵役義務履行ノ爲メノミニ服役スル軍人軍屬ニハ之ヲ適用スルコトヲ得サルナリ(民訴第一一)(兵役義務履行ノ爲メノミニ服スル者ト雖モ財產權上ノ請求ニ付テハ兵營地若クハ軍艦定繫所ノ裁判所ニ訴フルコトヲ得ルナリ)(訴第一五)

本邦人ニシテ治外法權ヲ有スル者(外國ニ在ル本邦ノ公使及ヒ公使館ノ官吏並ニ家族從者ニ限ル領事ノ如キ治外法權ヲ有セサルモノニハ此規定ヲ適用スルコトヲ得サルナリ)ハ本邦ニ於テ最後ニ有セシ本人ノ住所ヲ以テ依然其裁判管轄上ノ住所ナリトス若シ其住所ナキ時ハ司法大臣ノ命令ヲ以テ豫メ定ムル東京內ノ區ヲ以テ其住所ナリトス(訴第一二)

(ロ)住所ニ因テ定マラサル普通管轄

内國ニ住所ヲ有セサル者ハ本人ノ現在地(現ニ居止スル地)ヲ以テ普通管轄裁判所ナリトス若シ現在地ノ不明ナルトキ又ハ外國ニ在ルトキハ本邦ニ於テ其最後ニ有セシ住所所在地ノ裁判所ノ普通管轄ニ属ス外國ニ住所ヲ有スル者ニ對スルトキト雖モ曾テ内國ニ住居ヲ爲シタルモノニシテ内國ニ於テ生シタル權利關係ニ付テハ本邦ニ於テ其最後ニ有セシ所在地ノ裁判所ノ普通管轄ニ属シ其裁判所ニ訴ヲ起スコトヲ得ルモノトス(訴第一三)

國ノ所有財產ニ對スル訴訟ハ國ヲ代表スル官廳ノ所在地ヲ以テ普通管轄裁判所ナリトス(訴第一四)(例ヘハ内務省ノ所管ニ係ル土地ノ經界ニ付爭論アルトキハ内務大臣ヲ被告ト爲スカ如キ又官林樹木取引ニ關シ農商務大臣ヲ被告ト爲ス塲合ノ如シ)(明治廿四年一月勅令第三號參看)

公又ハ私ノ法人(公ノ法人トハ公共事務ヲ處理スルカ爲メニ利害得喪ヲ同フスル共同一体ノモノヲ云フ即チ府、縣、郡、市、町、村、社寺ノ如キ是ナリ私ノ法人トハ商法ニ依テ認メラレタル會社ノ如キチ云フ)及ヒ其資格ニ於テ訴ヘラルヽコトヲ得ル會社其他ノ社團(社團トハ二人以上集合シテ事チ爲ス團体チ云フ例ヘハ組合、商會、商社、ノ如キモノニシテ政府ノ認許チ得テ公然取引チ爲シ且其組合、商會、商社ノ名義チ以テ訴チ起シ又ハ訴ヘラルヽコトチ得ヘキモノチ云フ)又ハ財團(財團トハ動産ナルト不動産ナルトチ問ハス總テノ財産ノ團塊チ謂フ例ヘハ破産財團又ハ共有財團ノ如キ是レナリ)等ハ其所在地ノ裁判所ヲ以テ普通管轄裁判所ナリトス若シ事務所ナキトキ又ハ數個所ニ於テ事務ヲ取扱フトキハ其首長又ハ事務擔當者ノ住所所在地ノ裁判所ヲ以テ普通管轄裁判所ナリトス(訴一四)

(乙)特別管轄

生徒、雇人、營業使用人、職工、習業者等ノ如キ其性質上一定ノ地ニ永ク寓在スヘキ者ニ對スル財産權上ニ關スル總テノ訴訟ハ其現在地ノ裁判所ニ之ヲ起スコトヲ得(訴第一五第一)

軍人、軍屬、ニシテ兵役義務履行ノ爲メニ服役スル者ノ財産權上ニ關スル總テノ訴訟ニ付テハ其兵營地若クハ軍艦定繫所所在地ノ裁判所ニ起スヿヲ得(訴第一五第二)(法律ハ何故ニ生徒、雇人、營業使用人職工習業者其他兵役義務履行ノ爲メ服役スル軍人軍屬ニ財産權上ノ訴訟ノミニ限リ特別管轄ヲ設ケタリヤト云フニ此等本人住所ニ歸ヘルヲ待テ訴訟ヲ提起スルト爲ストキハ或ハ時效ニ至リテ要求スルヲ得ヘカラサルニ至ルヘク又目的物滅失スルコトアルヲ以テ此等ノ弊害ヲ豫防センカ爲メニ財産權上ノ訴ヘハ特ニ現住所ニ訴フルコトヲ許シタルモノナリ)

製造商業又ハ其他ノ營業ヲ爲ス爲メ直接ニ取引ノ業務ヲ處辨スル所(店舗)ヲ有スル者ハ其業務ニ關スル總テノ訴訟ニ對シテハ其取引所所在地ノ裁判所ニ訴ヲ起スコトヲ得(例ヘハ東京ノ商人ガ長崎ニ支店ヲ有シ長崎ニ於テ直接ニ取引ヲ爲スモノトセハ此支店ハ營業上ニ付キ長崎裁判所ニ訴訟ヲ爲スコトヲ得ルカ如シ)住家及ヒ農業用ノ建物アル地所ノ所有權或ハ使用權若クハ借地權ヲ有シ躬ラ農業ヲ經營スル者ハ其經營ニ關スル總テノ訴訟ニ付キ其地所所在地ノ裁判所ニ訴フルコトヲ得ルモノトス(訴第一六)

凡ソ財産權上ニ關スル請求ニ付內國ニ住所ヲ有セサル者ニ對スル訴訟ハ其財産又ハ訴訟物件所在地ノ裁判所ニ之ヲ爲スコトヲ得若シ其財産債主權ヨリ成立スルモノナルトキハ其債主權ニ係ル債務者ノ所在地ヲ以テ財産所在地ト看做スヘシ若シ其債主權ヲ鞏固ナラシムル爲メ或ル物件ヲ其擔保ト爲シタル時ハ其物件所在地ヲ以テ財産所在地ト看做スコトヲ得ルナリ(訴第一七)

契約ノ成立或ハ不成立ノ確定又ハ其履行、銷除、廢罷、解除又ハ契約ヲ履行セサル場合ニ於ケル賠償又ハ契約ノ履行不充分ナル場合ニ於ケル賠償ニ付テノ訴訟ハ其係爭義務ヲ履行ス可キ地ノ裁判所ニ之ヲ提起スルコトヲ得ルナリ(訴第一八)

會社其他ノ社團ヨリ其社員ニ對シ、又ハ社員ト社員トノ間ニ於テ社員タルノ資格ニ基因スル請求ノ訴訟ハ其會社其他ノ社團所在地ノ裁判所ニ之ヲ提起スルコトヲ得ルモノトス(訴第一九)

不正ノ行爲ヨリ生スル損害ノ訴ハ其損害ヲ被ラシメタル者ニ對シ其不正ノ行爲アリタル地（行爲數箇ノ裁判所ノ管轄内ニ亘ルトキハ直近上級ノ裁判所ノ裁判ニ依リ管轄ヲ定ム（構第一〇））ノ裁判所ニ訴ヲ起スコトヲ得ルモノトス（訴第二〇）

辯護士又ハ執達吏ノ手數料（日當ノ類ヲ云フ）及ヒ立替金（印紙料、用紙代、運送賃其他訴訟手續若クハ執行手續ニ關シ必要ナル金錢ヲ立替タルモノヲ云フ）ニ付キ其委任者ニ對スル訴ハ訴訟物ノ價額ノ多寡ニ拘ハラス本訴訟ノ第一審裁判所ニ之ヲ起スコトヲ得ルモノトス（訴第二一）故ニ例ヘハ請求金額百圓ヲ超過スルモ區裁判所カ本訴訟ニ付第一審ノ裁判所ナリシトキハ其區裁判所ノ管轄ニ屬シ又例ヘハ請求金額百圓以下ナルモ地方裁判所カ本訴訟ニ付第一審ノ裁判所ナリシトキハ其地方裁判所ノ管轄ニ屬ス而シテ委任者カ何レノ地ニ住所ヲ有スルモ之ニ拘ハラサルナリ不動產上ノ訴殊ニ本權ノ訴并ニ占有ノ訴分割并ニ經界ノ訴ハ其不動產所在地ノ裁判所ノ管轄ニ專屬スルモノトス(此裁判籍ハ專屬裁判籍ナルカ故ニ他ノ裁判所ニ起訴スルコトヲ許サヽルナリ)又地役ニ付テノ訴ハ承役地所在地ノ裁判所ノ管轄ニ專屬ス(訴第二二)

不動產上ノ裁判管轄ニ於テハ同一ノ被告ニ對スル塲合ニ限リ債權ノ擔保ヲ爲ス從タル物權ニ基ク不動產上ノ訴訟ニ負債訴訟ヲ合併シテ訴ヲ起スコトヲ得ルモノトス其他對人權ニ關スル訴訟ニシテ不動產ノ所有者又ハ占有者ニ對スル事件及ヒ不動產ノ損害ニ付テノ訴訟モ亦不動產所在地ノ裁判所ニ之ヲ提起スルコトヲ得ルナリ(訴第二三)

相續權遺贈其他死亡ニ因リテ效果ヲ生スル處分ニ基ク請求ノ訴訟ハ先人ノ死亡ノ當時生活ノ中心タリシ住所若クハ現在地ノ裁判所ニ訴ヲ起スコヲ得又先人若クハ相續人ニ對スル請求ハ遺產ノ全部又ハ一分ニシテ其裁判所ノ管轄內ニ存在スルトキニ限リ相續ニ付テノ管轄

裁判所ニ訴ヲ起スコトヲ得ルモノトス(訴第二四)
不動産所在地ノ裁判籍ニ屬スルモノヲ除ク外裁判籍中二箇以上ニ亘ルトキハ原告ハ其中ノ一ヲ選擇シテ管轄裁判所ヲ定ムルコトヲ得ルナリ(訴第二五)

第三　上級裁判所ノ指定スル管轄裁判所

豫メ法律ヲ以テ裁判管轄ヲ定ムル能ハサル場合ニ於テハ上級裁判所ニ於テ裁判管轄ヲ定ムルコトヲ得ルモノトス其場合ハ即チ
第一　訴訟ヲ不動産所在地ノ管轄裁判所ニ起ス可キ場合ニ於テ其訴訟ノ目的タル不動産カ數箇ノ裁判所ノ管轄區內ニ散在スル時(訴第二六)
第二　本件ヲ裁判スルノ權限ヲ有スル裁判所ニ於テ法律上ノ理由若クハ特別ナル事情ノ存スルニ因リ裁判權ヲ行フコトヲ得サル時及ヒ裁判所構成法第十三條ノ規定ニ依リ一ノ區裁判所ニ於テ

法律上ノ理由若クハ特別ナル事情ノ存スルニ因リ事務ヲ取扱フコトヲ得サルトキ之ニ代ルヘキコトヲ定メラレタル地ノ區裁判所モ亦本件ノ裁判權ヲ行フコトヲ得サル時(訴第二七搆第一〇)

第三　同級ノ裁判所管轄區域ノ境界明確ナラスシテ訴訟ヲ管轄スヘキ裁判所ノ定マラサル時(同上)

第四　法律ニ從ヒ又ハ數多ノ裁判所各其管轄ナルコトヲ言渡シ其裁判確定シタル時(同上)

第五　數多ノ裁判所權限ヲ有セストノ裁判確定シ又ハ權限ヲ有セストノ裁判確定スルモ其ノ裁判所ノ一ニ於テ裁判權ヲ行フヘキ時(同上)

是レナリ右ノ場合ニ於テハ申請ニ依リ關係アル各裁判所ヲ併セテ管轄スル直近上級ノ裁判所ニ於テ其管轄ヲ定ムルモノトス(搆第一〇)管轄裁判所ノ指定ニ付テノ申請ハ書面又ハ口頭ヲ以テ其申請ニ付キ管

轄權ヲ有スル裁判所ニ之ヲ爲ス此場合ニ於テハ裁判所ハ口頭辨論ヲ經スシテ其申請ヲ決定ス此決定ニ對シテハ不服ヲ申立ツルコトヲ得ス(訴第二八)(第一號書式參看)

第四　當事者ノ合意ニ因ル裁判管轄

當事者ハ其合意ヲ以テ事物上若クハ土地上ノ管轄ニアラサル裁判所ヲ以テ第一審ノ管轄裁判所ト定ムルコトヲ得其合意ハ書面(書面ハ特別ニ之ヲ作ルヲ要セス準備書面又ハ答辯書中ニ合意ノ旨ヲ揭クルヲ以テ足ルナリ)ヲ以テシ且其合意カ一定ノ權利關係及ヒ其權利關係ヨリ生スル訴訟ニ付テノミ有效ナリトス(訴第二九)若シ被告管轄ニアラサル裁判所ニ於テ其管轄違ナルコトヲ申立スシテ本案ノ口頭辯論ヲ爲ス𪜈ハ則チ暗默ノ合意アリタルト見做ス(訴第三〇)

裁判管轄ハ財産權外ノ訴訟即チ人事ニ關スル訴訟其他訴訟法ニ於テ財産權上ノ請求ト認メサル訴訟ニ付テハ合意ヲ以テ定ムルヿヲ得ス

又財產權ニ關スル訴訟ト雖モ法律上專屬管轄ノ規定アル片ハ合意ヲ以テ之ヲ變更スルコヲ得サルナリ(訴第三一)

第二章　當事者

第一節　訴訟能力

自ラ訴訟ヲ爲シ又ハ訴訟代理人ヲシテ訴訟ヲ爲サシムル能力及ヒ法律上代理人ニ依レル訴訟無能力者ノ代表及ヒ法律上代理人カ訴訟ヲ爲シ又ハ一一ノ訴訟行爲ヲ爲スニ付テノ特別授權ノ必要(特別授權ノ必要トハ例ヘハ後見人カ訴訟ヲ提起スル場合ニ親族會議ノ允許ト區裁判所ノ認可ヲ要スルカ如キヲ云フ)ハ民法ノ定ムルトコロニ從フモノトス(訴第四三)

外國人ハ自國ノ法律ニ從ヒ訴訟能力ヲ有セサルモ本邦ノ法律ニ從ヒ訴訟能力ヲ有スルモノナル片ハ訴訟能力ヲ有スルモノト看做サルヘシ(訴第四四)

原被告ニシテ躬ラ訴訟ヲ爲ス者ニ訴訟能力ノ欠缺ナキヤ否或ハ法律上代理人タルノ資格ニ欠缺ナキヤ否及ヒ訴訟ヲ爲スニ必要ナル授權ニ欠缺ナキヤ否ヤハ訴訟ノ如何ナル程度ニ在ルヲ問ハス裁判所ハ原告若クハ被告ノ申出ヲ待タス之レヲ調査スヘキモノトス(訴第四五)原被告ノ一方ニ於テ遲滯ノ爲メ危害則チ時效ニ迫ルカ又ハ物件滅失スルカ其他至節ニ關スル農產物ニ係ル時ノ如キ恐レアル片其欠缺ヲ補正シ得ヘシト思料スルニ於テハ裁判所ハ其欠缺ヲ補正ス可キ條件付ヲ以テ其欠缺ノ儘一時訴訟ヲ爲スヿヲ得ル者トス(危害ノ恐レナク欠缺ヲ補正シカタキ者ト認ムル片ハ此限ニアラス)然レ𪜈補正ヲ爲サヽル間ハ判決ヲ爲スヿヲ許サヽルニ依リ裁判所相當ノ期間ヲ定メテ之ヲ補正セシメ然ル後判決ヲ爲スヘシ若シ其期間內ニ補正スルヿヲ得サルモ口頭辯論ノ終結前ニ補正スル片ハ判決ヲ爲シ得ヘキ者トス(訴第四五)口頭辯論終結ニ至ルモ右ノ補正ヲ爲サヽル片ハ當該ノ原告若クハ被

告ハ出頭セサルモノト看做シ既ニ爲シタル一切ノ行爲ハ無效ニ歸ス
訴訟無能力者ニシテ法律上代理人アラサル者ニ對シ訴ヲ起スヘキ場合又ハ相續人ノ定ラサル遺產ニ對シ訴ヲ起スヘキ場合又ハ所在不分明ナル相續人ニ對シ訴ヲ起スヘキ場合ニ於テ法律上代理人アラサル時ハ危害ノ恐レアル場合ニ限リ受訴裁判所ノ裁判所長ハ原告ノ申請ニ依リ特別ノ代理人ヲ任シ被告人ニ代リ訴狀ノ送達ヲ受ケ法律上代理人若クハ相續人ノ出頭アルマテ總テノ訴訟行爲ヲ爲サシム特別代理人選任ノ申請ハ書面(第二號書式參看)又ハ口頭ヲ以テ之ヲ爲スコトヲ得ルト雖𪜈左ノ三條件ヲ具備セサルヘカラス

(一)法律上代理人アラサルヿ又ハ相續人ノ定マラルサルヿ又ハ相續人所在不分明ナルヿ

(二)訴ヲ起ス可キヿ

(三)遲滯ノ爲メ危害ノ恐アルヿ

右ノ申請ハ口頭辯論ヲ經スシテ之ヲ裁判シ其裁判ハ之ヲ申請人ニ送達ス（申請ヲ却下スル裁判ニ對シテハ抗告ヲ爲スコトヲ得）又申請ヲ認許シタルトキハ其選任セラレタル特別代理人ニモ亦之ヲ送達スルモノトス（訴第四六）

又訴訟能力ヲ有セサル者生徒、雇人、營業使用人、職工習業者其他性質上一定ノ地ニ永ク寓在ス可キ者又ハ兵役義務履行ノ爲メ服役スル軍人軍屬ニ係リ訴ヲ起ス場合ニ於テハ法律上ノ代理人他ノ地ニ住スル𪜈ハ設ヒ遲滯ノ爲メ危害ノ恐ナシト雖𪜈該裁判長ハ原告ノ申立ニ依リ特別代理人ヲ選定スルコトヲ得ルナリ（訴第四七）

第二節　共同訴訟人

共同訴訟人トシテ數人原告トナリ又ハ被告トナルコトヲ得ル場合ハ左ノ數項ニ限ルモノトス（訴第四八）

第一　數人カ訴訟物ニ付權利共通若クハ義務共通ノ地位ニ立ツ

時

第二　同一ノ事實上及ヒ法律上ノ原因ニ基ク請求又ハ義務カ訴訟ノ目的物タルトキ

第三　性質ニ於テ同種類ナル事實上及ヒ法律上ノ原因ニ基ク同種類ナル請求又ハ義務カ訴訟ノ目的タルトキ

共同訴訟人ノ間ニハ唯其請求若クハ義務ニ付同一ノ訴訟ニ於テ審理スヘキ外面上ノ關係アルヲ例トス其他ノ事項ニ於テハ各共同訴訟人其對手人ト各別ニ對立シ其爲シタル行爲及ヒ懈怠ハ他ノ共同訴訟人ニ利害ヲ及ホサス又訴訟ノ結果ハ各共同訴訟人ニ對シ相異ナルヿアルナリ(訴第四九)然レモ民法及ヒ訴訟法ノ別段ノ規定アル場合ニ於テハ前段ニ述ヘタル例外ヲ爲スモノナリ其例外トハ即チ共同訴訟人ノ必然共同訴訟人ナルカ或ハ訴訟事件ノ性質總テノ共同訴訟人ニ對シ一訴訟ニテ裁判セラルヘキモノナルカ故ニ(一)共同訴訟人

ノ或ル人ノ提出シタル攻撃及ヒ防禦(証據方法ヲ包含ス)ハ他ノ共同訴訟人ニ其効力ヲ及ホサス(二)共同訴訟人中ノ或ル人カ爭ヒ又ハ認諾セサル中他ノ共同訴訟人カ默止スル場合ニ於テハ悉ク爭ヒ又ハ認諾セラレタルモノト看做ス(三)共同訴訟人ノ或人カ期日又ハ期間ヲ懈怠シタルトキハ其懈怠セサル者ニ代理ヲ委任シタルモノト看做ス故ニ例ヘハ共同訴訟人ノ一人カ欠席シタルトキハ其出頭シタル者ニ代理ヲ委任シタルモノト看做シテ出頭シタル者ト同一ノ効力ヲ有セシム(四)共同訴訟人ノ或ル人カ懈怠スルモ其共同訴訟中ノ或ル人カ懈怠セサルトキハ懈怠ノ結果ヲ生セル故送達呼出及ヒ後ノ手續ニ加ハル權ハ懈怠ナカリシトキト同一ナリ(訴第五〇)

第三節　第三者ノ訴訟參加

原告若クハ被告ノ代理人「相續人又ハ其他ノ承繼人等ノ資格ニ非ラスシテ甲乙両者間ノ訴訟ニ丙者カ自己ノ權利或ハ利益ノ爲メ干渉スル

場合之ヲ第三者ノ訴訟參加ト云フ
第三者ノ訴訟參加ハ之ヲ別ッテ四種トス一ニ曰ク主參加、二ニ曰ク從參加、三ニ曰ク告知參加、四ニ曰ク指名參加是レナリ

第一欵　主參加

主參加ハ訴訟事件ノ原被告ヲ共ニ對手人トシテ訴訟物件ヲ請求スルニアル亇ヲ云フ尙ホ之ヲ詳言スレハ甲(原告)乙(被告)間ニ於テ相爭フトコロノ訴訟ノ目的タル事物(有形物タルト權利即チ無形物タルトヲ問ハサルナリ)ノ全部又ハ其一分ヲ丙者カ自己ノ爲メ甲(原告)乙(被告)ニ對シ更ニ訴訟ヲ以テ請求スルヲ謂フ例ヘハ甲乙両者ノ間ニ於テ或ル物件ノ所有ヲ爭フ亇甲乙相爭フトコロノ物件ハ丙者之ヲ自己ノ所有ナリト主張シ又ハ甲乙ニ於テ質權ノ爭ヲ爲ス亇丙者ハ其物件ヲ買受タリト主張スルカ如キ場合是レナリ
主參加ハ獨立ナル新訴ニシテ本訴訟ノ請求ト牽連スルカ故ニ本訴訟

ノ繫屬シタル第一審裁判所ニ起訴ス可キモノトス故ニ例ヘハ本訴訟カ上訴審ニ繫屬スト雖モ已ニ繫屬セシ第一審ノ受訴裁判所ニ起訴スヘキナリ而シテ本訴訟ノ權利拘束（權利拘束ハ訴狀ノ送達ニ因リテ始ル）（訴第一九五）トナリタル時ヨリ權利拘束ノ終ニ至ルマテノ間ニ之ヲ爲スモノトス（權利拘束ノ終リハ訴訟ノ完結スル時チ云フ玆ニ確定判決ト記セスシテ權利拘束ノ終リマテト記シタルハ訴訟ノ完結ハ獨リ確定判決ノ場合ノミナラス訴ノ取下、拋棄、認諾和解チモ包含スルチ以テナリ）（訴第五一）

右ノ訴ハ原被告ヲ共同被告人トシテ訴フルモノニシテ普通ノ訴訟手續ト異ナルトコロアルヲ見ス而シテ訴狀ハ第百九十條ノ規定ニ從ヒ之ヲ作ルモノトス主參加ノ始マリタル片ハ原告、被告又ハ主參加人ノ申立ニ因リ又ハ職權ヲ以ノ主參加ノ權利拘束ノ終リニ至ルマテ本訴訟ノ判決ヲ中止スルコトヲ得ルナリ（第　號書式參看）（訴第五二）

第二欵　從參加

從參加ハ訴訟事件ニ付其主タル原被告一方ノ從トナリ之ヲ補助スルニアル片ヲ云フ

何人ヲ問ハス他人ノ間ニ權利拘束ト爲リタル訴訟ニ於テ原被告一方ノ勝敗ニ依リ自己ノ權利上利害ノ關係ヲ有スル片ハ訴訟ノ如何ナル程度ニアルヲ問ハス權利拘束ノ繼續スル間ハ其一方ヲ補助スル爲メ訴訟ニ參加スルヿヲ得其權利上ノ利害トハ即チ從參加人其者ノ權利又ハ義務カ其訴訟ノ勝敗ニ從テ得喪アル場合ヲ云フ(訴第五三)

從參加人ハ主タル原告若クハ被告ノ一方ノ訴訟補助人ニシテ其係爭請求ノミニ付訴訟ヲ爲スニ止マルモノタリ而シテ其附隨スル時ニ於ケル訴訟ノ程度ヲ妨ケサル限リハ(故ニ其附隨前既ニ一分判決又ハ中間判決ヲ以テ完結シタル事項ニ付テハ更ニ訴訟ヲ爲スヿヲ得ス又抛棄、懈怠若クハ中間判決ニ依リ附隨ノ當時提出スル權ヲ失ヒタル攻擊及ヒ防禦ノ方法ヲ更ニ提出スルヿヲ得サルナリ)主タル原告若クハ被告ノ爲メ勝訴ヲ期ス

ヲ為ヲ為ヲ為

ルニ必要ト認ムル攻撃及ヒ防禦ノ方法ヲ施用シ且總テノ訴訟行為ヲ實行シ殊ニ主タル原告若クハ被告ノ為メニ存スル期間內ニ獨立シテ(主タル原告若クハ原告ノ名義ニテ)故障(故障申立ノ期間ハ十四日トス此期間ハ闕席判決ノ送達ヲ以テ始マル)(訴第二五五第二)支拂命令(支拂命令ニ對スル異議申立ノ期間ハ十四日トス)(民訴第三百八十六條第二)ニ對スル異議又ハ上訴(控訴期間ハ一ヶ月トス此期間ハ判決ノ送達ヲ以テ始マル)(訴第四三七第一)抗告ハ七日ノ不變期間ニ之ヲ為スヘシ其期間ハ裁判ノ送達又ハ裁判ノ言渡ヨリ始マル)(訴第四六六第二)ヲ為スノ權アルモノトス(訴第五四第一)

然レトモ從參加人ノ陳述及ヒ行為カ主タル原告若クハ被告ノ陳述及ヒ行為ト牴觸スル場合ニ於テ民法ニ別段ノ規定アラサル限リハ主タル原告若クハ被告ノ陳述及ヒ行為ニ依ラサル可カラサルナリ(訴第五四第二)

訴訟ノ判決ハ元來當事者間ノ權利關係ヲ定ムルニ止マルモノナリト雖モ從加人ト其補助スル所ノ原被告一方ノ關係ニ於テハ間接ニ其効力ヲ及ホスモノトス又從參加人ハ其補助スル所ノ原被告一方ニ對シ新ニ訴訟ヲ起スヿヲ得ヘシト雖モ其曾テ參加シタル訴訟ニ付テノ確定裁判ニ對シテハ之ヲ不當ナリト主張スルヿヲ得ス若シ從參加人カ參加ノ時ニ於ケル訴訟ノ現狀ニ依リ又ハ其補助スル所ノ原告若クハ被告ノ所爲ニ依リテ妨ケラレ攻擊防禦ノ方法ヲ施用シ得サリシ片又ハ主タル原告若クハ被告カ從參加人ノ知ラサリシ攻擊防禦ノ方法ヲ故意又ハ重過失ニ依リ施用シ得サラシメタリシ片ハ其補助シタル原告若クハ被告カ訴訟ヲ不十分ニ爲シタリト主張スルヿヲ得ルナリ(訴第五五)

從參加ハ申請ヲ以テ本訴訟ノ繫屬スル裁判所ニ之ヲ爲スヘキモノトス(故ニ本訴訟カ第一審ニ繫屬中ハ第一審裁判所ニ控訴審ニ繫屬中ハ控訴裁

判所ニ上告審ニ繫屬中ハ上告裁判所ニ之ヲ爲スヘキナリ）其申請ハ原被告双方ノ氏名、訴訟ノ標目、一定ノ利害關係、及ヒ參加ノ理由ヲ記シテ之ヲ作ルモノトス（第四號書式參看）（訴第五六）

右ノ申請ハ原被告双方ニ之ヲ送達スヘク原告又ハ被告ハ從參加ニ付キ異議ヲ申立ツルコトヲ得ルモノトス而シテ原被告トモ異議ヲ申立サルトキハ直チニ從參加ヲ許ス可シ若シ之ニ反シ其一方ヨリ異議ヲ申立ツルトキハ之ニ付キ原被告及ヒ從參加人ヲ呼出シ審訊シタル上別段口頭辯論ヲ要セス中間判決ヲ以テ裁判ヲ爲スモノトス此裁判ニ對シテハ即時抗告ヲ爲スコトヲ許スナリ若シ利害關係ノ存否ニ付爭アル場合ニ於テ從參加人其關係ヲ疏示スルトキハ參加ヲ許スコトヲ得從參加ヲ許サストノ裁判アルモ其裁判確定ニ至ラサル間ハ從參加人ヲ原被告一方ノ共同訴訟人ト看做シテ本訴訟ニ立會ハシメ且總テノ期日ニ呼出シ又本訴訟ニ關係スル裁判ヲ爲シタルトキハ從參加人ニモ亦其

送達ヲ為スヘキモノトス（訴第五七）

従参加人ハ原被告双方ノ承諾ヲ得ルトキハ其補助スル所ノ原告若クハ被告ニ代リテ自ラ其訴訟ヲ擔任スルコヲ得ヘシ此場合ニ於テハ原告若クハ被告ハ被告ノ申立ニ依リ其擔任ヲ受クル原告若クハ被告ヲ脱退セシムヘキモノトス（訴第五八）

第三款　告知参加

告知参加ハ第三者ニ訴訟ヲ告知シテ其補助ヲ請求シ第三者ヲシテ其訴訟ニ参加セシメ之ニ依リテ勝訴ヲ目的トスルモノナリ此告知ハ敗訴ノ場合ニ於テハ第三者ヨリ訴訟行為ヲ不充分ニ為シタリトノ抗辯ヲ受ケ又ハ裁判ノ不當ナルコヲ主張シテ訟求ヲ受クルノ危險ヲ豫防スル為メニ之ヲ為シ又原被告ノ一方敗訴ノ場合ニ於テ第三者ニ對シ擔保又ハ賠償ノ請求ヲ為シ得ヘシト信シ又ハ第三者ヨリ請求ヲ受ク可キコトヲ恐ルヽ場合ニ之ヲ為スモノナリ告知ヲ受ケタル者ハ其

訴訟ニ參加セサル卝ト雖モ更ニ告知ヲ爲スノ權ヲ有シ又告知ヲ受ケス參加シタル者モ上ニ述タル告知條件ノ一アル卝ハ又更ニ他ノ第三者ニ對シ訴訟ヲ告知スルコトヲ得ヘシ（訴第五九）

訴訟告知ノ訴訟ハ訴訟告知ノ理由、訴訟ノ程度ヲ記載シタル書面ヲ作リ本訴訟ノ權利拘束ノ終了ニ至ルマテノ期間内ニ其訴訟ノ繫屬スル裁判所（第一審ニ繫ル訴訟ハ第一審裁判所、控訴審ニ繫ル訴訟ハ控訴裁判所上告審ニ繫ル訴訟ハ上告裁判所）ニ提出シテ之ヲ爲スモノトス（第四號書式參看）其書面ハ之ヲ第三者ニ送達シ又訴訟ヲ告知スル原告若クハ被告ノ相手方ニハ其謄本ヲ送付スヘキモノトス（訴第六〇）

第三者參加ヲ拒ミ或ハ辨明セサル卝ハ本訴訟ハ訴訟告知ニ拘ハラス本訴訟ノ中止辯論ノ延期ヲ爲サス之ヲ續行スヘキモノトス然レトモ第百六十九條ノ規定ニ依ル卝ハ期日ノ變更、辯論ノ延期ヲ爲スヿヲ得ヘキナリ（訴第六一第一）

第三者參加スヘキコトヲ陳述シ訴訟ニ參加スル片ハ從參加人ト同一ノ地位ヲ占ムル者ナリ故ニ其參加ニ付テハ渾テ從參加ノ原則ニ從フヘキモノトス(訴第六一第二)

第四款　指名參加

指名參加ハ被告(借地人、借家人、受托人、保管人ノ類)カ第三者ノ名ヲ以テ訴訟物ヲ占有スル場合ニ於テハ被告ハ其訴訟ノ結果ニ付キ利害ノ關係ヲ有セサルヲ以テ其訴訟ヲ脱退スルヲ欲シ第三者(貸地人、貸家人、附托者等)ヲ呼出シ其意見ヲ陳述セシムル爲メ指名シテ參加セシムルニアル片ヲ云フ此指名呼出ハ本案ノ口頭辯論前ニ之ヲ求ムルコトヲ要ス此求メアリタル片ハ第三者ノ陳述ヲ爲シ又ハ之ヲ爲スヘキ期日マテ本案ノ辯論ニ取リ掛ルコトヲ拒ムコトヲ得(訴第六二第一)然レトモ第三者カ被告ノ主張スルトコロヲ承認セス又ハ何等ノ陳述ヲ爲サヽル片ハ第三者ハ自己ノ權利ヲ拋棄スル者ナルヲ以テ此場合ニ於テハ被告ニ於テ原告ノ請求ニ應スルモ第三者ニ對シ夫レカ爲メ何等ノ責任ヲ負ハサルナリ若シ第三者ニ於テ被告ノ主張スルトコロヲ承認スルキハ第三者ハ被告ノ承認ヲ得テ更ニ被告ニ代リテ訴訟行爲ヲ擔任スルコトヲ得ルナリ此塲合ニ於テハ裁判所ハ被告ノ申立ニ依リ被告ヲ其訴訟ヨリ脫退セシムルモノトス然レトモ其物ニ付テノ裁判ハ被告ニ對シテモ效力ヲ有シ且之ヲ執行スルコトヲ得ルナリ(訴第六二)

第四節　訴訟代理人及輔佐人

第一欵　訴訟代理人

訴訟代理人ハ原告若クハ被告ノ委任ニ因リ訴訟行爲ヲ代理スル者ナリ輔佐人ハ口頭辯論ニ於テ權利ヲ伸張シ又ハ防禦スル爲メ原告若クハ被告ヲ補助シ特ニ之ヲ代辨スル者ナリ

訴訟代理人ハ辯護士ヲ以テ之ヲ爲スヲ原則トス然レ𪜈委任スヘキ辯

護士ノ在ラサル場合ニ於テハ訴訟能力ヲ有スル親族若クハ雇人ヲ以テシ若シ此等ノ者在ラサル場合ニ於テハ他ノ訴訟能力ヲ有スル者ヲ以テスルコトヲ得ルナリ(訴第六三第一)
區裁判所ニ於テハ其管轄ニ屬スル訴訟事件極メテ簡易輕小ナルヲ以テ辯護士ノ在ル場合ト雖モ其辯護士ニ委任セスシテ直ニ訴訟能力者タル親族若クハ雇人ヲ以テ訴訟代理人ト爲スコトヲ得ルナリ(訴第六三第二)
訴訟ノ委任ハ書面委任ヲ以テ之ヲ爲スヲ原則トス然レトモ口頭辯論又ハ受命判事若クハ受託判事ノ審問ニ際シ臨時委任ヲ要スル場合ニ於テハ口頭委任ヲ許シ其陳述ヲ調書ニ記載セシメ書面委任ト同一ノ效ヲ有セシム(訴第六四第三)書面委任ハ之ヲ裁判所ニ提出スヘキモノトス(訴第六四第一)(第五號書式參看)
書面委任ハ之ヲ閲覽スルヲ以テ足レリトセス裁判所ノ記錄(一件書類)

ニ編入スヘキナリ(同上)
書面委任ハ公正證書ヲ以テスルモ亦私署證書ヲ以テ之ヲ爲スモ隨意ナリトス
私署證書ヲ以テ訴訟委任ヲ爲シタル片ハ其相手方ハ之ヲ確實ナラシムル爲メ其書面委任ヲ認證スヘキヿヲ求ムルヲ得此認證ハ公証人之ヲ爲スヲ通例トシ又相當官吏(市町村長ノ類)之ヲ爲スコトヲ得ルナリ
(訴第六四第二)
辯護士ニ訴訟委任ヲ爲ス場合ニ於テハ一々委任狀ニ其明記ヲ爲サヽルモ訴訟委任ヲ爲シタルノミニテ法律上當然反訴、主參加、故障、假差押若クハ假處分又ハ强制執行ニ因リ生スル訴訟行爲ヲ併セ訴訟ニ關スル總テノ訴訟行爲ヲ爲シ及ヒ相手方ヨリ辯濟スル費用ノ領收ヲ爲ス權ヲ其代理人ニ授與シタルモノト看做スナリ(訴第六五第一)然レトモ控訴若クハ上告ヲ爲シ、再審ヲ求メ代人ヲ任シ、和解ヲ爲シ、訴訟物ヲ抛棄シ又ハ相手方ヨリ主張シタル請求ヲ認諾スルノ權ハ特別ノ委任ヲ受クルニアラサレハ之ヲ代理スルコトヲ得サルナリ(訴第六五第二)若シ委任者ト受任者トノ間ニ於テ法律上ノ範圍(訴第六五第一)ニ制限ヲ附スルモ第三者ヨリ之ヲ見ルトキハ依然法律上ノ範圍ニ制限ヲ附セサルモノト認ムヘキニ付其制限ハ相手方ニ對シテ效力ヲ有セス然レトモ此規定ハ單ニ辯護士ニ訴訟委任ヲ爲ス場合ニ限リ之ヲ適用スヘキモノニシテ彼ノ辯護士ニアラサル親族雇人又ハ其他ノ者等ニ委任ヲ爲ス場合ニ於テハ委任者ハ各箇ノ訴訟行爲ニ付キ委任ヲ爲スコトヲ得ルナリ(訴第六六)

訴訟代理人數人アルトキハ其代理人ハ共同若クハ各別ニテ本人ヲ代理スルコトヲ得若シ委任ニ之ニ異ナル定メアルモ相手方ニ對シテハ法律上其效アラサルモノトス(訴第六七)(數人共同ニテモ一人ニテモ委任事項ノ行爲ヲ代理スルコトヲ得ルノ意ナリ)

訴訟代理人カ委任ノ範圍內（委任ノ範圍ハ第六十五條第一項ニ規定ノ範圍、同條第二項ノ特別委任ノ範圍第六十六條第二項ノ各箇ノ訴訟行爲ニ付キ委任ノ範圍ノ類チ云フ）ニ於テ爲シタル訴訟上ノ行爲、及ヒ不行爲ハ（行爲トハ主張、抗辨若クハ自白ノ類チ云フ又不行爲トハ缺席、遲延若クハ默止ノ類チ云フ）總テ委任者ノ爲シタルモノト同一ノ効力アルモノトス然レトモ委任者、訴訟代理人ト共ニ裁判所ニ出頭シタル片ハ代理人ノ爲シタル事實上ノ陳述ニ付テハ即時ニ之ヲ取消シ又ハ之ヲ更正スルコヲ得ルナリ（訴第六八）

訴訟委任ハ委任者ノ死亡若クハ訴訟能力ノ變更（例ヘハ委任者精神病又ハ破産者ト爲リタル如シ）又ハ法律上代理人ノ變更（例ヘハ代理人カ死亡シ又ハ代理人タルノ權チ失フタルトキノ如シ）委任ノ廢罷及ヒ代理ノ謝絕ニ因ル委任ノ消滅ハ相手方ニ其通知ヲ爲スニ至リ始メテ其相手方ニ對シ効力ヲ生スルモノトス此通知書ハ委任者又ハ代理人ヨリ受訴裁判

所ニ差出シ裁判所ヨリ之ヲ相手方ニ送達スヘキモノトス又訴訟代理人ハ代理ヲ謝絶スルモ委任者ニ於テ他ノ方法ヲ以テ自己ノ權利ノ防衛ヲ爲サヽル間ハ委任者ノ爲メニ行爲ヲ爲スコトヲ得ルナリ(訴第六九)

原告若クハ被告ノ代理人ナリト稱シテ裁判所ニ出頭スルモ書面委任ヲ提出セサルカ又ハ之ヲ提出スルモ其委任カ法定ノ式ニ適セサルトキハ裁判所ハ原告若クハ被告ノ爲メ代理人ナキモノト看做シ(訴第七〇第一)訴訟行爲懈怠ノ結果ヲ生セシム、若シ口頭辯論ノ期日ニ際シテハ欠席判決ヲ爲スコトヲ得ヘシ

裁判所ハ訴訟行爲ノ無效ニ歸セサルコトニ注意スヘキ一般ノ原則ニ從ヒ職權ヲ以テ委任ノ欠缺ナキヤ否ヤヲ調査スヘキモノトス而シテ委任ナク又ハ適式ノ委任ニアラサルトキハ裁判所ハ代理人ナキモノト看做シ之ニ訴訟行爲ヲ許サヽルヲ通例トナセトモ輒ク其欠缺ヲ補正

シ得ルト認ムルトキハ事情ノ限度ニ從ヒ費用及ヒ損害賠償（代理人ト稱スル者ニ訴訟行爲ヲ爲サシムルニ因リ生スル費用及ヒ損害）ニ對スル保証ヲ立テシメ又ハ保証ヲ立テシムル必要ナシト認ムルトキハ之ヲ立テシメスシテ假ニ訴訟ヲ爲スコトヲ得ルナリ（訴第七〇第二）上ニ述フルカ如ク假ニ訴訟行爲ヲ許ストキハ裁判所ハ相當ノ期間ヲ定メ其期間ニ委任ノ欠缺ヲ補正セシム而シテ此期間滿了後ニ至リ始メテ本案ノ裁判ヲ爲スヘキナリ但期間ノ滿了後ト雖モ判決ニ接着スル口頭辯論（最終ノ口頭辯論）ノ終結マテハ追完スルコトヲ得ルモノトス（訴第七〇第三）

第二款　輔佐人

輔佐人ハ口頭辯論ニ於テ委託者（原告若クハ被告）ノ權利（例ヘハ證據申立ノ如シ）ヲ伸張シ又ハ防禦（例ヘハ抗辨ノ如シ）スル爲メ必要ナル行爲ヲ爲シ以テ委託者ヲ補助スルニ用ヒラルヽ者トス而シテ此輔佐人ヲ

任用スルニハ辯護士ヲ以テスルヲ通例トス然レトモ又他ノ訴訟能力者ヲ以テ補佐人ト爲サントスル片ハ之ヲ爲シ得ヘキナリ此場合ニ於テハ何時ニテモ裁判所ノ取消シ得ヘキ許可ヲ得テ任用スヘキモノトス（訴第七一第一）

右ニ述フルカ如ク輔佐人ハ委託者ノ爲メ權利ノ伸張又ハ防禦等ニ付キ必要ナル行爲ヲ爲スモノナルヲ以テ輔佐人ノ演述シタル事項ハ法律上委託者自ラ之ヲ爲シタルト同一ノ效アルモノトス然レ圧委託者即時ニ其演述ヲ取消シ又ハ之ヲ更正シタル片ハ此限ニアラサルナリ（訴第七一第二）

第五節　訴訟費用

訴訟費用ハ裁判所ノ行爲ニ對シ國庫ニ納ムヘキモノ幷ニ國庫ニ於テ立替ヘタルモノト裁判所外ノ費用即チ裁判費用外ノモノニシテ當事者カ訴訟ヲ爲スニ付キ生スルモノトノ二者ヨリ成立スルモノトス

訴訟費用ハ敗訴ノ原告若クハ被告ニ於テ其全部ヲ負擔スルヲ以テ原則トス故ニ敗訴ノ原告若クハ被告ハ自己ノ費用ヲ負擔シ且相手方ノ支出シタル費用ヲモ辨償スルノ義務アリ而シテ其費用ハ裁判所ノ意見ヲ以テ其費用カ權利ノ伸張又ハ權利ノ爲メ必要ナル事項ニ付キ生シタルモノナルヤ否ヤニ付キテ查定シタルモノニ限ルナリ(訴第七二第一)訴訟中ニ原告カ訴ヲ取下ケ又ハ請求ヲ拋棄シタルトキハ判決ナクシテ事件完結シ敗訴者ヲ定ムル裁判ナキヲ以テ訴訟費用ノ負擔者ヲ定ムルヿヲ要スルトキハ原告ヲ以テ費用ノ負擔者ト定ムヘキナリ又相手方ニ於テ原告ノ請求ヲ認諾シタルトキハ原告カ請求ヲ拋棄シタルトキト同シク判決ナクシテ事件完結スルヲ以テ被告カ敗訴シタル場合ト均シク其訴訟ニ因リ生シタル費用ハ之ヲ被告ニ負擔セシムヘキナリ(訴第七二第二)

當事者ノ各方一分ハ勝訴ト爲リ一分ハ敗訴ト爲ルトキハ其費用ヲ相濟

シ又ハ分擔ス故ニ裁判所ニ於テ相濟セシムルヲ以テ相當トナス片ハ相濟ノ言渡ヲ爲シ分擔セシムルヲ以テ相當ト爲ス片ハ其割合額ヲ定メテ分擔ノ言渡ヲ爲スヘキモノトス（割合額ヲ定ムルニハ係爭物ノ價額又ハ金額ノ割合ト當事者ノ作爲ニ出テ費用生セシメタル狀況トヲ參酌シテ標準トス其割合ハ例ヘハ原告ニ費用ノ三分ノ一被告ニ費用ノ三分ノ二ヲ負擔セシメ又ハ費用ノ四分一ヲ當事者ノ一方ニ負擔セシメ殘餘ノ分ヲ相濟セシム可キコトヲ定ムルノ類ナリ）相濟ノ言渡アリタル場合ニ於テハ各當事者ハ其支出シタル費用ハ自ラ之ヲ負擔シ他ノ一方ニ對シ辨濟ヲ請求スルコトヲ得サルナリ（訴第七三第一）然レトモ裁判所ハ當事者ノ一方ノ請求全部正當トセラレサルモ其要求格外ニ過分ナルニ非ラスシテ且其一分ノ過分ナルカ爲メニ別段費用ヲ增加セシメタルニ非サル片ハ他ノ一方ニ訴訟費用ノ全部ヲ負擔セシムルヿヲ得ルナリ又原告カ過分ナル要求ヲ爲シ之レカ爲メ別段ノ費用ヲ生スルモ其過分ノ要求タル

ヤ適當ニ要求ヲ爲スコトノ容易ナラサル𪜈(判事ノ意見、鑑定人ノ鑑定若クハ相互ノ計算ニ因ルニアラサレハ正當ノ要求額ヲ定ムルヿヲ得サル場合)ハ當事者ノ一方ニ訴訟費用ノ全部ヲ負擔セシムルヿヲ得ルナリ(訴第七三)

被告カ口頭辯論ノ期日ニ少シモ爭ハスシテ原告ノ請求ヲ認諾シ且其作爲ニ因リ訴ヲ起スニ至ラシメタルニ非サルトキ(例ヘハ原告カ被告ニ對シ義務履行ノ督促ヲ爲サスシテ直ニ訴ヲ起シタルカ如キ場合ヲ云フ)原告ハ勝訴ト爲リタルニ拘ハラス訴訟費用ヲ負擔スヘキモノトス(訴第七四)

過失ニ因ルト否トヲ問ハス期日若クハ期間ヲ懈怠シ又ハ自己ノ過失ニ因リ期日ノ變更辯論ノ延期辯論續行ノ爲メニスル期日ノ指定期間ノ延長其他訴訟ノ遲滯ヲ生セシメタル原告若クハ被告ハ本案ノ勝訴者ト爲リタルニ拘ハラス懈怠又ハ過失ノ爲メニ生セシメタル費用ヲ負

擔セサルヘカラス(訴第七五)又無益ナル攻撃又ハ防禦ノ方法(証據方法ヲ包含ス)ヲ主張シタル原告若クハ被告ニ付テハ裁判所ハ本案ノ勝訴者ト爲リタルニ拘ハラス其無益ナル攻撃又ハ防禦ノ方法ニ因リ生シタル費用ヲ負擔セシムルヿヲ得(訴第七六)

無益ナル上訴又ハ取下ケタル上訴ノ費用ハ之ヲ提出シタル原告若クハ被告ノ負擔ニ歸スヘキモノトス(訴第七七)

上訴ニ因リ裁判ノ全部又ハ一分ヲ廢棄若クハ破毀スル片ハ訴訟ノ費用ハ第一審ヨリ上訴審マテノ訴訟ノ總費用ヲ合併シテ裁判スヘキモノトス(訴第七八第一)

原告若クハ被告カ上訴審ニ於テ主張シタル事實又ハ攻撃若クハ防禦ノ方法ニシテ前審ニ於テ主張シ得ヘキニ之ヲ爲サス上訴審ニ至リ新ニ之ヲ提出セシニ因リ勝訴者トナリタル片ハ其勝訴者トナリタル原告若クハ被告ニ上訴ニ付テノ費用ノ全部又ハ一分ヲ負擔セシムルコ

トヲ得ルナリ(訴第七八第二)
和解ニ依テ爭ノ落着シタルトキハ和解ヲ爲ス前訴訟中ニ生シタル訴訟費用及ヒ和解ノ費用ハ當事者間ニ於テ別段ノ契約ナキトキハ互ニ相消シタルモノト看做スヘキナリ(訴第七九)
連帶義務ノ共同訴訟人ハ其訴訟ヨリ生スル費用ヲ連帶シテ負擔スヘキモノトス然レ圧若シ法律ノ規定ニ從ヒ費用ニ付キ共同訴訟人ノ連帶義務ノ生セサル圧ニ限リ其費用ハ相手方ニ對シ共同訴訟人各自平等ニ之ヲ負擔スヘキモノトス若シ共同訴訟人ノ訴訟ニ於ケル利害ノ關係カ著シク大小ノ差異アル圧ハ裁判所ハ意見ヲ以テ其利害關係ノ程度ニ從ヒ割合ヲ以テ其費用ヲ負擔セシムルコトヲ得ルナリ(訴第八〇第一)
又其訴訟人中ノ或ル者カ他ノ者ニ關セス特別ニ攻擊又ハ防禦ノ方法ヲ主張シタルモ終ニ其效驗ナク敗訴シタル圧ハ其攻擊又ハ防禦ノ方

法ヲ主張スルニ付生シタル費用ハ其者自ラ之ヲ負擔スヘキナリ(訴第八〇第二)

從參加ニ因リ原告若クハ被告間ニ生シタル費用ハ左ノ二種ニ區別シテ之ヲ裁判スルモノトス

(一) 從參加ニ對シ原告若クハ被告カ異議ヲ述フル片第五十七條ノ規定ニ從ヒ決定ヲ以テ從參加ヲ許サス之ヲ却下スル場合ニ於テハ費用ノ裁判ハ本案ノ判決ヲ待タス其決定中ニ之ヲ爲スモノトス(從參加ヲ却下スル場合ニ於テハ其參加人ハ訴訟ヨリ脱退セラルヽヲ以テ本案ノ裁判中ニ之ヲ爲サヽルナリ)(訴第八一第一)

(二) 從參加ヲ許シ又ハ之ニ對シ原告若クハ被告カ異議ヲ述ヘサル場合ニ於テハ費用ノ裁判ハ本案ノ判決中ニ之ヲ爲スモノトス(訴第八一第二)

總テ訴訟費用ノ裁判ノミニ對シテハ獨立シテ不服ヲ申立ツルコトヲ

得ス然レ𪜈本案ノ裁判ニ對シ上訴ヲ許シタルモノニ付上訴ヲ爲シタル𬼀ハ其上訴ニ併合シ又相手方ヨリ本案ノ裁判ニ對シ上訴ヲ爲ス𬼀ハ其上訴ニ附帶シテ費用不服ノ申立テヲ爲スコトヲ得ルナリ(訴第八二)

裁判所書記、法律上代理人、訴訟代理人、及ヒ執達吏ノ過失若クハ懈怠ニ因リ爲メニ費用ノ生シタルトキ(例ヘハ不當ノ送達ヲ爲シ又ハ期日ニ出頭スルコトヲ懈怠シ又ハ書面提出ヲ失念シ又ハ委任者ノ意思ニ反スル行爲ヲ爲シ夫レ爲メ費用ノ生シタル塲合ヲ云フ)受訴裁判所(當時事件ノ繫屬スル裁判所ヲ謂フ)ハ當事者ノ申立ニ因リ又ハ職權ヲ以テ其費用ノ辯濟ヲ過失者又ハ懈怠者ニ負擔セシムル決定ヲ爲スコトヲ得ルモノトス其決定ヲ爲スニハ前以テ其關係人(當事者ヲ始メ裁判所書記以下執達吏マテヲ包含ス)ヲ訊問シ口頭又ハ書面ヲ以テ之ニ付テノ陳辯ヲ爲サシムヘク復必スシモ口頭辯論ヲ經ルヲ要セス(訴第八三)

右ノ決定ニ對シテハ即時抗告ヲ爲スコトヲ得ルナリ(訴第八三第二)

辨濟ヲ受クヘキ費用額ハ第一審ニ於テ生シタル費用ナルト上級審ニ於テ生シタル費用ナルトヲ問ハス總テ訴訟ノ第一審トシテ繫屬シタル裁判所ニ申請シ其申請ニ因リ決定ヲ以テ之ヲ確定ス其申請ヲ爲スニハ訴ノ取下ケ、拋棄、認諾(訴第七二第二)又ハ上訴取下ノ場合ヲ除ク外強制執行ヲ爲シ得ヘキ裁判ニ基キ之ヲ爲スヲ要件トス又申請ハ書面ヲ以テ之ヲ爲スヲ通例トスレトモ口頭ヲ以テモ亦之ヲ爲スコトヲ得ルナリ(口頭ヲ以テ申請ヲ爲ストキハ第百三十五條ノ規定ニ從ヒ裁判所書記ハ其調書ヲ作ルヘキナリ)(訴第八四第一第二第三)(第六號書式參看)

右ノ申請ニハ費用計算書及ヒ相手方ニ付與ス可キ計算書ノ謄本及ヒ各箇費用額ノ疏明ニ必要ナル證書(例ヘハ證人、鑑定人等ニ支拂ヒタル旅費、日當ノ受取証又ハ執達吏ニ送達ノ爲メ支拂ヒタル手數料ノ受取証等其費用ハ權利ノ伸張又ハ防禦ノ爲メ必要ナリシ事項ヨリ生シタルヿヲ証スル書

類ヲ云フ)ヲ添附ス可キモノトス(訴第八四)(第七號書式參看)

右ノ申請アリタル裁判所ハ其費用ノ(權利ノ伸張又ハ防禦ノ爲メ必要ニ因リ生シタルモノナリヤ否)計算書ニ揭ケタル各箇ノ費用額ノ適當ナルヤ否若クハ總計額ニ違算ナキヤ否等費用計算書ノ計算上ノ檢査ヲ裁判所書記ニ命スルコトヲ得ルナリ(訴第八五第二)

費用確定ノ決定ニ付口頭辯論ヲ經ルト否トハ事件ノ難易ニ依リ裁判所ニ於テ適宜ニ之ヲ定ムルヲ得ルモノトス(訴第八五第一)口頭辯論ヲ經スシテ決定ヲナスヰハ其前ニ當リ相當ノ期間ヲ定メテ相手方ニ計算書ノ謄本ヲ送達シ其期間內ニ計算書ニ付キ書面又ハ口頭ヲ以テ意見ヲ陳述スヘキ旨ヲ催告スルコトヲ得(訴第八五第三)

訴訟費用ノ全部又ハ一分ヲ割合ニ從ヒ分割スヘキヰハ裁判所ハ費用額確定ノ決定ヲ爲ス前相當ノ期間ヲ定メ相手方ニ計算書ノ謄本ヲ送達シ其期間內ニ自己ノ計算書ヲ差出スヘキ旨ヲ催告ス可キモノトス」

若シ催告ヲ受ケタル相手方カ右ノ期間內ニ其計算書ヲ差出サヽル片ハ其請求シ得ヘキ費用額ヲ顧ミス申請者ノ差出シタル計算書ニ依リ決定ヲ爲ス可キモノトス然レ氏此決定ハ相手方カ後日自己ノ費用ヲ以テ其費用額確定ノ申請ヲ爲スニ付テノ妨ケト爲ルコトナシ(訴第八六)

費用確定ノ決定ニ對シテハ相手方ハ即時抗告ヲ爲スコトヲ得ルナリ(訴第八五第二)

第六節　保證

保證ハ訴訟上當事者ノ一方ノ訴訟行爲ニ因リ他ノ一方ニ生セシメタル損害ヲ償フ爲メニ立テシムルモノトス此保證ハ裁判所ノ意見ニ於テ擔保ニ十分ナリトスル現金又ハ有價証劵ヲ供託所ニ供託シテ之ヲ爲スモノナリ然レ氏當事者カ別段ノ合意ヲ以テ保證物ヲ定メ又ハ保證ヲ立テシムルコトヲ裁判所ノ意見ニ任シタル場合ハ此限ニアラサ

ルナリ(訴第八七)
外國人カ原告若クハ原告ノ從參加人ナル片ト雖圧被告ノ外國人ト內國人トヲ問ハス其求メニ因リ訴訟費用ニ對シ保證ヲ立ツルノ義務アルモノトス然レ圧左ノ塲合ニ於テハ其義務ヲ生セス(訴第八八)
一　國際條約又ハ原告ノ屬スル國ノ法律ニ依リ本邦人カ同一ノ塲合ニ於テ保證ヲ立ツル義務ナキ片
二　反訴ノ塲合
三　證書訴訟及ヒ爲替訴訟ノ塲合
四　公示催告ニ基キ起シタル訴ノ塲合
右上段ノ塲合ニ於テハ裁判所ハ(此裁判所ハ必スシモ第一審ノ受訴裁判所ニ限ラス第二審以上ノ裁判所ニ於テ初テ保証ヲ立ツヘキコトヲ求メ得ヘキナリ)被告ノ各審級ニ於テ支出スヘキ訴訟費用ヲ標準トシテ保證ヲ立ツヘキ數額ヲ確定スヘキモノトス故ニ例ヘハ第一審ノ受訴裁判所

ニ於テ保証金ヲ定ムルニハ其第一審裁判所ニテ支出スヘキ訴訟費用額ハ勿論控訴審及ヒ上告審ニ於ケル費用額ヲモ豫メ概算シテ確定スヘキナリ(訴第八九第一第二)

右ノ如ク確定スルモ訴訟中其確定シタル金額ヨリ案外ニ費用ヲ支出セサルヘカラサルニ至リ保證額爲メニ不足トナリタル𪜉ハ被告ハ更ニ保證額ノ増加ヲ求ムルコトヲ得此増加ヲ爲スニ付テノ手續ハ前述ノ手續ト相同シ然レトモ請求中爭ナキ部分ヲ以テ其不足額ヲ償フニ十分ナル𪜉ハ保證額ノ増加ヲ求ムルコトヲ得ス(訴第八九第三)

裁判所ハ保證ヲ立ツヘキ場合ニ於テハ原告ニ之ヲ立ツヘキ期間ヲ指定スヘシ若シ此期間ヲ經過スルモ保證ヲ立テサル場合ニ於テハ被告ノ申立ニ因リ訴訟ヲ取下ケタルモノト看做シ判決ヲ以テ宣言ス又訴訟ノ上訴裁判所ニアル𪜉ハ其上訴ヲ取下ケタリト看做シテ宣言スヘシ然レ𪜈前述ノ期間ヲ經過シタル𪜉ト雖𪜈原告ノ裁判所ニ保証ヲ立

テタル片ハ此限ニアラサルナリ(訴第九〇)

第七節　訴訟上ノ救助

訴訟上ノ救助ハ貧窮ニシテ裁判費用ヲ償フヘキ資力ナキ者ニ權利ノ伸暢ヲ爲ンヿヲ得セシムル爲メノ方法ナリ此方法ハ純然タル訴訟ノミニ限ラス本法中ニ設ケタル各箇ノ手續殊ニ證據保全ノ手續、督促手續、公示催告手續仲裁手續ニ於テ裁判所カ此手續ニ關シ行爲ヲ爲ス片ニ於テモ亦之ヲ適用ス可キモノトス

訴訟上ノ救助ヲ求ムニハ左ノ二條件ヲ具備スルコトヲ要ス(訴第九一)

(一)自己及ヒ其家族ノ必要ナル生活ヲ害スルニ非サレハ訴訟費用ヲ支出シ能ハサル片

(二)其訴訟ノ目的トスル權利ノ伸張又ハ防禦ノ輕忽ナラス又ハ見込ナキニ非スト見ユル片

右ノ二條件ヲ具備スルニ於テハ何人ト雖𪜈訴訟上ノ救助ヲ受クルコ

トヲ得ヘシ
訴訟上ノ救助ハ獨リ本邦人ノミナラス外國人ニモ亦之ヲ付與スルコトアリ但國際條約ニ依リ又此條約アラサルモ其國ノ法律ニ於テ本邦人ニ訴訟上ノ救助ヲ受ケシムル權ヲ定メタル國ノ外國人ニ限ル而シテ右ニ述ヘタル二條件ヲ具備スルモノタラサルヘカラス(訴第九二)
訴訟上ノ救助ハ書面ヲ以テ之ヲ申請スルモノトス其申請ハ訴訟ノ關係ヲ表明シ且証據方法ヲ開示シテ其事件ノ繫屬スル裁判所ニ提出スヘキモノトス(第八號書式)(訴第九三)
前審ニ於テ訴訟上ノ救助ヲ受ケ而メ上級審ニ於テ亦更ニ救助ヲ求ムルトキハ無資力ヲ証スル市町村長ノ証書ヲ差出スコトヲ要セス又訴訟上ノ救助ヲ受ケタル者ノ相手方カ上訴ヲ爲ストキハ上訴ニ附帶スルト否トヲ問ハス被上訴人ノ權利ノ伸張又ハ防禦ノ輕忽ナラス又ハ見込ナキヤ否ヤヲ調査スルコトヲ要セサルナリ(訴第九四第二)

訴訟上ノ救助ノ効力ハ左ノ場合ニ於テ消滅スルモノトス
（一）救助ヲ受クヘキ條件ノ存セサリシ片又ハ其條件ノ消滅シタル片（民訴第九五）
（二）救助ヲ受ケタル者ノ死亡セシ片
（三）救助ヲ受ケタル訴訟事件ノ終結シタル片
訴訟上ノ救助ヲ受ケタルモノハ左ノ効力ヲ生ス（訴第九七）
（一）裁判費用（國庫ノ立替金ヲ包含ス）ヲ濟濟スルコトノ假免除
（二）訴訟費用ノ保證ヲ立ツルコトノ免除
（三）送達及ヒ執行行爲ヲ爲サシムル爲メ一時無報酬ニテ執達吏ノ附添ヲ求ムル權利
（四）必要ナル場合ニ一時無報酬ニテ辯護士附添ヲ求ムルヿ
訴訟上ノ救助ハ固ヨリ之ヲ付與スルモノニシテ其救助ヲ受クル者ノ相手方ノ權利ヲ制限スルコトナシ故ニ相手方ニ生シタル費用ヲ辯濟

スル義務ニ影響ヲ及ホサヽルナリ(訴第九八)
訴訟上ノ救助ヲ受ケタル者ノ為メ假ニ濟清ヲ免除シタル裁判費用ハ訴訟費用ニ付キ確定裁判ヲ受ケタル相手方又ハ訴若クハ上訴ノ取下、拋棄、認諾若クハ和解ニ因リ訴訟費用ヲ負擔スヘキ相手方ヨリ之ヲ取立ツルコトヲ得ルナリ(訴第九九第一)
又救助ヲ受ケタル者ニ附添ヒタル執達吏又ハ辯護士ハ同一ノ條件アルトキハ亦自己ノ權利ニ依リ費用確定ノ方法ヲ以テ其手數料及ヒ立替金ヲ取立ツルコトヲ得ルナリ(訴第九九第二)
訴訟上ノ救助ハ一時ノ支辨猶豫ヲ與フル精神ナルヲ以テ其救助ヲ受ケタル者自己及ヒ其家族ノ必要ナル生活ヲ害セスシテ費用ノ濟清ヲ為シ得ルニ至ルトキハ其假免除ヲ得タル數額ヲ當然追拂ヒスル義務ヲ生スルモノトス(訴第一〇〇)
訴訟上救助ノ付與竝ニ辯護士附添ノ命令ニ付テノ申請、訴訟上救助ノ取消及ヒ數額追拂ノ義務ニ付テノ決定ハ檢事ノ意見ヲ聽キタル後之ヲ爲ス此裁判ハ口頭辯論ヲ經スシテ之ヲ爲スコトヲ得ルナリ(第九號書式參看)(訴第一〇一)

訴訟上ノ救助ヲ付與シ又ハ救助ノ取消ヲ拒ミ若クハ費用追拂ヲ命スルコトヲ拒ム決定ニ對シテハ檢事ニ限リ抗告ヲ爲スコトヲ得其他ノ者ニアリテハ抗告ヲ爲スヿヲ得ス蓋シ此等ノ決定ハ國庫ノ費用ニ關スルヲ以テナリ(民訴第一〇二第一)辯護士ノ附添ヲ命スル決定ニ對シテハ上訴ヲ爲スコトヲ得ス(同第二)

訴訟上ノ救助ヲ拒ミ若クハ救助ヲ取消シ又ハ辯護士ノ附添ヲ拒ミ又ハ費用ノ追拂ヲ命スル決定ハ國庫ニ損害ヲ生セシムル恐レナキヲ以テ檢事ハ此決定ニ對シ上訴ヲ爲ス必要ナシト雖圧原告若クハ被告ハ利害ノ關係アルヲ以テ之ニ對シ抗告ヲ爲スヿヲ得ルナリ(訴第一〇二第三)

第三章　訴訟手續

第一節　口頭辯論及ヒ準備書面

第一款　準備書面

凡ソ訴訟法ニ於テハ判決ヲ爲スヘキ裁判所ニ於ケル訴訟ニ付テノ當事者ノ辯論ハ口頭ヲ以テ之ヲ爲スヲ原則トス(訴訟法ニ於テ口頭辯論ヲ經スシテ裁判ヲ爲スヿヲ定メタル𪜈ハ例外トス)(訴第一〇三)口頭辯論ハ書面ヲ以テ之ヲ準備ス此書面ヲ準備書面ト謂フ(訴第一〇四)準備書面ハ必スシモ之ヲ作ルヲ要セス之ヲ作ラサルモ夫レカ爲メ口頭辯論ノ期日ヲ變更シ若クハ其期日ニ至テ延期シ又ハ後ノ期日ヲ定メテ之ヲ繼續スルニ至ラシメタル𪜈之レヨリ生シタル費用ヲ負擔スルノミニテ訴訟上爲メニ權利ノ損害ヲ來タスヿナシ然レ𪜈準備書面ハ訴訟審理ヲ秩序正シク且澁滯ナク進行セシムルノ便益アルヲ以テ可成之ヲ作ルヲ可トス

準備書面ハ口頭辯論ノ準備ノ爲メ之ヲ作ルモノニシテ之ヲ以テ訴訟ヲ爲スニアラス故ニ訴訟ニ關スル總テノ事實ヲ冗長ニ掲ケス唯對手人及ヒ口頭辯論ヲ速ニ進行セシメ且之ヲ辨理スル爲メ知了セサルヘカラサル事項ヲ簡單ニ記載スヘキモノトス故ニ事實上ノ關係ノ說明並ニ法律上ノ討論ハ之ヲ掲載スルコトヲ許サヽルナリ(民訴第一〇六)準備書面ニ掲載スヘキ諸件ハ左ノ如シ(民訴第一〇五)(第一〇號書式參看)

第一　當事者及其法律上代理人ノ氏名、身分、職業、住所、裁判所訴訟物及ヒ附屬書類ノ表示

第二　原告若クハ被告カ法廷ニ於テ爲サント欲スル申立

第三　申立ノ原因タル事實上ノ關係

第四　相手方ノ事實上ノ主張ニ對スル陳述

第五　原告若クハ被告カ事實上主張ノ證明又ハ攻擊ノ爲メ用井ン

トスル證據方法及ヒ相手方ノ申立テタル證據方法ニ對スル陳述

第六　原告若クハ被告又ハ其訴訟代理人ノ署名及ヒ捺印

第七　年月日

又準備書面ニハ訴訟行爲ヲ爲ス可キ權ヲ有スルヿヲ證明スル證書ノ原本、正本又ハ謄本其他原告若クハ被告ノ手中ニ存スル證書ニシテ準備書面中ニ申立ノ原因トシテ引用シタル證書謄本ヲ添附スヘキモノトス(民訴第一〇七第一)若シ證書ノ一部分ノミヲ要用トスル片ハ其冒頭即チ起頭ノ文言ト要用ノ部分ト終尾即チ末文ト日附、署名及ヒ印章ヲ謄寫シタル抄本ヲ添附スルヲ以テ足ル(民訴第一〇七第二)

若シ右ノ證書カ相手方ノ已ニ了知シタルモノニ係リ又ハ大部ナル片ハ單ニ其證書ヲ表示シタル書面ヲ添附シ相手方ヲシテ之ヲ閲覽セシメント欲スル旨ヲ附記スルヲ以テ足レリトス(訴第一〇七第三)

當事者ハ準備書面及ヒ其附屬書類竝ニ相手方ニ付與スル爲メ必要ナ

ル謄本ヲ裁判所書記課ニ差出スヘキモノトス(訴第一〇八)

第二款　口頭辯論

口頭辯論ハ訟廷ニ於テ行フモノニシテ日本語ヲ以テ之ヲ爲スモノトス若シ口頭辯論ニ與カル者日本語ニ通セサル𪜈ハ通事ヲ用ユヘシ(訴第一二五構第一一五)然レ𪜈外國人カ原告若クハ被告タル訴訟ノ塲合ニ於テ其訴訟ノ審問ニ參與スル官吏即チ判事書記等總テ其外國語ニ通スル𪜈ハ裁判長ノ意見ニ依リ便宜外國語ヲ以テ辯論ヲ爲スヿヲ得(訴第一二五構第一一八)又口頭辯論ニ與カル者聾者又ハ啞者ニシテ文字ニ通セサル𪜈ハ通事ヲ用ユヘキモノトス(訴第一二六)

口頭辯論ハ裁判長之ヲ開閉シ且之ヲ指揮スルモノトス裁判長ハ其他訟廷ニ於テノ秩序ヲ維持スル爲メ其處分ヲ爲ス權ヲ有ス(構第一〇八乃至第一一一參看)

裁判長ハ發言ヲ許シ且其命令ヲ遵奉セサル者ニ發言ヲ禁スルヿヲ

得又事件ニ付キ十分ナル說明ヲ爲サシメ且間斷ナク辯論ノ終了スルコトニ注意シ必要ナル塲合ニ於テハ口頭辯論繼續ノ爲メ後ノ期日ヲ定メ且裁判所ノ判決並ニ決定ヲ言渡スモノトス(訴第一〇九)
口頭辯論ハ當事者ノ申立即チ裁判ヲ受クヘキ事項ノ申立ヲ爲スニ因リテ始マルモノトス
口頭辯論ヲ開キタル片ハ當事者ハ先ツ互ニ右ノ申立ヲ爲シ然ル後該申立ニ付理由ヲ付スル爲メ演述ヲ爲スモノトス其演述ハ事實上及ヒ法律上ノ點ニ付キ訴訟ノ關係ヲ明瞭ニスルヲ以テ目的トシ且任意ニ之ヲ爲スヘキモノトス口頭演述ニ換フルニ書面ヲ以テシ若クハ其演述ヲ爲サスシテ之ヲ書面ニ讓ルコトヲ得ス然レ圧或ル書面ノ一部分ナル文字上ノ旨趣ニ付キ爭アルカ又ハ文字上ノ旨趣ヲ引證スルカ又ハ金錢物品ノ數額ヲ申述スルカ如キ要用ナル片ハ之ヲ朗讀スルコトヲ得ルナリ(訴一一〇)

各當事者ハ相手方ノ主張シタル事實ニ對シ陳述ヲ爲スヘキモノトス若シ之ヲ爲サス又ハ相手方ノ主張スル事實ヲ明カニ爭ハス又ハ他ノ陳述ヨリシテ間接ニモ之ヲ爭フ意思ノ顯ハレサル片ハ其事實ヲ自白シタルモノト看做スヘキナリ(訴第一一一第一第二)相手方ノ主張スル事實ニ對シ其事實ヲ知ラスト答フルコトハ之ヲ許サヽルヲ以テ通例トス然レ圧原告被告自己ノ行爲ニ非サル事實又ハ自己ノ實驗シタルモノニ非サル事實ニ限リ不知ヲ以テ答辯スルモ其答辯シタル事實ハ爭ヒタルモノト看做スナリ(訴第一一一第三)

裁判長ハ職權ヲ以テ調査ス可キ點ニ關シ疑ノ存スル片ハ相手方ヨリ何等ノ陳述ヲ爲サヽル片ト雖圧其疑ニ付キ注意ヲ爲スコトヲ得又裁判長ハ問ヲ發シテ當事者ノ不明瞭ナル申立ヲ釋明セシメ又ハ主張シタル事實ノ不十分ナル說明ヲ補充セシメ或ハ更ニ證據方法ヲ申出テシメ其他都テ訴訟ノ關係ヲ確定スルニ必要ナル陳述ヲ爲サシムヘキ

ナリ又陪席判事モ裁判長ニ告ケテ問ヲ發スルコトヲ得若シ問ニ對シテ答辯セス又ハ其答辯判然セサルトキハ相手方ノ利益ト爲ルヘキ答辯ヲ爲シタルモノト看做スコトヲ得ルナリ(訴第一一二第二第三第五)當事者ハ相手方ニ對シ自ラ問ヲ發スルコトヲ得ス然レトモ相手方ニ問ヲ發スルノ必要アルトキハ其事項ヲ裁判長ニ申立テ裁判長ヨリ問ヲ發セシコトヲ求ムルヲ得ルナリ(訴第一一二、第四)

口頭辯論ノ指揮ニ關シテ爲ス裁判長ノ命令又ハ裁判長若クハ陪席判事ノ發シタル問ニ對シ辯論ニ與カル者ヨリ法律上許スヘカラサル命令又ハ發問ナリトシテ異議ヲ述ヘタルトキハ裁判所ハ其異議ニ付キ直チニ裁判ヲ爲スヘシ(訴第一一三)

裁判所ハ事件ノ關係ヲ明瞭ナラシムル爲メ原告若クハ被告ニ自身出頭ヲ命スルコトヲ得ルモノトス(訴第一一四)又裁判所ハ原告若クハ被告ノ引用シタル証書ニシテ其手中ニ存スルモノハ之ヲ提出セシムル

コトヲ得若シ此證書外國語ヲ以テ作リタルモノナル片ハ其譯書ヲ添附セシムルコトヲ得ルナリ(訴第一一五)

又當事者ノ所持スル訴訟記錄ニシテ事件ノ辯論及ヒ裁判ニ關スルモノアル片ハ之ヲ提出セシムルコヲ得(訴第一一六)

裁判所ハ當事者ノ主張スル事實ヲ明瞭ナラシムル爲メ必要ト爲ス片ハ檢證及ヒ鑑定ヲ命スルコトヲ得ルモノトス此手續ハ當事者ノ申立ニ因リ命スル檢證及ヒ鑑定ニ付テノ規定ニ從フ(訴第一一七)

裁判所ハ訴訟ヲ指揮スル權利ニ限リ一訴訟ニ於テ爲シタル數回ノ請求又ハ本訴及反訴ニ付テノ辯論ヲ分離シテ辯論スルコトヲ得(訴第一一八)又裁判所ハ同一ノ請求ニ關スル數箇ノ獨立シタル攻撃及ヒ防禦ノ方法ヲ提出シタル片ハ先ツ辯論ヲ其一二ニ制限スルコトヲ得(訴第一一九)之ニ反シ裁判所ハ同一ノ人若クハ別異ノ人ノ數箇ノ訴訟ニシテ其裁判所ニ繫屬スルモノヽ辯論及ヒ裁判ヲ併合セシムルコトヲ得

但其訴訟ノ目的物タル請求ヲ元來一箇ノ訴ニ於テ主張シ得ヘキ片ニ限ルモノトス(訴第一二〇)若シ一訴訟ニ付テノ裁判ノ全部若クハ一分ニシテ他ノ繫屬スル訴訟ニ於テ定マルヘキ權利關係ノ成立又ハ不成立ニ繫ルトキハ他ノ訴訟ノ完結ニ至ルマテ(訴第一二一)又民事訴訟中罰スヘキ行爲ノ嫌疑生スルトキハ其罰スヘキ行爲カ訴訟ノ裁判ニ影響ヲ及スヰニ限リ刑事訴訟手續ノ完結ニ至ルマテ辯論ノ中止ヲ爲ス可キモノトス(訴第一二二)裁判所ハ其命シタル分離若クハ併合ヲ取消スヿヲ得(訴第一二三)又必要ナル塲合ニ於テハ既ニ閉チタル辯論ノ再開ヲ命スルヿヲ得(訴第一二四)

原告若クハ被告又ハ訴訟代理人若クハ輔佐人ニシテ適當ノ演述ヲ爲シ能ハサルヰハ裁判所ハ其演述ヲ禁シ且新期日ヲ定メ辯護士ヲシテ演述セシムヘキヿヲ命ス可シ又他人ノ爲メ裁判所ニ於テ辯論ヲ爲スヲ以テ生業トスル訴訟代理人若クハ輔佐人ヲ退斥セシムルコトヲ得

退斥ヲ爲ス𬼀ハ新期日ヲ定メ且退斥ノ決定ヲ原告若クハ被告ニ送達スヘキモノトス此命令ニ對シテハ不服ヲ申立ツルヿヲ得サルナリ(訴第一二七)禁止又ハ退斥ヲ命セラレタル者新期日ニ同一ノ者原被告若クハ訴訟代人トシテ出廷スル𬼀ハ其原被告若クハ其訴訟代人ニ依リ代理セラレタル原被告ハ出廷セサルモノト看做シ申立ニ依リ欠席判決ヲ爲スヿヲ得(訴第一二八第二)

辯論ニ與カル者秩序維持ノ爲メ(搆第一〇八乃至第一一一參看)法廷ヨリ退斥セラレタル𬼀ハ申立ニ因リ本人ノ任意ニ退去シタルモノト看做シ欠席判決ヲ爲スコトヲ得(訴第一二八第一)

口頭辯論ニ付テハ調書ヲ作ルヘキモノトス其調書ニ掲クヘキ諸件ハ左ノ如シ(第十一號書式參看)(訴第一二九)

第一　辯論ノ場所年月日

第二　判事、裁判所書記及ヒ立會ヒタル檢事若クハ通事ノ氏名

第三　訴訟物及ヒ當事者ノ氏名
第四　出頭シタル當事者、法律上代理人及輔佐人ノ氏名若シ原告若クハ被告闕席シタルトキハ其闕席シタルコト
第五　公ニ辯論ヲ爲シ又ハ公開ヲ禁シタルコト
辯論ノ進行ニ付テハ其要領ヲ調書ニ記載シ且之ニ關係ノ附錄書類ヲ添付スヘキモノトス而シテ其調書ニ記載シテ明確スヘキ諸件ハ左ノ如シ(訴第一三〇)
第一　自白、認諾、抛棄及ヒ和解
第二　明確ス可キ規定アル申立及ヒ陳述
第三　證人及ヒ鑑定人ノ供述但供述ハ以前聽カサルモノナルトキ又ハ以前ノ供述ニ異ナルトキニ限ル
第四　檢證ノ結果
第五　書面ニ作リ調書ニ添附セサル裁判(判決、決定及ヒ命令)

第六　裁判ノ言渡

右第一乃至第四ニ揭ケタル調書ノ部分ハ法廷ニ於テ之ヲ關係人ニ讀聞カセ又ハ之ヲ閲覽セシメ而メ調書ニ其手續ヲ履ミタルコト及ヒ承諾ヲ爲シタルヿ又ハ承諾ヲ拒ミタル理由ヲ附記スヘキモノトス(訴第一三一)又調書ニハ裁判長及ヒ裁判所書記署名捺印スヘキモノトス若シ裁判長差支アルトキハ官等ノ最モ高キ陪席判事之ニ署名捺印スヘキモノトス(訴第一三二第一)

區裁判所ノ口頭辯論ニ於テ作リタル調書ニシテ署名捺印スヘキ判事差支アルトキハ其裁判所書記ノ署名捺印ニテ足ルモノトス(訴第一三二第二)

凡ソ訴訟法ニ從ヒ裁判所書記カ職權ヲ以テ作ルヘキ總テノ調書ニハ口頭辯論ニ付テノ調書ノ規定ヲ準用スルモノトス(訴第一三三第一三五)

第二節　送達

送達ハ書類ノ正本又ハ謄本ヲ交付シテ訴訟上必要ナル事項ヲ當事者及其訴訟關係人ニ知ラシムル方法ナリ送達ノ本人ヲ送達能働者ト云ヒ送達ヲ受クル者ヲ送達所働者又ハ送達受領者ト稱ス

送達スヘキ書類ハ謄本ヲ以テ之ヲ爲スヲ通例トス若シ其書類ノ正本又ハ認證シタル謄本ヲ交付スヘキ規定アル片ハ其正本又ハ認證シタル謄本ヲ交付スヘシ（正本ヲ送達スヘキ規定ハ訴第一六一第二三、八第四〇八第四四四第四七三第七九九謄本ヲ送達スヘキ規定ハ訴第一五〇参看）其他ノ塲合ニ於テハ謄本ヲ交付シテ之ヲ爲スモノトス（訴第一三七）（原告若クハ被告數人ノ代理人ニ爲シ又ハ同一ナル原告若クハ被告ノ代理人數人中ノ一人ニ爲スヘキ送達ハ謄本又ハ正本ノ一通ヲ交付スルヲ以テ足レリトス）

訴訟能力ヲ有セサルモノニ送達ヲ爲スヘキトキハ其法律上代理人ニ送達ヲ爲スモノトス公又ハ私ノ法人及ヒ其資格ニ於テ訴ヘ又ハ訴ヘ

ラルヽコトヲ得ル會社又ハ社團ニ對スル送達ハ其首長又ハ事務擔當者ニ之ヲ爲スヲ以テ足ル又數人ノ首長若クハ事務擔當者アル場合ニ於テハ其中ノ一人ニ對シ送達ヲ爲スヲ以テ足レリトス(訴第一三八)

豫備後備ノ軍籍ニ在ラサル下士以下ノ軍人軍屬ニ對スル送達ハ其所屬ノ長官又ハ隊長ニ之ヲ爲ス(訴第一三九)又囚人ニ對スル送達ハ監獄署ノ首長ニ之ヲ爲スモノトス(訴第一四〇)

財産權上ノ訴訟ニ付テノ送達ハ總理代人ニ之ヲ爲シ又商業上ヨリ生シタル訴訟ニ付テノ送達ハ代務人ニ之ヲ爲シテ原告若クハ被告ノ本人ニ送達ヲ爲シタルト同一ノ效アルモノトス(訴第一四一)

訴訟代理人アル原告若クハ被告ニ對スル送達ハ委任ノ旨趣ニ反セサル限リハ其訴訟代理人ニ之ヲ爲スヲ以テ本則トス然レ圧原告若クハ被告ノ本人ニ爲シタル送達ハ其訴訟代理人アルトキト雖圧其效アリト

ス（訴第一四二）

原告若クハ被告受訴裁判所ノ所在地ニ住居ヲモ事務所ヲモ有セサルトキハ其所在地ニ假住所ヲ選定シテ之ヲ届出ツヘキモノトス（第十二號書式參看）（訴第一四三第一）

右ノ届出ハ遲クトモ最近ノ口頭辯論ニ於テ之ヲ爲シ又其前ニ書面ヲ差出ストキハ其書面ヲ以テ之ヲ爲スヘキモノトス（訴第一四三第二）若シ此届出ヲ爲サヽルトキハ裁判所書記又ハ其委任ヲ受ケタル吏員（執達吏又ハ郵便配達人）交付ス可キ書類ヲ原告若クハ被告ノ名宛ニテ郵便ニ付シテ送達ヲ爲スコトヲ得此送達ハ其書類ノ原告若クハ被告ニ到達スルト否トヲ問ハス又何時ニ到達スルトヲ問ハス郵便ニ付シタル時ヲ以テ送達ヲ爲シタルモノト看做スナリ（訴第一四三第三）

凡ソ送達ハ裁判所書記職權ヲ以テ之ヲ爲サシムルヲ原則トス而シテ其送達方法ハ左ノ四種ナリトス

第一　執達吏ニ依ル送達（訴第一三六第二）
第二　郵便ニ依ル送達（訴第一三六第三）
第三　郵便ニ付スル送達（訴第一四三第三）
第四　公示送達（訴第一五六乃至第一五八）

右四種ノ中第一第二ハ通常ノ送達方法ニシテ第三第四ハ特別ノ送達方法ナリトス

送達ハ之ヲ受クヘキ人ノ住居又ハ事務所ニ於テ之ヲ爲スヲ原則トス然レ𪜈送達ヲ受クルモノ其受取ヲ拒マサル𬼀ハ如何ナル場所ヲ問ハス其送達ヲ受クヘキ人ニ出會ヒタル場所ニ於テ之ヲ爲スヿヲ得ルナリ（訴第一四四第一）

公又ハ私ノ法人及ヒ其資格ニ於テ訴ヘ又ハ訴ヘラルヽコトヲ得ル會社又ハ社團ニ對スル送達ヲ其首長又ハ事務擔當者ニ爲ス場合ニ於テハ其業務上事務所ニ送達スルヲ原則トス然レトモ其事務所ノ外ニ於

テ爲シタル送達ト雖モ其受取ヲ拒マサルトキハ送達ノ效アリトス(訴第一四四)

送達ヲ受ク可キ人ニ其住居ニ於テ出會ハサルトキハ代辨送達ヲ爲スヿヲ得代辨送達ハ成長シタル同居ノ親族又ハ雇人ニ之ヲ爲スモノトス(訴第一四五)住居ノ外ニ事務所ヲ有スル人ニ對スル送達ハ事務所ニ於テ出會ハサルトキハ其事務所ニ在ル營業使用人ニ之ヲ爲スヿヲ得又受取人辨護士ナルトキハ其補助者又ハ筆生ニ送達ヲ爲スヿヲ得ルモノトス(訴第一四六)公又ハ私ノ法人及ヒ其資格ニ於テ訴ヘ又ハ訴ヘラルヽコトヲ得ル會社又ハ社團ニ對シ送達ヲ爲ス場合ニ於テ其送達ヲ受クヘキ法律上代理人又ハ首長若クハ事務擔當者ニ事務所ニ於テ出會ハスヌハ此等ノ者受取ニ付差支アルトキハ其送達ハ事務所ニ在ル他ノ役員又ハ雇人ニ之ヲ爲スヿヲ得ルナリ(訴第一四七)

右ノ方法ヲ以テ送達スルヲ得サルトキハ送達書類ヲ其地ノ市町村長ニ

預置キ送達ノ告知書ヲ作リ之ヲ其住居又ハ其事務所ノ門戸ニ貼付シ且近隣ニ住居スル者二人ニ口頭ヲ以テ其旨ヲ通知シ置クモノトス(訴第一四五第一四八)

日曜日及ヒ一般ノ祝祭日ニ於テ爲ス送達又ハ日出ヨリ日沒マテニ於テ爲ス送達ニ付テハ受取ヲ拒ムコヲ得然レモ受訴裁判所ノ裁判長又ハ送達ヲ爲スヘキ地ヲ管轄スル區裁判所ノ判事又ハ受命判事若クハ受託判事ノ與ヘタル許可ノ命令ノ謄本(裁判所書記ノ認證シタル謄本)ヲ添ヘテ送達シタルトキハ之ヲ拒ムコ得サルナリ(訴第一五〇)

法律上ノ理由ナクシテ送達ノ受取ヲ拒ミタルトキハ交付スヘキ送達書類ヲ其拒ミタル場所(住所事務所等)ニ差置クヘシ此場合ニ於テハ送達アリタルト同一ノ效ヲ生スルモノトス(訴第一四九)

執達吏又ハ郵便配達人ハ送達ニ付キ送達ノ場所、年月日時、方法及ヒ受取人ノ受取證並ニ自己ノ署名捺印シタル送達證書ヲ作ルコトヲ要ス

(第十三號書式參看)受取ヲ拒ミ若クハ受取證ヲ出スコトヲ拒ミタルトキ又ハ受取證ヲ作ルコト能ハサル旨ヲ述フルトキハ其旨ヲ送達證書ニ記載スヘキナリ又受訴裁判所ノ所在地ニ住居ヲモ事務所ヲモ有セス且假住所ヲ選定セサルニ依リ郵便ニ付シテ送達ヲ爲スキハ郵便ニ付シタル吏員(裁判所書記强制執行ニ付テハ執達吏)ハ送達書類ヲ郵便ニ付シタル旨ヲ記載シ且自己ノ署名捺印シタル報告書ヲ作リ之ヲ送達ノ證ト爲スヘキナリ(第十四號書式參看)(訴第一五一)

外國ニ在ル本邦ノ公使及ヒ公使館ノ官吏並ニ其家族從者ニ對スル送達ハ外務大臣ニ囑託シテ之ヲ爲ス(訴第一五二)此場合ヲ除ク外外國ニ於テ施行ス可キ送達ハ外國ノ官轄官廳又ハ外國ニ駐在スル帝國ノ公使又ハ領事ニ囑託シテ之ヲ爲スモノトス(訴第一五三)又出陳ノ軍隊又ハ役務ニ服シタル軍艦ノ乘組員ニ屬スル人ニ對スル送達ハ上班司令官廳ニ囑託シテ之ヲ爲スコヲ得ルモノトス

右ノ場合ニ於テ必要ナル囑託書ハ受訴裁判所之ヲ發スルモノトス又右ノ送達ハ囑託ヲ受ケタル官廳又ハ官吏ノ送達施行濟ノ證書ヲ以テ之ヲ證スルモノトス(訴第一五五)

原告若クハ被告ノ現在地不明ナル片又ハ外國ニ於テ爲スヘキ送達ヲ通常ノ方法ヲ以テ實測シ得ス或ハ送達スルモ其功ヲ奏スルノ見込ナキヿヲ豫知スル片ハ公示送達ヲ爲スヿヲ得ルナリ(訴第一五六)公示送達ハ原告若クハ被告ノ申立ニ因リ之ヲ許可シタル後裁判所書記ヲシテ之ヲ取扱ハシムルモノトス而シテ公示送達ハ達スヘキ書類ヲ裁判所ノ掲示場ニ掲示シテ爲スモノトス又判決及ヒ決定ニ在テハ其裁判ノ部分ノミヲ貼附スヘキモノトス(訴第一五七第一第二)

右ノ外裁判所ハ送達スヘキ書類ノ抄本ヲ一个又ハ數个ノ新聞紙ニ一回又ハ數回掲載スヘキヿヲ命スルコトヲ得其抄本ニハ裁判所、當事者並ニ訴訟物及ヒ送達スヘキ書類ノ要旨ヲ掲クルヿヲ要ス(訴第一五七

第（三）公示送達ハ書類ノ貼附ヲ為シタルヨリ十四日ヲ經過シタル日ヲ以テ送達書類ヲ授受シタルモノト看做ス然レモ裁判所ハ公示送達ヲ命スルニ際シ此ヨリ長キ期間ヲ必要トスル𪜈ハ此期間ヲ伸長スルヿヲ得又同一ノ事件ニ付キ同一ノ原告若クハ被告ニ對シ二回以上ノ公示送達ヲ為ス𪜈ハ第二回ノ公示送達及ヒ其後ノ公示送達ハ皆書類ヲ貼附シタル日ヲ以テ之ヲ授受シタルモノト看做スナリ（訴第一五八）

第三節　期日及ヒ期間

第一款　期日

期日ハ裁判所ニ於テ訴訟行為ヲ行フカ為メノ時期ニシテ即チ審問期日、證據調ノ期日、判決言渡ノ期日、競賣期日、競落期日及ヒ配當期日等ナリ

期日ハ裁判長日及ヒ時ヲ以テ之ヲ定ムルモノトス（訴第一五九）日曜日及ヒ一般ノ祭祝日ハ止ムヲ得サル塲合（例ヘハ運滞ノ為メ危害ヲ生スル

ノ恐レアル𪜈ノ如シ）ニ非サレハ之ヲ指定シテ期日ト爲スヿヲ得サルモノトス（訴第一六〇）

期日ニ付テノ呼出ハ裁判長ノ命ニ從ヒ一定ノ日及ヒ時ヲ定メシ呼出狀ノ正本ヲ本人ニ送達シテ之ヲ爲スヲ原則トス然レ𪜈第二ノ期日以後例ヘハ第一ノ期日ニ出頭シタル後辯論ヲ延期シ又ハ辯論續行ノ爲メ第二ノ期日ヲ指定スルカ如キ塲合ニ於テハ上ニ述ヘタル呼出狀ヲ送達スルヿヲ要セサルナリ（訴第一六一）

期日ハ裁判所内ニ於テ開始及ヒ終了スルモノトス然レ𪜈裁判所内ニ於テ爲シ得サルトコロノ行爲即チ實地臨檢又ハ裁判所ニ出願スル能ハサル者ノ審問其他裁判所内ニ於テ爲スコトヲ得サル行爲ヲ要スル𪜈ハ此例外ナリトス（訴第一六二）

期日ハ事件ノ呼上ヲ以テ始ムルモノトス若シ原告又ハ被告カ期日ノ終了ニ至ルマテ辯論ヲ爲サヽル𪜈ハ其期日ニ欠席シタル者ト看做スナリ

（訴第一六三）
期日ノ變更、辯論ノ延期、辯論續行ノ期日ノ指定ハ當事者ノ申立ニ因リ又裁判官職權ヲ以テ之ヲ爲スヿヲ得中立ニ因レル期日ノ變更ハ當事者ノ合意ノ塲合ヲ除ク外顯著ナル理由アル片ニ限リ之ヲ許スモノトス（訴第一六九）
當事者ノ一方ニ於テ期日ノ變更ニ付申請ヲ爲ス片ハ其理由ヲ疏明スルヿヲ要ス其申請ハ口頭ヲ以テ之ヲ爲スヿヲ得ルナリ（訴第一七一）
右ノ裁判ハ口頭辯論ヲ經スシテ之ヲ爲スヿヲ得同一期日ノ再度ノ變更ハ相手方ノ承諾書ヲ提出セサル片ハ相手方ヲ審訊シタル後ニ限リ之ヲ許スコトヲ得又相手方カ異議ヲ述フル片ハ顯著ナル差支ノ理由及ヒ其差支ヲ除去スルコトノ特別ナル困難ヲ生シタルヿヲ證スルニアラサレハ之ヲ許スヿヲ得ス又訴訟代理人ノ差支ニ原因スル期日ノ再度ノ變更ハ相手方ノ承諾アルニアラサレハ之ヲ許サヽルナリ（同上）

右ノ申請ヲ却下スル裁判ニ對シテハ不服ヲ申立ルコトヲ得サルモノトス(同上)

第二欵　期間

期間ハ當事者ノ一定ノ行爲ヲ爲ス爲メ與フル所ノ時間ナリ期間ハ之ヲ區別シテ左ノ二種トス

(一)　裁判官ノ定ムル期間

(二)　法律上ノ期間

裁判官ノ定ムル期間ハ裁判所及ヒ其機關ノ行爲ノ爲メ定メタルモノニシテ其長短全ク裁判官ノ意見ニ任スルモノナリ

法律上ノ期間ハ法律ヲ以テ確定シタル時間ヲ云フ而シテ此法律上ノ期間中ニハ不變期間、應訴期間、答辨書差出期間及ヒ無名稱期間ノ別アリ

裁判官ノ定ムル期間ノ進行ハ期間ヲ定メタル書類ヲ以テ始マリ又其

送達ヲ要セサル場合ニ於テハ期間ノ言渡ヲ以テ始マル然レモ期日指定ノ際此ヨリ遲キ起期ヲ定メタル片例ヘハ假處分ノ場合ニ於テ保證ヲ立ツル片ハ其立テタル日ヨリ三日若クハ七日ノ期間內ニ何々ノ行爲ヲ爲ス可シト命スル如キ場合ニ於テハ此例外ナリトス(訴第一六四)期間ハ時、日月年ヲ以テ定ムルモノトス時ヲ以テスルモノハ即時ヨリ起算シ又日ヲ以テスルモノハ初日ヲ算入セス(訴第一六五)一日ノ期間ハ二十四時トシ一个月ノ期間ハ三十日トシ一个年ノ期間ハ曆ニ從フモノトス若シ期間ノ最終日カ日曜日又ハ一般ノ祝祭日ニ當ル片ハ其日ヲ期日ニ算入セサルモノトス(訴第一六六)

法律上ノ期間ハ裁判所ノ所在地ニ住居セサル原告若クハ被告ノ爲メ其住居地ト裁判所所在地トノ距離ノ割合ニ應シ海陸路八里每ニ一日ヲ伸長ス八里以外ノ端數三里ヲ超ユルトキモ亦同一ナリトス(訴第一六七第一)

裁判所ハ外國又ハ島嶼ニ於テ住所ヲ有スル者ニ對シテハ總テノ期間ニ付キ原告若クハ被告ノ爲メ特ニ附加期間ヲ定ムルヿヲ得例ヘハ米國ニ於テ住所ヲ有スルモノニ對シテハ控訴期間ニ付二ヶ月ノ附加期間ヲ與ヘ小笠原島ニ住所ヲ有スル者ニ對シテハ一ヶ月ノ附加期間ヲ與フルヿヲ得ルカ如キ是レナリ(訴第一六七第二)

期間ノ進行ハ裁判所ノ休暇ニ依リテ停止ス而シテ其期間ノ殘餘ノ部分ハ休暇ノ終ヲ以テ其進行ヲ始ム(裁判所ノ休暇ハ毎年七月十一日ニ始マリ九月十日ニ終ハル構第一二七)例ヘハ七月一日ニ十四日ノ期間ヲ定ムルトキハ七月十日マテ即チ其期間中九日丈ケ進行シ殘餘ノ五日ハ九月十一日ヨリ進行ヲ始メ同月十五日ニ終ハリ又七月十日ニ期間ヲ定ムルトキハ其期間ノ進行ハ九月十一日ヨリ始マル如キ是レナリ然レ𪜈不變期間(訴第二五五第二、第四〇〇第一第四三七第一第四六六第二第四七四第一第七、七五第一第八〇四參看)及ヒ休暇中ト雖𪜈審判スヘキ至

急ヲ要スル事件（構第一二八第一二九參看）ニ關スル期間ハ此例外ナリトス（訴第一六八）

不變期間ハ當事者ノ合意又ハ裁判所ノ命令ニ依リ之ヲ伸縮スルコトヲ得ス其他ノ期間ハ當事者ノ合意ノ申立ニ因リ之ヲ伸縮スルヿヲ得ルモノトス（訴第一七〇第一）

裁判所又ハ裁判官ノ定ムル期間及ヒ法律上ノ期間ハ合意ナキモ申立ニ因リ顯著ナル理由アルトキハ法律ニ特定シタル塲合ニ限リテノミ之ヲ伸縮スルヿヲ許スモノトス伸長ニ係ル新期間ハ前期間ノ滿了ヨリ之ヲ起算ス（訴第一七〇第一第二）

期間ノ伸縮ニ付テソ申請ノ理由ハ之ヲ疏明スヘキモノトス其申請ハ口頭ヲ以テ之ヲ爲スヿヲ得ルナリ（訴第一七一第一第二）

右ノ申請ノ裁判ハ口頭辨論ヲ經スシテ之ヲ爲スヿヲ得同一期間ノ再度ノ伸長ハ相手方ノ承諾書ヲ提出セサルトキハ相手方ヲ審訊シタル後

ニ限リ之ヲ許スヿヲ得又相手方カ異議ヲ述フル片ハ顯著ナル差支ノ理由及ヒ其差支ヲ除去スルコトノ特別ナル困難ヲ生シタルヿヲ證スル片ニ限リ之ヲ許スコトヲ得又訴訟代理人ノ差支ニ原因スル期間ノ再度ノ伸長ハ相手方ノ承諾アルニアラサレハ之ヲ許サヽルナリ(訴第一七一第三)

期日ノ伸長ニ付テノ申請ヲ却下スル裁判ニ對シテハ不服ヲ申立ツルヿヲ得サルモノトス(訴第一七一第四)

第四節　懈怠ノ結果及ヒ原狀回復

裁判官又ハ法律ニ於テ訴訟行爲ノ爲メニ指定シタル期日又ハ定メタル期間内若クハ定マリタル期間内ニ於テ其行爲ヲ懈怠スル片ハ其結果トシテ懈怠シタル原告若クハ被告ハ訴訟行爲ヲ爲ス權利ヲ失フモノトス然レ圧法律ニ於テ追完ヲ許ス片(訴第四五第二第七〇第三第二〇九第二一四第二七五第二八四第二第二八八第四一五參看)ハ此例外ナリト

ス(訴第一七三第一)
裁判所ハ原告若クハ被告カ訴訟行為ヲ懈怠スル𪜈ハ相手方ノ申立ナキモ懈怠ノ結果ヲ生シ且之ヲ生セシムルカ為メ豫メ之ヲ指示スルヲ要セサルヲ以テ原則トス然レ𪜈法律ニ於テ懈怠ノ結果ヲ生セシムルニ付相手方ノ申立ヲ要スル場合ハ此例外ナリトス(訴第一七三第二第三)不變期間ノ懈怠ヨリ生スル結果ハ原被告ノ申立ニ依リ左ノ理由アル𪜈ハ原狀回復ヲ許ス(訴第一七四)

(一) 天災其他避クヘカラサル事變ノ為メニ不變期間ヲ遵守スルヿヲ得サル𪜈

(二) 故障期間ノ懈怠ニ對シテハ原被告ノ自已ノ過失ナクシテ欠席判決ノ送達ヲ知ラサル𪜈

原狀回復ハ障碍ノ止ミタル日ヨリ十四日ノ期間内ニ申立ヲ為スヘキモノトス此期限ハ當事者ノ合意ヲ以テ伸長スルヿヲ得ス又懈怠シタ

ル不變期間ノ滿了ヨリ一ケ年ヲ經過シタルトキハ原狀回復ノ申立ヲ爲スヿヲ得サルナリ(訴第一七五)

原狀回復ハ追完スル訴訟行爲ニ付キ裁判ヲ爲ス權利アル裁判所ニ書面ヲ以テ之ヲ申立ツヘキモノトス(訴第一七六)此申立書ニハ左ノ諸件ヲ具備スルヿヲ要ス(第十五號書式參看)

第一　原狀回復ノ原因タル事實

第二　原狀回復ノ疎明方法

第三　懈怠シタル訴訟行爲ノ追完

即時抗告ヲ懈怠シタル場合ニ於ケル原狀回復ノ申立ハ不服ヲ申立テラレタル裁判ヲ爲シタル裁判所又ハ抗告裁判所ニ之ヲ爲スヿヲ得ルモノトス(訴第一七六)。

原狀回復ヲ許スヘキヤ否ヤノ裁判ヲ爲ス手續ハ追完スル訴訟行爲ニ付テノ裁判手續ト併合ス然レトモ裁判所ハ先ツ申立ニ付テノ辨論及ヒ

裁判ノミニ其訴訟手續ヲ制限スルコトヲ得申立ノ許否ニ關スル裁判及其裁判ニ對スル不服ノ申立ニ付テハ追完スル訴訟行爲ニ於テ行ハル可キ規定ヲ適用ス然レ𪜈申立ヲ爲シタル原告若クハ被告ハ故障ヲ爲スコチ得ス原狀回復ノ費用ハ其效驗アルヿト雖𪜈申立人ノ負擔ニ屬スルモノトス然レ𪜈相手方ノ不當ナル所爲ヨリ生スルヿハ此限ニアラサルナリ(訴第一七七)

第五節　訴訟手續ノ中斷及ヒ中止

凡ソ訴訟ハ一旦繫屬スレハ其進行ヲ停止スルコトナク務メテ速ニ之ヲ完結スルヲ要ス然レ𪜈或ル塲合ニ於テハ其進行ヲ停止スルコトヲ必要トシ又便宜トスルヿアリ

第一款　訴訟手續ノ中斷

訴訟手續ノ中斷ハ當事者ノ意思ニ拘ハラス且裁判所ノ命ニ依ラス或ル事實ノ生スルニ依リ法律上自然ニ訴訟手續ヲ中斷スルヲ云フ其塲

合ハ左ノ如シ
第一　原告若クハ被告ノ死亡シタル𪜈（訴第一七八第一）
第二　原告若クハ被告ノ財産ニ付破産ノ開始シタル場合ニ於テ訴訟手續カ破産財團ニ關スル𪜈（訴第一七九）
第三　原告若クハ被告カ訴訟能力ヲ失ヒ又ハ其法律上代理人カ死亡シ又ハ其代理權カ原告若クハ被告ノ訴訟能力ヲ得ル前ニ消滅シタル𪜈（訴第一八〇）
第四　原告若クハ被告ノ死亡ニ因リ訴訟手續ヲ中斷スル場合ニ於ケル訴訟手續ノ受繼ニ關シ遺産ニ付キ管理人ヲ任設スル𪜈又遺産ニ付キ破産ヲ開始スル𪜈（訴第一八一）
第五　戰爭其他ノ事故ニ因リ裁判所ノ行務ヲ止メタル𪜈（訴第八二）
第六　訴訟代理人ヲ以テ訴訟ヲ爲ス場合ニ於テ原告若クハ被告

カ死亡シ又ハ訴訟能力ヲ失ヒ又ハ法律上代理人カ死亡シ又ハ
其代理權カ消滅スル片（訴第一八三）

第一ノ場合ニ於テハ死亡者ノ承繼人カ訴訟手續ヲ受繼クマテ之ヲ中繼スルモノトス受繼ハ可成速ニ之ヲ爲スヲ要ス若シ之ヲ遲滯シタル片ハ裁判所ハ相手方ノ申立ニ因リ承繼及ヒ本案ノ口頭辯論ノ爲メ承繼人ヲ呼出スコトヲ得ヘシ若シ承繼人カ其呼出ノ期日ニ出頭セサル片ハ相手方ノ申立ニ因リ相手方ノ主張シタル承繼ヲ其承繼人カ自白シタルモノト看做シ且闕席判決ヲ以テ其承繼人ニ於テ訴訟手續ヲ受繼キタルト言渡スヘシ又本案ノ辯論ハ故障期間ノ滿了後始メテ之ヲ爲ス若シ其期間內ニ故障ヲ申立テタル片ハ其完結後始メテ之ヲ爲スモノトス（訴第一七八第二第三）

第二ノ場合ニ於テハ破産ニ付テノ規定ニ從ヒ手續ヲ受繼キ又ハ破産手續ヲ解止スルマテ訴訟手續ヲ中斷ス（訴第一七九）

第三ノ場合ニ於テハ法律上代理人又ハ新法律上代理人カ其任設ヲ相手方ニ通知シ又ハ相手方カ訴訟手續ヲ續行セントスルコトヲ其代理人ニ通知スルマテ訴訟手續ヲ中斷ス（第一八〇）

第四ノ場合ニ於テハ遺產ニ付キ管理人ヲ任設シタル片管理人カ其任設ヲ相手方ニ通知シ又ハ相手方カ訴訟手續ヲ續行スヘキ旨ヲ其代理人ニ通知スルマテ又其遺產ニ付破產ヲ開始シタル片ハ破產ニ付テノ規定ニ從ヒ其手續ヲ受繼クマテ若クハ破產手續ヲ解止スルマテ訴訟手續ヲ中斷ス（訴第一八一商第九七八以下）

第五ノ場合ニ於テハ其事情ノ繼續スル間訴訟手續ヲ中斷ス（訴第一八二）

第六ノ場合ニ於テハ委任消滅ノ通知ニ因リ訴訟手續ヲ中斷ス（第一八三第一）

渾テ中斷シタル訴訟手續ノ受繼及ヒ通知ハ原告若クハ被告ヨリ其書

面ヲ受訴裁判所ニ差出シ而シテ裁判所ハ之ヲ相手方ニ送達スヘキモノトス(訴第一八七)

第二欵　訴訟手續ノ中止

訴訟手續ノ中止ハ當事者ノ申立ニ因リ又ハ職權ヲ以テ裁判所ヨリ命シテ訴訟手續ヲ中止スルヲ云フ其塲合ハ即チ

原告若クハ被告カ戰時兵役ニ服スル片又ハ官廳ノ布令、戰爭其他ノ事變ニ因リ受訴裁判所ト交通ノ絶エタル地ニ在ル片(訴第一八四)

是レナリ右ノ塲合ニ於テハ受訴裁判所ハ申立ニ因リ又ハ職權ヲ以テ障碍ノ消除スルマテ訴訟手續ノ中止ヲ命スルモノトス

訴訟手續中止ノ申立ヲ為スコハ申請書ヲ以テスルヲ原則トス然レトモ口頭ヲ以テモ亦其申立ヲ為スコトヲ得中止ノ申立アリタル片ハ裁判所ハ之ヲ相手方ニ送達ス此裁判ハ口頭辯論ヲ經スシテ之ヲ為スコ

ヲ得(訴第一八五第一八七)訴訟手續ノ中止ヲ命スル裁判ニ對シテハ抗告ヲ爲スコトヲ得又其中止ヲ拒ム裁判ニ對シテハ即時抗告ヲ爲スコトヲ得ルナリ(訴第一八九)

第三欵　訴訟手續ノ休止

凡ソ訴訟ハ一旦之ヲ提起スルモ其之ヲ追行スルト否トハ當事者ノ隨意ナリ故ニ其繫屬スルトコロノ訴訟ノ如何ナル程度ニアルヲ問ハス當事者ノ合意ヲ以テ訴訟手續ヲ休止スルコトヲ得ルナリ

訴訟手續ノ休止ハ訴訟法第百八十八條ニ於テ之ヲ規定ス即チ左ノ如シ

當事者ハ訴訟手續ヲ休止ス可キノ合意ヲ爲スコトヲ得其合意ハ不變期間ノ進行ニ影響ヲ及ホサス

口頭辯論ノ期日ニ於テ當事者双方出頭セサルトキハ訴訟手續ハ其一方ヨリ更ニ口頭辯論ノ期日ヲ定ム可キコトヲ申立ツルマテ之ヲ休止ス

一个年內ニ前項ノ申立ヲ爲サヽルトキハ本訴及ヒ反訴ヲ取下ケタルモノト看做ス

訴訟手續ノ休止ニ付テノ合意ハ書面又ハ口頭ヲ以テ之ヲ屆出ツルヿヲ要ス若シ其屆出ヲ爲サヽル片ハ訴訟手續ハ仍ホ進行シテ止マス當事者ノ合意ハ無效ニ歸スヘキナリ

第四款　訴訟手續ノ中斷及ヒ中止ノ效力

訴訟手續ノ中斷及ヒ中止ノ效力ハ共ニ同一ナリトス中斷及ヒ中止ニ付テハ不變期間其他ノ期間ヲ問ハス總テノ期間ノ進行ヲ止メ其中斷又ハ中止ノ終リタル後ニアラサレハ更ニ其進行ヲ始メサルナリ中斷及ヒ中止中ニ爲シタル訴訟行爲ハ相手方ニ對シ其效力ヲ生セサルモノトス然レ圧口頭辯論ノ終結後ニ生シタル中斷ハ裁判言渡ヲ爲スヲ妨ケサルモノトス(訴第一八六)

第二編　第一審ノ訴訟手續

第一章　地方裁判所ノ訴訟手續

第一節　判決前ノ訴訟手續

第一欵　訴ノ提起

凡ソ地方裁判所ニ於ケル訴ノ提起ハ訴狀ヲ裁判所ニ差出シテ之ヲ爲スモノトス訴狀ニハ左ノ諸件ヲ具備スルヿヲ要ス（第十六號書式參看）（訴第一九〇）

第一　當事者及ヒ裁判所ノ表示

第二　起シタル請求ノ一定ノ目的物及ヒ其請求ノ一定ノ原因

第三　一定ノ申立

此他訴狀ハ準備書面ニ關スル一般ノ規定ニ從ヒ之ヲ作ルモノトス若シ裁判所ノ管轄カ訴訟物ノ價額ニ依リ定マル塲合ニ於テ訴訟物カ一定ノ金額ニ非サルヰハ亦其價額ヲ掲記スヘキモノトス

訴狀ニシテ若シ前述第一乃至第三ノ要件ヲ具備セサルヰハ裁判長ハ

相當ノ期間ヲ定メ其期間內ニ其欠缺ヲ補正スヘキヿヲ命令スルモノトス此場合ニ於テ原告若シ其命令ニ服從セサル片ハ裁判所ハ其期間滿了後訴狀ヲ差戾スヘキモノトス此差戾ノ命令ニ對シテハ即時抗告ヲ爲スヿヲ得ルナリ(第十七號書式參看)(訴第一九二)

訴狀ニシテ前述第一乃至第三ノ要件ヲ具備スル片ハ裁判所ハ口頭辯論ノ期日ヲ定メ且訴狀ノ送達ヲ受ケタル日ヨリ十四日ノ期間內ニ答辯書ヲ差出スヘキ旨ヲ訴狀ニ記載シテ之ヲ被告ニ送達スヘキモノトス(第十八號書式參看)(訴第一九三)

訴狀ノ送達ト口頭辯論ノ期日トノ間ニハ少ナクトモ二十日ノ時間ヲ存スルヿヲ要ス若シ外國ニ於テ送達ヲ施行スヘキ片ハ外國ト本邦トノ距離ノ程度ニ應シ裁判長ハ意見ヲ以テ相當ノ時間ヲ定メテ之ヲ爲スモノトス此時間ハ切迫ナル危險ノ場合ニ於テハ二十四時マテニ短縮スルヿヲ得ルナリ(訴第一九四第二〇三)

原告ハ被告ニ對シ數多ノ請求アルトキハ之ヲ同一ノ訴ヲ以テ起スコトヲ得然レトモ是レ總テノ請求ニ付キ同一ノ受訴裁判所ニ屬シ且同一種類ノ訴訟手續ヲ爲シ得ヘキトキニ限ルモノトス（然レトモ民法ノ規定ニ反スルトキハ此限ニ在ラス）（訴第一九一）

訴狀ノ送達アルトキハ訴訟物ノ權利拘束ヲ生ス（訴狀其他ノ準備書面ニ於テ主張セサル請求ノ權利拘束ハ口頭辯論ニ於テ其請求ヲ主張シタル時ヲ以テ始マル（訴第二一二）） 權利拘束ハ左ノ效力ヲ有スルモノトス（訴第一九五）

第一　權利拘束ノ繼續中原告若クハ被告ヨリ同一ノ訴訟物ニ付キ他ノ裁判所ニ於テ本訴又ハ反訴ヲ以テ請求ヲ爲シタルトキハ相手方ハ權利拘束ノ抗辯ヲ爲スコトヲ得

第二　受訴裁判所ノ管轄ハ訴訟物ノ價額ノ增減住所ノ變更其他管轄ヲ定ムル事情ノ變更ニ因リテ變更スルコト無シ

第三　原告ハ訴ノ原因ヲ變更スル權利ナシ但變更シタル訴ニ對シ本案ノ口頭辯論前被告カ異議ヲ述ヘサルトキハ此限ニ在ラス訴ノ原因ヲ變更スルヲ得サルコトハ前述ノ如シ然レトモ訴ノ原因ヲ變更スルニアラスシテ左ノ諸件ヲ爲ストキハ被告ハ異議ヲ述フルコトヲ得サルモノトス（訴第一九六）

第一　事實上又ハ法律上ノ申述ヲ補充シ又ハ更正スルコト

第二　本案又ハ附帶請求ニ付キ訴ノ申立ヲ擴張シ又ハ減縮スルコト

第三　最初求メタル物ノ滅盡又ハ變更ニ因リ賠償ヲ求ムルコト

訴ノ原因ニ變更ナシトスル裁判ニ對シテハ不服ヲ申立ツルコトヲ得サルナリ（訴第一九七）

訴ノ全部又ハ一分ハ本案ニ付被告ノ第一口頭辯論ノ始マルマテハ被告ノ承諾ヲ得スシテ之ヲ取下ケルコトヲ得然レトモ口頭辯論ノ始マリ

タル後ト雖𪜈口頭辯論ノ終結ニ至ルマテハ被告ノ承諾ヲ得テ之ヲ取下クルコトヲ得ヘシ(第十九號書式參看)訴ノ取下ハ口頭辯論ニ於テ之ヲ爲スヘキハ口頭ヲ以テ之ヲ爲スヿヲ得若シ口頭辯論ニ於テ之ヲ爲サヽル片ハ書面ヲ以テ之ヲ申立ツヘキモノトス(訴第一九八第一第二)而シテ訴狀ヲ既ニ被告ニ送達シタル場合ニ於テハ訴取下ノ書面ハ之ヲ被告ニ送達スヘキモノトス(訴第一九八第三)

訴ノ取下ハ訴訟物ノ權利拘束ノ總テノ效力ヲ消滅セシムノミナラス原告ヲシテ訴訟費用ヲ負擔セシムルノ義務ヲ生スルモノナリ又被告ハ原告ヨリ訴ヲ再ヒ提起スルニ當リ前訴訟費用ヲ辨償スルマテ其訴訟ノ被告人タルヿヲ拒ムヿヲ得ルモノトス(訴第一九八第四第五)

第二款　答辯書其他ノ準備書面

訴狀カ法定ノ式ニ適フモノトシテ受理セラレ裁判所ヨリ被告ニ訴狀ノ送達ヲ爲ス片ハ其送達ノ際十四日ノ期間內ニ(此期間ハ申立ニ因リ

裁判長ノ命令ヲ以テ相當ニ伸縮スルヿヲ得)(訴第二〇三)答辯書ヲ差出スヘキコトヲ被告ニ催告スルモノトス其答辨書ハ準備書面ニ關スル一般ノ規定ヲ適用シテ之ヲ作ルモノトス(第二十號書式參看)(訴第一九九)

訴カ管轄裁判所ニ於テ權利拘束ト爲リタル片ハ被告ヨリ原告ニ對シ其裁判所ニ反訴ヲ起スヿヲ得ルモノトス然レ𪜈反訴カ財產權上ノ請求ニアラサル請求ニ係リ又ハ目的物ニ付キ專屬管轄ノ規定アル反訴ニ係ル片若シ其反訴カ本訴ナル片其裁判所ニ於テ管轄權ヲ有スヘキ塲合ニ限リ之ヲ爲スヿヲ許スモノトス反訴ハ本訴ニ對シテノミ之ヲ爲スヿヲ得ルモノナレハ反訴ニ對シテハ更ニ反訴ヲ爲スヿヲ得サルナリ(訴第二〇〇)反訴ハ答辯書ニ記載シテ之ヲ爲シ又特別ナル書面ヲ作リテ之ヲ爲シ又ハ口頭辯論ノ際相手方ノ面前ニ於テ口頭ヲ以テ之ヲ爲スヿヲ得ルモノトス答辯書差出ノ期間內ニ差出シタル書面ヲ以テセサル反訴ハ被告ノ請求ノ全部又ハ一分ト相殺ヲ爲ス可キ塲合ニ

於テ同時ニ被告カ自己ノ過失ニ因ラスシテ其以前反訴ヲ起スヲ得サリシヿヲ疏明スルニアラサレハ之ヲ爲スヿヲ許サヽルモノトス(訴第二〇一)

上ニ述フルモノヽ外特別ノ規定ニ依リ差異ノ生セサル限リハ反訴ノ手續ニ付テモ亦訴ニ關スル一般ノ規定ヲ適用スルモノトス(訴第二〇二)

訴狀及ヒ答辯書ハ口頭辯論ヲ準備スルニ足ルモノナリ然レ圧訴狀又ハ答辯書ニ掲ケサリシ事實上ノ主張若クハ証據方法又ハ申立ニ付キ豫メ穿鑿ヲ爲スニアラサレハ陳述ヲ爲シ能ハスト豫知スル事項アル圧ハ準備ノ用ヲ爲サス故ニ各當事者ハ口頭辯論ノ前ニ補充書面ヲ作リ之ヲ差出スヘキモノトス但裁判所ハ其書面ヲ相手方ニ送達スルノ時間及ヒ相手方ヲシテ必要ナル穿鑿ヲ爲スノ時間ヲ得セシムヘキモノトス(訴第二〇四第一)

準備書面ノ調ハサルカ爲メ口頭辯論ノ延期ヲ爲ス圧ハ裁判所ハ其意

見ニ依リ爾後必要ナル準備書面ヲ差出スヘキ期間ヲ定ムルコトヲ得ルナリ(訴第二〇四第二)

第四欵　口頭辯論

口頭辯論ハ一般ノ規定ニ從ヒテ之ヲ爲スモノトス(訴第二〇五)

妨訴ノ抗辯ハ本按ニ付テノ被告ノ辯論前同時ニ之ヲ提出スヘキモノトス左ニ掲クルモノヲ妨訴ノ抗辯トス(訴第二〇六)

第一　無訴權ノ抗辯

第二　裁判所管轄違ノ抗辯

第三　權利拘束ノ抗辯

第四　訴訟能力ノ欠缺又ハ法律上代理ノ欠缺ノ抗辯

第五　訴訟費用保證ノ欠缺ノ抗辯

第六　再訴ニ付キ前訴訟費用未濟ノ抗辯

第七　延期ノ抗辯

本案ニ付キ被告ノ口頭辯論ノ始マリタル後ニ於ケル妨訴ノ抗辯ハ被告ノ有效ニ抛棄スルコヲ得サルモノナル𪜈又ハ被告ノ過失ニアラスシテ本案ノ辯論前ニ其抗辯ヲ主張スル能ハサリシコヲ疏明シタル𪜈ニ限リ提出スルコヲ得ルモノトス(訴第二〇六)

被告カ妨訴ノ抗辯ニ基キ本案ノ辯論ヲ拒ミ又ハ裁判所ニ於テ申立ニ因リ若クハ職權ヲ以テ抗辯ニ付特別ノ辯論ヲ命スル𪜈ハ裁判所ハ抗辯ニ付キ特別ニ辯論ヲ爲シ及ヒ判決ヲ以テ裁判ヲ爲スヘキモノトス若シ妨訴ノ抗辯不當ナル𪜈ハ判決ヲ以テ之ヲ棄却スヘシ其判決ハ元來中間判決ナルモ終局判決ト看做シ上訴ヲ許スモノトス然レ𪜈裁判所ハ訴訟ノ延滯ヲ豫防スルカ爲メ申立ニ因リ上訴アルニモ拘ハラス本案ニ付辯論ヲ爲スヘキコヲ命スルコヲ得ルナリ(訴第二〇七)

計算事件(例ヘハ商事其他ノ取引上ヨリ生スルモノ又ハ工事請負等ノ場合ヨリ生スル訴訟事件等)其他財產分別(例ヘハ共有財產ヲ各自ニ分別スル等ノ場

合)及ヒ此ニ類スル訴訟ノ如キ煩難ニシテ準備ヲ為スニアラサレハ口頭辯論ヲ開クニ困難ナル事件ニ付テハ裁判所ハ其部員ノ一名ニ命シテ取調ヲ為サシメ以テ口頭辯論ノ準備ヲ為スモノトス(訴第二〇八)攻擊及ヒ防禦ノ方法即チ反訴、抗辯、再抗辯等ハ判決ニ接着スル口頭辯論ノ終結ニ至ルマテハ何時タリトモ之ヲ提出スルコトヲ得ヘシ(訴第二〇九)被告ヨリ時機ニ後レテ提出シタル防禦ノ方法ハ裁判所カ若シ其提出ヲ許スニ於テハ訴訟ノ延滯ヲ來タシ且被告カ訴訟ヲ延滯セシムルノ目的ヲ以テシ又ハ重過失ニ依リ防禦方法ノ提出ヲ延滯シタリシトノ心證ヲ得タルトキハ原告ノ申立ニ因リ之ヲ却下スルヿヲ得ルモノトス(訴第二一〇)

訴訟ノ進行中ニ爭ト為リタル權利關係ノ成立又ハ不成立カ訴訟ノ裁判ノ全部又ハ一分ニ影響ヲ及ボストキハ判決ニ接着スル口頭辯論ノ終結ニ至ルマテ原告ハ訴ノ申立ノ擴張ニ依リ又被告ハ反訴ノ提起ニ依

リ判決ヲ以テ其權利關係ヲ確定センコヲ申立ツルコヲ得ルモノトス（訴第二一一）

各當事者ハ事實上ノ主張ヲ證明シ又ハ之ヲ辯駁センカ爲メニ用井ントスル證據方法ヲ開示シ且相手方ヨリ開示シタル證據方法ニ付陳述スヘシ證據方法ニ付テノ證據申出及ヒ之ニ關スル陳述ハ人証、鑑定、書証、檢証、當事者本人ノ訊問ニ關スル一般ノ規定ニ從ヒテ之ヲ爲スモノトス（訴第二一一、三）

証據方法及ヒ證據抗辯ハ判決ニ接着スル口頭辯論ノ終結ニ至ルマテ之ヲ主張スルコヲ得ルモノトス證據方法及ヒ證據抗辯ノ時機ニ後レタル提出ハ裁判所カ若シ之ヲ許スニ於テハ訴訟ノ延滯ヲ來タシ且被告カ訴訟ヲ延滯セシムルノ目的ヲ以テシ又ハ重過失ニ依リ防禦方法ノ提出ヲ延滯シタリシトノ心證ヲ得タルトキハ相手方ノ申立ニ因リ之ヲ却下スルコヲ得ルモノトス（訴第二一一四）

證據調並ニ證據決定ヲ以テ特別ノ證據調手續ノ命令ハ訴訟法中證據方法ニ關スル一般ノ規定(證據調ノ總則、人証、鑑定、書証、撿証、當事者本人ノ訊問)ニ從ヒテ之ヲ爲スモノトス(訴第二一五)

當事者ハ訴訟ノ關係ヲ表明シ証據調ノ結果ニ付辯論ヲ爲スヘキモノトス受命判事又ハ受託判事ノ面前ニ於テ証據調ヲ爲シタル片ハ當事者ハ證據調ニ關スル審問調書ニ基キ其結果ヲ演述スヘキモノトス(訴第二一六)

裁判所ハ民法又ハ此法律ノ規定ニ反セサル限リハ辯論ノ全旨趣及ヒ或ル證據調ノ結果ヲ斟酌シ事實上ノ主張ヲ眞實ナリト認ムヘキヤ否ヤヲ自由ナル心證ヲ以テ判斷スヘキモノトス(訴第二一七)

裁判所ニ於テ顯著ナル事實ハ之ヲ證スルヿヲ要セス(訴第二一八)地方慣習法商慣習及ヒ規約又ハ外國ノ現行法ハ之ヲ證スヘシ裁判所ハ當事者ハ當事者ノ其證明ヲ爲スト否トニ拘ハラス職權ヲ以テ必要ナル

取調ヲ爲スヿヲ得ルモノトス(訴第二一九)訴訟法ノ規定ニ依リ事實上ノ主張ヲ疏明スヘキトキハ裁判官ヲシテ其主張ヲ眞實ナリト認メシムヘキ証據方法ヲ申出ツルヲ以テ足ル但即時ニ爲スヿヲ得サル證據調ハ疏明ノ方法トシテ之ヲ許サヽルモノトス(訴第二二〇)

裁判所ハ訴訟ノ如何ナル程度ニ在ルヲ問ハス訴訟ノ全部又ハ或ル爭點ニ付原被告ヲシテ和解ヲ爲サシムルヿヲ試ムルヿヲ得而シテ此和解ハ受命判事若クハ受託判事ヲシテ之ヲ試ミシメ其他和解ヲ試ムル爲ニハ當事者ノ自身出頭ヲ命スルヿヲ得ルモノトス(訴第二二一)

第二節　證據調ノ總則

證據調ハ受訴裁判所躬ラ之ヲ爲スチ以テ原則トス然レモ法律上特定ノ場合ニ於テハ其裁判所ノ部員一名ニ命シテ之ヲ爲サシメ又區裁判所ニ囑託シテ之チ爲サシムルコトヲ得(訴第二七三)外國ニ於テ爲スヘ

キ証據調ハ外國ノ管轄官廳又ハ其國駐在ノ帝國ノ公使又ハ領事ニ囑託シテ之ヲ爲スモノトス(訴第二八一)

證據調ハ證據決定ヲ以テ之ヲ爲ス(證據調ヲ命スル決定ニ對シテハ不服ヲ申立ツルコトヲ得)當事者ノ申立テタル證據數多アル片ハ裁判所ハ其數多中ニ就キ必要ナル証據調ヲ命スルモノトス(訴第二七四第一)

證據決定ニハ左ノ諸件ヲ掲記スルヿヲ要ス(訴第二七六)

第一　証スヘキ係爭事實ノ表示

第二　証據方法ノ表示殊ニ証人又ハ鑑定人ヲ訊問スヘキ片ハ其表示

第三　証據方法ヲ申立テタル原告若クハ被告ノ表示

證據決定ノ施行完結ハ受訴裁判所職權ヲ以テ之ヲ爲スモノトス若シ証據決定ニ變更ヲ生スル片ハ其決定ノ施行完結前ニ在テ新ナル辯論ニ基ク片ニ限リ之ヲ申立ツルヿヲ得ルナリ(訴第二七七)

證據調ハ當事者ノ演述即チ口頭辯論ニ引續キ直チニ之ヲ爲スモノトス若シ口頭辯論ニ引續キ直チニ之ヲ爲サスシテ新ニ期日ヲ設ケテ之ヲ爲ストキハ受訴裁判所ハ証據決定ニ因リ之ヲ當事者ニ命スヘシ(訴第二七四第二第二八七第一)

證據調ニ付不定時間即チ何時ニ証據調ヲ爲シ得ヘキヤ知ルヘカラサル如キ例ヘハ外國ニアル証據ヲ取調フルヿヲ要スル場合又ハ証書ノ所在証人ノ居所直チニ知レサル等ノ場合ニ於テハ當事者ノ申立ニ因リ相當ノ期間ヲ定ムヘキモノトス若シ此期間滿了後ト雖𪜈訴訟手續ヲ延滯セシメサル限リハ其証據方法ヲ用ユルヿヲ得ルモノトス(訴第二七五)

受訴裁判所ノ部員ニ於テ証據調ヲ爲スヘキトキハ裁判長ハ証據決定言渡ノ際受命判事ヲ指命シ且証據調ノ期日ヲ定ムヘシ(裁判長其期日定メサルトキハ受命判事之チ定ム)(訴第二七八)又他ノ裁判所ニ於テ証據調ヲ爲

スヿハ裁判長ハ囑託書ヲ其裁判所ニ向ケ發スルモノトス證據調終レハ受託判事ハ証據調ニ關スル書類ノ原本ヲ受訴裁判所書記ニ送致シ其書記ハ之ヲ受領シタルヿヲ當事者ニ通報スヘキモノトス(訴第二七九)

受命判事又ハ受託判事ニ於テ証據調ニ付キ期日ヲ定メタルヿハ其期日及ヒ塲所ヲ各當事者ニ通知スヘシ(第二十一號書式參看)(訴第二八〇)當事者ノ一方又ハ双方証據調ノ期日ニ出願セサルヿハ事件ノ程度ニ因リ爲シ得ヘキ限リハ証據調ヲ爲ス又原告若クハ被告ノ出願セサルカ爲メニ全部又ハ一分ノ証據調ヲ爲ス能ハサル塲合ニ於テハ其追完又ハ補充ハ此カ爲メ訴訟手續ヲ延滯セサルヿ又ハ舉證者其過失ニアラスシテ前期日ニ出頭スル能ハサリシヿヲ疏明スルヿニ限リ口頭辯論ノ終結ニ至ルマテ申立ニ因リ之ヲ命スルモノトス(訴第二八四)

裁判所ハ事件ノ未タ判決ヲ爲スニ熟セスト認ムルヿハ證據調ノ補充

ヲ決定スルヿヲ得(訴第二八五)

受命判事又ハ受託判事ハ他ノ裁判所ニ於テ證據調ヲ爲スヘキヿノ至當ナル原因ノ爾後ニ生シタル𪜈ハ其裁判所ニ證據調ヲ囑託スルヿヲ得ルモノトス此場合ニ於テハ囑託ヲ爲シタルヿヲ當事者ニ通知スヘキモノトス(訴第二八二)

受命判事又ハ受託判事ノ面前ニ於テ証據調ノ際ニ爭ヲ生シ其爭ノ定結スルニアラサレハ証據調ヲ續行スルヿヲ得ス且其判事之ヲ裁判スル權ナキ𪜈ハ其完結ハ受訴裁判所之ヲ爲スモノトス(訴第二八三)

擧証者ハ裁判所ノ定ムル期間内ニ証據調ノ費用ヲ豫納スヘキモノトス若シ其期間内ニ豫納セサル𪜈ハ証據ヲ爲サヽルモノトス但期間ノ滿了後ト雖モ費用ヲ豫納シタル𪜈ハ訴訟手續ノ延滯ヲ生セサル場合ニ限リ証據調ヲ爲スヿヲ得ルナリ(訴第二八八)

第一款　人證

人證ハ係爭事件ニ關シ實驗シタル者ヲシテ其事實ヲ裁判官ニ證據立シムルモノナリ

人證ハ當事者ノ申出ニ依リテ之ヲ爲ス其申出ハ証人ノ氏名及ヒ証人ニ訊問スヘキ事實ヲ表示シテ之ヲ爲スモノトス(第廿二號書式參看)(訴第二九一)

凡ソ何人ヲ問ハス法律ニ別段ノ規定アラサル限リハ民事訴訟ニ關シ裁判所ニ於テ証言ヲ爲スノ義務アルモノトス(訴第二八九)

証人ノ呼出ハ受訴裁判所若クハ受託裁判所ノ書記職權ヲ以テ之ヲ爲ス而シテ其呼出狀ニハ左ノ諸件ヲ記載スルモノトス(第二十三號書式參看(訴第二九二)

第一　証人及ヒ當事者ノ表示

第二　證據決定ノ旨趣ニ依リ訊問ヲ爲ス可キ事業ノ表示

第三　証人ノ出頭ス可キ場所及ヒ日時

第四　出頭セサルトキハ法律ニ依リ處罰スヘキ旨

第五　裁判所ノ名稱

若シ証人トシテ呼出スヘキ者豫備後備ノ軍籍ニ在ラサル軍人軍屬ニ係ルトキハ其所屬ノ長官又ハ隊長ニ囑託シテ之ヲ爲スモノトス（其長官又ハ隊長ハ期日ヲ遵守セシムル爲メニ其呼出ヲ受ケタル者ノ闕勤ヲ許スヘシ若シ軍務上之ヲ許ス能ハサルトキハ其旨ヲ裁判所ニ通知シ且他ノ期日ヲ定ムルコヲ爲ス義務アリ）（訴第二九三）

正當ノ順序ヲ經テ呼出サレタル證人ハ通常供述ヲ爲スノ義務アリ若シ正當ノ理由ナクシテ期日ニ出頭セサルトキハ當事者ノ申立ナシト雖トモ其者ニ對シ決定ヲ以テ其不參ニ因リ生シタル費用ノ賠償及ヒ二十圓以下ノ罰金ヲ言渡スヘキモノトス若シ再度ノ呼出ニ出頭セサルトキハ更ニ費用ノ賠償及ヒ罰金ヲ言渡シ且證人ノ勾引ヲ命スルヿヲ得（證人ハ裁判所ノ決定ニ對シ抗告ヲ爲スコトヲ得又此抗告ハ執行ヲ停止スル效力

チ有ス）又豫備後備ノ軍籍ニ在ラサル軍人軍屬ニ對スル罰金ノ言渡及ヒ執行其他勾引ハ軍事裁判所又ハ所屬ノ長官又ハ隊長ニ囑託シテ之ヲ爲スモノトス（訴第二九四）

證人其出頭セサリシコトヲ後日ニ至リ正當ノ理由ヲ以テ辯解スル片ハ罰金及ヒ賠償ノ決定ヲ取消スヘシ（訴第二九五第一）

證人ノ不參届及ヒ決定取消ノ申請ハ書面又ハ口頭ヲ以テ之ヲ爲スモノトス（第二十四號書式參看）（訴第二九五）

官吏（公吏ハ退職ノ後ト雖圧其默秘スヘキ義務アル事項ニ付キ證人トシテ訊問ヲ受ル片ハ其所屬廳又ハ其最後ノ所屬廳ノ許可ヲ經タル後訊問ヲ受クヘキモノトス大臣ニ付テハ勅許ヲ得ルコトヲ要ス此許可ハ受訴裁判所ヨリ其所屬廳ニ照會シテ之ヲ與ヘシメ其証人タルヘキ本人ニ通知スルモノトス其所屬廳ハ右ノ場合ニ於テ証言ヲ許スニ於テハ國家ノ安寧ヲ害スヘシト認ムル片ハ其許可ヲ拒ムヿヲ得（訴第二

九〇）

第一項　左ニ掲クル者ハ證言ヲ拒ムコトヲ得（訴第二九七）

第一　原告若クハ被告又ハ其配偶者ト親族ナルトキ但姻族ニ付テハ婚姻ノ解除シタルトキト雖𪜈亦同シ

第二　原告若クハ被告ノ後見ヲ受クル者

第三　原告若クハ被告ト同居スル者又ハ雇人トシテ之ニ仕フル者

此等ノ者ニハ訊問ヲ為ス前ニ証言ヲ拒ムノ權アルヿヲ知ラシムヘキモノトス

第二項　左ノ場合ニ於テハ証言ヲ拒ムコトヲ得

第一　官吏、公吏又ハ官吏、公吏タリシ者カ其職務上默祕スヘキ義務アル件

第二　醫師、藥商、穩婆、辯護士、公證人、神職及ヒ僧侶カ其身分又ハ職業ノ為メ委託ヲ受ケタルニ因リテ知リタル事實ニシテ默祕ス

ヘキモノニ關スル片

第三　問ニ付テノ答辯カ証人又ハ前第一項中ニ掲ケタル者ノ耻辱ニ歸スルカ又ハ其刑事上ノ訴追ヲ招ク恐レアル片

第四　問ニ付テノ答辨カ証人又ハ前第一項中ニ掲ケタル者ノ爲メ直接ニ財産權上ノ損害ヲ生セシムヘキ片

第五　証人カ其技術又ハ職業ノ祕密ヲ公ニスルニ非サレハ答辯スルコト能ハサル片

然レ圧第一項ノ第一及第二項ノ第四ノ塲合ニ於テハ左ノ事項ニ付証言ヲ拒ムヿヲ得ス(訴第二九九)

第一　家族ノ出産婚姻又ハ死亡

第二　家族ノ關係ニ因リ生スル財産事件ニ關スル事實

第三　証人トシテ立會ヒタル塲合ニ於ケル權利行爲ノ成立及ヒ趣

第四　原告若クハ被告ノ前主又ハ代理人トシテ係爭ノ權利關係ニ關シ爲シタル行爲

又第二項ノ第一第二ニ掲ケタル者其默秘スヘキ義務ヲ免除セラレタル片ハ証言ヲ拒ムヿヲ得サルナリ

証人証言ヲ拒マントスル片ハ其訊問ノ期日前ニ書面又ハ口頭ヲ以テ其拒絶ノ原因タル事實ヲ開示シ且之ヲ疏明スヘキモノトス期日前ニ証言ヲ拒ミタル証人ハ期日ニ出頭スルヿヲ要セス裁判所書記ハ拒絶ノ書面ヲ受領シ又ハ其陳述ニ付調書ヲ作リタル片ハ之ヲ當事者ニ通知スヘキモノトス(訴三〇〇)

原因ヲ開示セスシテ證言ヲ拒ミ又ハ開示シタル原因ノ棄却確定シタル後ニ之ヲ拒ミタル片ハ當事者ノ申立ヲ要セス決定ヲ以テ証人ニ對シ其拒絶ニ因リテ生シタル費用ノ賠償及ヒ四十圓以下ノ罰金ヲ言渡スヘシ(此言渡ニ對シテハ抗告ヲ爲スコトヲ得此抗告ハ執行ヲ停止スル效力ヲ

有ス）豫備、後備ノ軍籍ニ在ラサル軍人軍屬ニ對スル罰金ノ言渡及執行ハ軍事裁判所ニ囑託シテ之ヲ爲スヘキナリ（第三〇二）

拒絶ノ當否ハ受訴裁判所當事者ヲ審訊シタル後決定ヲ以テ之ヲ裁判ス然レ𪜈官吏公吏又ハ官吏公吏タリシ者カ其職務上默秘ス可キ義務アル事情ニ關スル塲合ニ於テ爲シタル拒絶ノ當否ニ付テハ所屬廳又ハ最後ノ所屬廳ノ裁定ニ一任スヘキモノトス而シテ此決定ハ若シ原告又ハ被告カ出張セサル𪜈ハ出張シタル者ノ申述ヲ斟酌シテ之ヲ爲ス（此決定ニ對シテハ即時抗告ヲ爲スコトヲ得此抗告ハ執行ヲ停止スル效力ヲ有ス）（訴第三〇一）

原告若クハ被告ハ相手方ト相手方ノ証人トノ間ニ左ノ關係アル𪜈ハ其証人ヲ忌避スルヿヲ得

第一　原告若クハ被告又ハ其配偶者ト親族ナルトキ但姻族ニ付テハ婚姻ノ解除シタルトキト雖モ亦同シ

第二　原告若クハ被告ノ後見ヲ受クル者
第三　原告若クハ被告ト同居スル者又ハ雇人トシテ之ニ仕フル者

忌避ノ申請ハ書面又ハ口頭ヲ以テ証人ノ訊問前忌避ノ原因ヲ疏明シテ之ヲ為スモノトス若シ証人ノ訊問後ニ至リ忌避ノ申請ヲ為スモ其前ニ忌避ノ原因ヲ主張スルヲ得サリシコトヲ疎明スルニアラサレハ其証人ヲ忌避スルヲ得サルモノトス（第廿五號書式參看）（訴第三〇四）
忌避ノ申請ニ付テハ口頭辯論ヲ經スシテ之ヲ裁判スルコトヲ得忌避ノ原因アリト宣言スル決定ニ對シテハ上訴ヲ為スコトヲ得ス忌避ノ原因ナシト宣言スル決定ニ對シテハ即時抗告ヲ為スコトヲ得（訴第三〇五）
證人ニハ一名毎ニ通常其訊問前ニ良心ニ從ヒ眞實ヲ述ヘ何事ヲモ默祕セス又何事ヲモ附加セサル旨ノ宣誓ヲ為サシムヘシ然レモ宣誓ハ

特別ノ原因アルキ殊ニ之ヲ爲サシム可キヤ否ヤニ付疑ノ存セサルキハ訊問ノ終ルマテ之ヲ延フルコヲ得又訊問後ニ宣誓ヲ爲スヘキ場合ニ於テハ良心ニ從ヒ眞實ヲ述ヘ何事ヲモ默祕セス又何事ヲモ附加セサリシ旨ノ宣誓ヲ爲サシムヘシ(第廿六號書式參看)(訴第三〇六第三〇七)宣誓ヲ爲サシムルキハ判事ハ宣誓前ニ相當ナル方法ヲ以テ誓宣者ニ僞語ノ罰ヲ諭示スヘキモノトス(訴第三〇八)

証人宣誓ヲ拒マントスルキハ訊問ノ期日前ニ書面又ハ口頭ヲ以テ其拒絶ノ原因タル事實ヲ開示シ只之ヲ疎明スヘキモノトス宣誓ヲ拒ミタル証人ハ期日ニ出頭スルコヲ要セス裁判所書記ハ拒絶ノ書面ヲ受領シ又ハ其陳述ニ付調書作リタルキハ之ヲ當事者ニ通知スヘキモノトス(訴第三〇九)

原因ヲ開示セスシテ宣誓ヲ拒ミ又ハ開示シタル原因ノ棄却確定シタル後ニ之ヲ拒ミタルキハ當事者ノ申立ヲ要セス決定ヲ以テ証人ニ對

シ其拒絶ニ因リテ生シタル費用ノ賠償及ヒ四十圓以下ノ罰金ヲ言渡スヘシ（此言渡ニ對シテ抗告ヲ爲スコトヲ得此抗告ハ執行ヲ停止スル效力ヲ有ス）豫備、後備ノ軍籍ニ在ラサル軍人軍屬ニ對スル罰金ノ言渡及ヒ執行ハ軍事裁判所ニ囑託シテ之ヲ爲スモノトス（同上）

拒絶ノ當否ハ當事者ヲ審訊シタル後決定ヲ以テ之ヲ裁判ス然レトモ官吏公吏又ハ官吏、公吏タリシ者カ其職務上默秘ス可キ義務アル事情ニ關スル場合ニ於テ爲シタル拒絶ノ當否ニ付テハ所屬廳又ハ最後ノ所屬廳ノ裁定ニ一任スヘキモノトス（此決定ニ對シテハ即時抗告ヲ爲スコトヲ得此抗告ハ執行ヲ停止スル效力ヲ有ス）（同上）

左ニ記載スル者ニハ常ニ宣誓ヲ爲サシメスシテ參考トシテ訊問スルモノトス（訴第三一〇）

第一　訊問ノ時未タ滿十六歳ニ達セサル者

第二　宣誓ノ何物タルヤヲ了解スルニ必要ナル精神上ノ發達ノ

缺クル者
第三　刑事上ノ判決ニ因リ公權ヲ剝奪又ハ停止セラレタル者
第四　訴訟法第二百九十七條及ヒ第二百九十八條第三號並ニ第四號ノ規定ニ依リ証言ヲ拒絶スル推測アリテ之ヲ所使セサル者但第二百九十八條第二號並ニ第四號ノ場合ニ於テハ拒絶ノ權利ニ關スル事實ニ付キ證言ヲ爲ス可キコトヲ申立テラレタルトキニ限ル
第五　訴訟ノ成蹟ニ直接ノ利害關係ヲ有スル者

各證人ハ一名毎ニ訊問スヘキモノトス各証人ノ供述ニシテ互ニ齟齬スルヿアルトキハ証人ヲ對質セシムルヿヲ得(訴第三一一)

皇族證人ナルトキハ受命判事又ハ受託判事其所在地ニ就キ訊問ヲ爲ス(訴第二九六第一)

各大臣ニ付テハ其官廳ノ所在地ニ於テ之ヲ訊問ス若シ其所在地外ニ

滯在スルトキハ其所在地ニ於テ之ヲ訊問ス(訴第二九六第二)帝國議會ノ議員ニ付テハ開會期間其議會ノ所在地ニ滯在中ハ其所在地ニ於テ之ヲ訊問ス(訴第二九六第三)

證人訊問ハ先ツ第一ニ証人ノ氏名、年齡、身分、職業及ヒ住所ヲ問フヘシ又必要ナル場合ニ於テハ其事件ニ於テ証言ノ信用ニ關スル事情殊ニ當事者トノ關係ニ付キ問ヲ發スヘシ(訴第三一二)然ル後証人ハ其訊問ノ事項ニ對シ自己ノ知ル所ヲ牽連シテ供述スヘシ又必要ナル場合ニ於テハ裁判長ノ許可ヲ得テ陪席判事証人ノ供述ヲ明瞭ニシ且完全ナラシムルカ爲メ又ハ証人ノ事實了知ノ原因ヲ調査スル爲メ其他ノ問ヲ發スルヿヲ得又當事者ハ証人ノ供述ヲ明白ナラシムル爲メ其必要ナリトスル所ノ問ヲ發センヿヲ裁判長ニ求ムルヲ得若シ發問ノ許否ニ付異議アルトキハ裁判所ハ直ニ之ヲ裁判ス証人ハ供述ニ換ヘテ書類ヲ朗讀シ其他覺書ヲ用ユルヿヲ得ス然レトモ算數ノ關係ハ覺書ヲ用サルヿヲ得都テ證人ノ供述ハ調書ニ記載スヘキモノトス其調書ニハ證人カ訊問ノ前若クハ後ニ宣誓シタルヤ又ハ宣誓セスシテ訊問ヲ受ケタルヤヲ記載スヘキモノトス（第二十七號書式參看）（訴第三一三乃至第三一六）

受訴裁判所及受命判事又ハ受託判事ハ其意見ニ依リ右ノ塲合ニ於テ証人ノ再訊問ヲ命スルヿヲ得（訴第三一七第三一九第四）

第一　證人訊問カ法律上ノ規定ニ違ヒタル片

第二　證人訊問ノ完全ナラサル片

第三　證人ノ供述カ明白ナラス又ハ兩義ニ渉ルトキ

第四　證人カ其供述ノ補充又ハ更正ヲ申立ツルトキ

第五　此他裁判所カ再訊問ヲ必要トスル片

左ノ塲合ニ於テハ証人ニ依レル証據調ハ受訴裁判所ノ部員一名ニ之ヲ命シ又ハ區裁判所ニ之ヲ囑託スルヿヲ得ルモノトス（訴第三一八）

第一　眞實ヲ探知スル爲メ現場ニ就キ証人ヲ訊問スルノ必要ナルﾄｷ

第二　証人カ疾病其他ノ事由ノ爲メ受訴裁判所ニ出頭スル能ハサルﾄｷ

第三　証人カ受訴裁判所ノ所在地ヨリ遠隔ノ地ニ在テ其裁判所ニ出頭スルニ付キ不相應ノ時日及ヒ費用ヲ要スルﾄｷ

原告若クハ被告ハ証人ノ訊問未タ開始セサル以前ニアリテハ躬ラ爲シタル証人ノ申出ヲ取消スコトヲ得然レﾄﾓ訊問開始後ハ相手方ノ承諾ヲ得ルニアラサレハ之ヲ拋棄スルヿヲ得サルナリ(訴第三二〇)

証人ハ日當ノ辯濟及ヒ其頭出ノ爲メニ旅行ヲ要スルﾄｷハ旅費ノ辯濟ヲ請求スルヿヲ得ルモノトス其金額ノ拂渡ハ訊問期日ノ終リタル後直チニ之ヲ求ムルヿヲ得ルナリ(第二十八號書式參看)(訴第三二一第一第二)

右ノ日當及ヒ旅費ハ擧証者ノ豫納シタル金額ヲ以テ支拂フヘキモノ

トス若シ其金額不足スルトキハ職權ヲ以テ其不足額ヲ取立ツヘキモノトス（訴第三二一第三）

第二欵　鑑定

鑑定ハ別段ノ伎倆ヲ有スル者ヲ以テ鑑定人トナシ訴訟上一定ノ關係ヲ正當ニ判斷セシメ以テ裁判所ノ心證ヲ資クルモノナリ

鑑定ニ付テハ別段ノ規定ヲ設ケサル限リハ佁人證ニ付テノ規定ヲ準用スヘキモノトス（訴第三二二）

鑑定ノ申出ハ鑑定ヲ爲スヘキ事項ヲ表示シテ之ヲ爲スモノトス（第二十九號書式參看）（訴第三二三）

鑑定人ノ選定及ヒ其員數ノ指定ハ受訴裁判所之ヲ爲スモノトス然レトモ裁判所ハ當事者ニ命シテ鑑定人トシテ訊問ヲ受クルニ適當ナル者ヲ指名セシムルコヲ得若當事者カ一定ノ者ヲ鑑定人ニ爲スコヲ合意シタルトキハ裁判所ハ其合意ニ從フヘキモノトス（訴第三二四）

裁判所ハ鑑定人ノ任命ヲ一名マテニ制限シ又ハ何時ニテモ既ニ任命シタル者ニ代ヘ他ノ鑑定人ニ任命スルヿヲ得ルモノトス

受訴裁判所ハ鑑定人ノ任命ヲ受命判事又ハ受託判事ニ委任スルヿヲ得此場合ニ於テハ受命判事又ハ受託判事ハ訴訟法第三百二十四條及ヒ第三百三十條第一號並ニ第三號ノ規定ニ依リ受訴裁判所ニ屬スル權ヲ有スヘシ(訴第三三一)

外國ノ書類又ハ產物ノ審査ヲ要スル場合ニ於テ必要ナル能力ヲ有スル本邦人ノ在ラサル片ハ裁判所ハ外國人ヲ鑑定人ニ任命スルヿヲ得ルモノトス(訴第三二五)

鑑定ヲ爲スヘキヿヲ裁判所ニ於テ承諾シタル者又ハ必要ナル種類ノ鑑定ヲ爲ス爲メニ公ニ任命セラレタル者又鑑定ヲ爲スニ必要ナル學術、技藝若クハ職業ニ常ニ從事スル者又ハ學術、技藝若クハ職業ニ從事スル爲メニ公ニ任命若クハ授權セラレタル者鑑定ヲ命セラレタル片ハ鑑定ヲ爲スノ義務アリ又此等ノ者ニアラサルモ鑑定ヲ爲スヘキ旨ヲ裁判所ニ於テ述ヘタル者ハ鑑定人タル義務ナキ𪜈ト雖𪜈鑑定ヲ爲ス義務アルモノトス(訴第三二六)

鑑定人ハ證人カ證定ヲ拒ミ得ルト同一ノ原因ニ依リ鑑定ヲ拒ムノ權利アリ又官吏公吏ハ其屬廳ニ於テ異議アル𪜈ハ之ヲ鑑定人ト爲スヿヲ得ス(訴第三二七)

鑑定ヲ爲スノ義務アル者正當ノ理由ナクシテ出頭セス又ハ鑑定ヲ拒ム𪜈ハ裁判所ハ職權ヲ以テ其者ニ對シ其欠席又ハ拒絶ニ依リ生シタル費用ノ賠償及ヒ罰金ヲ言渡スヘシ(訴第三二八)

鑑定人ハ鑑定ヲ爲スニ先タチ公平且誠定ニ鑑定ヲ爲スヘキ旨ヲ宣誓スヘキモノトス(第三十號書式參看)(訴第三二九)

受訴裁判所ハ其意見ヲ以テ鑑定人ノ意見ハ口頭又ハ書面ニテ之ヲ述ヘシムヘキヤ又數名ノ鑑定人ヲ訊問スヘキ場合ニ於テ各意見カ異ナ

ルトキハ共同ニテ鑑定書ヲ作ラシムヘキヤ又ハ各別ニ之ヲ作ラシムヘキヤ又口頭辯論ノ際鑑定人ノ總員又ハ其一名ヲシテ鑑定書ヲ説明セシムヘキヤ又鑑定ノ結果カ不十分ナルトキハ同一又ハ他ノ鑑定人ヲシテ再ヒ鑑定ヲ爲サシムヘキヤヲ定ムヘキモノトス(訴第三三〇)

鑑定人ハ日當、旅費及ヒ立替金ノ辨濟ヲ請求スルヿヲ得其他ノ手續ハ人證ニ付テノ規定ヲ準用スヘキモノトス(訴第三三二)

第三款　書證

書證ハ曾テ記錄シアルトコロノ書類ヲ以テ証據ト爲スモノナリ

證書ニハ公正證書及ヒ私署證書ノ區別アリ公正證書ハ官廳又ハ公然ノ信倚ヲ備ヘタル者ノ其職權内ニ於テ一定ノ法式ニ從ヒ作リタル書類ヲ云フ其他ノ証書ハ都テ私署證書ナリトス

書證ノ申出ハ擧証者証書ヲ所持シ又ハ裁判所ノ助力ナク證書ヲ提出セシメ得ルトキハ口頭辨論ヲ提出シテ之ヲ爲スモノトス(第三三四)若シ口

頭辯證ノ際證書ヲ提出スルニ於テハ其毀損若クハ紛失ノ恐レアリ又ハ他ノ顯着ナル障碍アル片ハ受訴裁判所其證書ヲ受命判事若クハ受託判事ノ面前ニ提出スヘキヿヲ命スルヲ得(訴第三四八第一)(受命判事又ハ受託判事ハ證書ノ明細書及ヒ其謄本ヲ調書ニ添附シ又證書ノ一分ノミ必要ナル片ハ訴訟法第百七條第二項ノ規定ニ從ヒテ作リタル抄本ヲ之ニ添附スヘシ(訴第三四八第二))

舉証者其使用セントスル證書カ相手方ノ手ニ在リト主張スル片其書證ノ申出ハ舉証者對手人ヲシテ證書ヲ提出セシメ度シトノ申出ヲ以テ之ヲ爲スヘキモノトス(訴第三三五)

證書ノ提出ヲ命セラレントノ申立ニハ其申立ヲ確實ニスル爲メ左ノ諸件ヲ揭クルヲ要ス(第卅一號書式)(訴第三三八)

第一　書證ノ表示

第二　證書ニ依リ證ス可キ事實ノ表示

第三　證書ノ旨趣
第四　證書カ相手方ノ手ニ存スル旨ヲ主張スル理由タル事情
第五　證書ヲ提出スヘキ義務ノ原因ノ表示
裁判所ハ證書ニ依リ證スヘキ事實ノ重要ニシテ且申立ヲ正當ナリト認ムル場合ニ於テ相手方證書ヲ所持スルヿヲ自白スル𪜈又ハ擧証書ノ申立ニ對シ陳述セサル𪜈ハ証據決定ヲ以テ證書ノ提出ヲ命スルモノトス(訴第三三九)
原被告ノ訴訟ニ於テ證據方法トシテ使用セントスル証書他人即チ相手方若クハ第三者ノ手ニ在ル𪜈ハ其所持者ハ左ノ場合ニ於テ之ヲ提出スルノ義務アルモノトス(訴第三三六第三三七第三四三)
第一　擧証者カ民法ノ規定ニ從ヒ訴訟外ニ於テモ証書ノ引渡又ハ其提出ヲ求ムルヿヲ得ル𪜈
第二　証者カ其旨趣ニ因リ擧証者及ヒ相手方ニ共通ナル𪜈例へ

ハ擧証者ト相手方トノ間ニ爲シタル賣買契約若クハ家屋ノ貸借契約ノ如シ又對手人ハ訴訟ニ於テ擧証ノ爲メ引用シタル証書ヲ所持スル片ハ之ヲ撰出スルノ義務アリ其引用ヲ準備書面ニ於テ爲シタル片ト雖𪜈亦同シ

前述ノ塲合ニ於テハ官廳及ヒ公吏ト雖𪜈通常一箇人ト等シク証書ヲ提出スルノ義務アリ

凡ソ訴訟法ノ規定ニ從ヒ証書ヲ提出スルノ義務アル塲合ニ於テハ其所持者ヲシテ强テ之ヲ提出セシムルヿヲ得然レ𪜈第三者ハ通常一箇人ナルト官廳又ハ公吏ナルトヲ問ハス訴訟ヲ以テノミ提出セシメラルヽモノトス(訴第三四三)

相手方カ證書ヲ所持セサル旨ヲ申立ツル片ハ此申立ノ眞實ナルヤ否ヤヲ定ムル爲メ又ハ證書ノ所在ヲ穿鑿スル爲メ又ハ擧証者ノ使用ヲ妨クル目的ヲ以テ故意ニ証書ヲ隱匿シ若クハ使用ニ耐ヘサラシメタ

ルヤ否ヤヲ穿鑿スル爲メ相手方本人ヲ訊問スヘキモノトス相手方カ官廳ナル片ハ證書カ其官廳ノ保藏ニ係ラス又ハ其所在ヲ開示スルヿヲ得サル旨ノ長官ノ證明書ヲ以テ訊問ニ換フヘシ此塲合ニ於テハ裁判所ハ其証明書ヲ差出サシムル爲メ相當ノ期間ヲ與フヘキモノトス

(訴第三四〇)

右ニ反シ相手方カ証書ヲ所持スルヿヲ自白シ又ハ之ヲ所持セスト申立テスシテ其證書ヲ提出スヘキ旨ノ命ニ從ハス又ハ相手方カ所持セスト申立テタル証書ニ付キ訊問ヲ受ケテ供述ヲ爲スヿヲ拒ミタル片又ハ舉証者ノ使用ヲ妨クル目的ヲ以テ故意ニ証書ヲ隱匿シ若クハ使用ニ耐ヘサラシメタルヿノ明確ナル片ハ舉証者ヨリ差出シタル証書ノ謄本ヲ以テ正當ナルモノト看做スヘシ若シ謄本ヲ出サヽル片ハ裁判所ハ其意見ヲ以テ舉証者ノ主張スル証書ノ性質及ヒ証書文ノ旨趣ハ正當ナリト認ムルヿヲ得ヘキナリ又官廳カ前項ニ述ヘタル証明書ヲ

裁判所ノ結定シタル期間内ニ差出サヽルトキモ亦之ト同一ノ結果ヲ生スルモノナリ

擧証者其使用セントスル証書カ第三者ノ手ニ在リト主張スルトキハ其書証ノ申出ハ其証書ノ提出期限ヲ定メ度シトノ申立ヲ以テ爲スモノトス（訴第三四二）擧証者ハ此申立ヲ爲スニハ其申立ヲ確定ニスル爲メ左ノ諸件ヲ掲ケ且証書カ第三者ノ手ニ存在スルヿヲ疏明スヘキモノトス（訴第三四四）

第一　証書ノ表示

第二　証書ニ依リ証スヘキ事實ノ表示

第三　證書ノ旨趣

第四　証書ヲ提出ス可キ義務ノ原因ノ表示

此申立ニシテ第一乃至第四ノ要件ニ適合シ且証書ニ依リ証明スヘキ事實ノ重要ナルトキハ裁判所ハ証書提出ノ期間ヲ定ムヘシ（訴第三四五

第一）（第三者ニ對スル訴訟ノ完結シタル片又ハ擧証者カ訴ノ提起訴訟ノ繼續又ハ强制執行ノ遲延シタル片ハ相手方ハ前項ノ期間ノ滿了前ト雖圧訴訟手續ノ繼續ヲ申立ツルヿヲ得（訴第三四五第三）

擧証者其使用セントスル証書カ官廳又ハ公吏ノ手ニ在リト主張シ且擧証者裁判所ノ助力アルニアラサレハ之ヲ提出セシメ得サル場合ニ於テハ書証ノ申出ハ証書ノ送付ヲ官廳又ハ公吏ニ囑託セラレ度シトノ申立ヲ以テ之ヲ爲スモノトス若シ擧証者訴訟法第三百三十六條ノ規定ニ從ヒ提出ノ義務アリト主張スル場合ニ於テ其義務アル官廳又ハ公吏カ其送付ヲ拒絶シタル片ハ証書提出ノ爲メ期間ヲ定メ度トノ申立ヲ以テ更ニ書証ノ申立ヲ爲スモノトス此場合ニ於テハ前項ニ述ヘタル規定ヲ適用スヘシ（訴第三四六）

証據決定ヲ爲シタル後擧証者其使用セントスル證書カ第三者ノ手ニ在ル旨ヲ主張シ證書ヲ提出セシムル爲メ期間ヲ定メテ書証ノ申出ヲ

爲シタルヰ及ヒ擧證者其使用セントスル証書カ官廳又ハ公吏ノ手ニ在ル旨ヲ主張シ其證書ノ送付ヲ官廳又ハ公吏ニ囑託セラレンコヲ申立テヽ書証ノ申出ヲ爲スヰニ於テ証書ヲ提出セシムル手續ノ爲メニ訴訟ノ完結ヲ遲延スルニ至ルヘク且裁判所ニ於テ原告若クハ被告カ訴訟ヲ遲延スル故意ヲ以テ又ハ甚シキ怠慢ニ因リ書証ノ申出ヲ早ク爲サヽリシコノ心證ヲ得タルヰハ相手方ノ申立ニ因リ書証ノ申出ヲ却下スルコヲ得ルモノトス(訴第三四七)

証書ノ提出アリタル後ハ擧證書ハ相手方ノ承諾ヲ得ルニアラサレハ其証據方法ヲ抛棄スルコヲ得サルモノトス(訴第三五〇)

公正證書ハ正本又ハ認證ヲ受ケタル謄本ヲ以テ之ヲ提出スルコヲ得然レ𪜈裁判所ハ擧證者ニ正本ノ提出ヲ命スルコヲ得ルナリ(訴第三四九第一)

私署証書ハ原本ヲ以テ之ヲ提出スヘシ若シ當事者カ未タ提出セサル

原本ノ眞正ニ付キ一致シ只其証書ノ効力又ハ解釋ニ付テノミ爭ヲ爲スﾄｷﾊ謄本ヲ提出スルヲ以テ足ル然レﾄﾓ裁判所ハ職權ヲ以テ擧証者ニ原本ノ提出ヲ命スルヿヲ得ルモノトス（訴第三四九第二）提出シタル謄本ニ換ヘテ正本又ハ原本ヲ提出スヘキ旨ノ命ニ從ハサルﾄｷﾊ裁判所ハ心証ヲ以テ謄本ニ如何ナル証據力ヲ付スヘキヤヲ裁判スルモノトス（訴第三四九第三）

公正證書又ハ檢眞ヲ經タル私署証書ヲ僞造若クハ變造ナリト主張スル者ハ其證書ノ眞否ヲ確定センヿノ申立ヲ爲スヘキモノトス此場合ニ於テハ裁判所ハ其証書ノ眞否ニ付キ中間判決ヲ以テ裁判ヲ爲スモノトス（訴第三五一）

私署証書ノ眞否ニ付キ爭アルﾄｷﾊ裁判所ハ擧證者ノ申立ニ因リ檢眞ヲ爲スヿヲ得ルモノトス檢眞ハ總テノ證據方法及ヒ手跡若クハ印章ノ對照ニ因テ之ヲ爲ス故ニ証書ノ眞否ヲ證セントスル當事者ハ裁判

所ノ定ムル期間内ニ手跡若クハ印章ヲ對照スル爲メニ適當ナル書類ヲ提出スヘキモノトス若シ眞正ナリトノ自白又ハ眞正ナルヿヲ証明スルニ適當ノ對照書類ノ爲メ裁判所ハ原告若クハ被告ニ對シ一定ノ語辭ノ手記ヲ命スルヿヲ得（其手記シタル語辭ハ調書ノ附錄トシテ其証書ニ添附スヘキモノトス）手跡若クハ印章ヲ對照シタル結果ニ付テハ自由ナル心證ヲ以テ裁判ヲ爲シ又必要ナル塲合ニ於テハ鑑定人ヲシテ鑑定ヲナサシメタル後之ヲ爲スモノトス（訴第三五三第一乃至第四）然レ𪜈原告若クハ被告カ裁判所ノ定メタル期間内ニ對照書類ヲ撰出セサル片又ハ對照スヘキ語辭ヲ手記スヘキ裁判所ノ命ニ對シ十分ナル辯解ヲ爲サスシテ之ニ從ハサル片又ハ書樣ヲ變シテ手記シタル片ハ証書ノ眞否ニ付テノ相手方ノ主張ハ他ノ證據ヲ要セスシテ之ヲ眞正ナリト看做スヿヲ得（訴第三五三第五）提出シタル証書ハ直チニ之ヲ還付シ又適當ナル塲合ニ於テハ其謄本ヲ記錄ニ留メテ之ヲ還付スヘ

キモノトス然レモ証書ノ僞造又ハ變造ナリト爭フ片ハ檢事ノ意見ヲ聽キタル後ニアラサレハ之ヲ還付スルヿヲ得サルナリ(訴第三五四)

第四欵 檢證

檢證ハ裁判官ノ職務ヲ以テ實驗ヲ爲スモノナリ

檢證ノ申出ハ檢證物件(檢證スヘキモノハ土地場所物品等ノ類ナリ)ヲ表示シ及ヒ證明スヘキ事實ヲ開示シテ之ヲ爲スモノトス(第三十二號書式參看)(訴第三五七)

檢證ノ爲メ鑑定人ノ立會ヲ必要トスル片ハ鑑定人ヲ命シテ實地ニ立會ハシムルヿヲ得ルモノトス(訴第三五八第一)

檢證及ヒ鑑定人ノ任命ハ受訴裁判所自ラ之ヲ爲シ又受命判事又ハ受託判事ニ之ヲ爲サシムルヿヲ得ルモノトス(訴第三五八第二)

檢證ヲ爲スノ際發見シタル事項ハ調書ニ記載シテ之ヲ明確ナラシムヘキモノトス而シテ必要ナル場合ニ於テハ調書ノ附錄トシテ添付ス

ヘキ圖面ヲ作リ之ヲ明確ナラシムヘシ若シ既ニ記錄ニ圖面ノ存スル𪜈ハ之ヲ檢證物ニ對照シ必要ナル塲合ニ於テハ之ヲ更正スヘキモノトス(第卅三號書式參看(訴第三五九)

第五欵　當事者本人ノ訊問

原告若クハ被告ノ提出シタル証據ヲ取調フルモ其結果ニ因リ證スヘキ事實ノ眞否ニ付キ裁判所カ心證ヲ得ルニ足ラサル𪜈ハ申立ニ因リ又ハ職權ヲ以テ原告若クハ被告ノ本人ヲ訊問スルヿヲ得ルモノトス(訴第三六〇)

裁判所ハ原告若クハ被告本人ノ訊問ヲ決定シ且期日ヲ定メテ之ヲ呼出スヘキモノトス然レ𪜊訊問決定言渡ノ際原告若クハ被告ノ自身在廷スル𪜈ハ其決定言渡ニ引續テ直チニ訊問ヲ爲スヘキモノトス(訴第三六一)訊問ニ答フル供述ハ口頭ヲ以テ之ヲ爲スモノトス供述ニ換ヘテ書類ヲ朗讀シ其他覺書ヲ用ユルヿヲ得ス然レ𪜊算數ノ關係ニ限リ

覺書ヲ用井ルヿヲ得ルナリ(訴第三六二)
訊問ヲ受ケタル原告若クハ被告ハ十分ナル理由ナクシテ供述ヲ拒絶シ又ハ訊問期日ニ出頭シタルトキハ裁判所ハ其意見ヲ以テ其意見ヲ以テ訊問ニ因テ擧證スヘキ相手方ノ主張ヲ正當ナリト認ムルヲ得ルモノトス(訴第三六三)
訴訟無能力者ノ法律上代理人カ訴訟ヲ爲スキハ法律上代理人若クハ訴訟無能力者ヲ訊問スヘキヤ又ハ此等ノ者ヲ共ニ訊問スヘキヤ又法律上代理人數人アルトキハ其一人ヲ訊問スヘキヤ又ハ數人ヲ訊問スヘキヤ裁判所ノ意見ヲ以テ之ヲ決定スルモノトス(訴第三六四)

第六款　證據保全

證據保全ハ人證、鑑定、檢證ヲ問ハス通常ノ證據手續ニ從ヒテ證明スルトキハ其證據ヲ紛失スルノ恐アリ又之ヲ使用シ難キ恐レアルトキ證據ヲ保存スルカ爲メ申立ニ依リテ之ヲ爲スモノナリ(訴第三六五)(然レトモ相

手方ノ承諾ヲ得タルトキハ本文ノ條件ヲ要セスシテ證據保全ノ申立ヲ爲スコヲ得ルナリ(訴第三七一)

訴訟カ既ニ繋屬シタルトキハ保全ノ爲メニスル證據ノ申請ハ通常受訴裁判所ニ之ヲ爲スモノトス然レトモ訴訟ノ未タ繋屬セサルトキ又ハ切迫ナル危險ノ場合ニ於テハ訊問ヲ受クヘキ者ノ現在地又ハ檢證スヘキ物ノ所在地ヲ管轄スル區裁判所ニ申請ヲ爲スコヲ得ルモノトス(訴第三六六第一第二第三)

右ノ申請ハ書面又ハ口頭ヲ以テ之ヲ爲スコヲ得此申請ニハ左ノ諸件ヲ具備スルコヲ要ス(第卅四號書式參看)(訴第三六六第四、第三六七)

第一　相手方ノ表示

第二　證據調ヲ爲スヘキ事實ノ表示

第三　證據方法殊ニ證人若クハ鑑定人ノ訊問ヲ爲スヘキトキハ其表示

第四　證據ヲ紛失スル恐アリ又ハ之ヲ使用シ難キ恐レアル理由

此理由ハ之ヲ疏明スヘシ

若シ申立人ニシテ右第一ニ記載スル相手方ヲ指定セサル片ハ申立人自己ノ過失ニアラスシテ相手方ヲ指定シ能ハサルヿヲ疏明スルニアラサレハ其申請ヲ爲スヿヲ許サヽルナリ(訴第三七二第一)

申請ニ付テノ決定ハ口頭辯論ヲ經スシテ之ヲ爲スヿヲ得其申請ヲ許容スル決定ニハ證據調ヲ爲スヘキ事實及ヒ證據方法殊ニ訊問スヘキ證人若クハ鑑定人ノ氏名ヲ記載スヘキモノトス此決定ニ對シテハ不服ヲ申立ツルヿヲ得サルナリ(訴第三六八)

申請ヲ許容シタル片ハ裁判所ハ其知レサル相手方ノ權利防衛ノ爲メニ臨時代理人ヲ任スルヿヲ得ルモノトス(訴第三七二第二)

證據調ノ期日ニハ申立人ヲ呼出シ又決定及ヒ申請ノ謄本ヲ送達シテ其權利防衛ノ爲メニ相手方ヲモ呼出スヘキナリ然レ圧切迫ナル危險

ノ場合ニ於テハ適當ナル時間ニ相手方ヲ呼出スコヲ得サリシ𪜈ト雖𪜈證據調ヲ妨クルコナシ(訴第三六九)

此證據調ハ人證、鑑定、檢證ノ規定ニ從ヒテ之ヲ爲スモノトス証據調書ハ證據調ヲ命シタル裁判所ニ之ヲ保存スヘキナリ而シテ各當事者ハ證據調ノ調書ヲ訴訟ニ於テ使用スルノ權利アルモノトス(訴第三七〇第一第二)

受訴裁判所ハ申立ニ因リ又ハ職權ヲ以テ再度ノ證據調ヲ命シ又ハ職權ヲ以テ再度ノ證據調ヲ命シ又ハ既ニ調ヘタル證據ノ補充ヲ命スルコヲ得ルモノトス(訴第三七〇第三)

第三節　判決

凡ソ口頭辯論ニ次クモノハ判決ナリトス判決ハ訴訟カ裁判ヲ爲スニ熟スル𪜈終局判決ヲ以テ其基本タル口頭辯論ニ臨席シタル判事之ヲ爲スモノトス(同時ニ辯論及ヒ裁判ヲ爲ス爲メ併合シタル數箇ノ訴訟中ノ一

テノミ裁判ヲ爲スニ熟スル𪜈モ亦同シ)(訴第二二五第二三二)一ノ訴ヲ以テ起シタル數箇ノ請求中ノ一箇又ハ一箇ノ請求中ノ一分又ハ反訴ヲ以テ起シタル場合ニ於テ本訴若クハ反訴ノミ裁判ヲ爲スニ熟スル𪜈ハ終局判決(一分判決)ヲ以テ之ヲ爲ス然レ𪜈裁判所ハ事件ノ事情ニ從ヒテ一分判決ヲ相當トセサル𪜈ハ之ヲ爲サヽルコトヲ得ルナリ(訴第二二六)

各箇ノ獨立ナル攻擊若クハ防禦ノ方法又ハ中間ノ爭カ裁判ヲ爲スニ熟スル𪜈ハ中間判決ヲ以テ裁判ヲ爲スコトヲ得(訴第二二七)又請求ノ原因及ヒ數額ニ付キ爭アル𪜈ハ裁判所ハ先ツ其原因ニ付キ裁判ヲ爲スコトヲ得而シテ請求ノ原因ヲ正當ナリトスル判決ハ上訴ニ關シテハ之ヲ終局判決ト看做シ其判決確定スルニ至ルマテ爾後ノ手續ヲ中止ス然レ𪜈裁判所ハ申立ニ因リ其數額ニ付キ辯論ヲ爲スヘキコヲ命スルコヲ得ルモノトス(訴第二二八)

口頭辯論ノ際ニ於テ原告其訴ヘタル請求ヲ拋棄シ又ハ被告之ヲ認諾スルトキハ裁判所ハ申立ニ因リ其拋棄又ハ認諾ニ基キ判決ヲ以テ却下又ハ敗訴ノ言渡ヲ爲スヘキモノトス（訴第二二九）

判決ハ辯論ヲ經タル總テノ攻擊及ヒ防禦ノ方法ヲ包括ス然レトモ數個ノ獨立ナル攻擊又ハ防禦ノ方法中其一箇ヲ適切ナリトスルトキハ裁判所ハ他ノ方法ニ付キ判斷ヲ爲ス義務ナキモノトス（訴第二三〇）

裁判所ハ申立テサル事物ヲ原告若クハ被告ニ歸セシムル權ナシ然レトモ終局判決ヲ爲ス場合ニ於テハ訴訟費用ノ負擔ニ限リ申立アラサルモ判決ヲ爲スヘキモノトス若シ一分判決ヲ爲ス場合ニ於テハ費用ノ裁判ヲ後ノ判決ニ讓ルヿヲ得ルナリ（訴第二三一）

判決ハ口頭辯論ノ終結スル期日又ハ直チニ指定スル期日ニ於テ之ヲ言渡スモノトス其期日ハ七日ヲ過クルヿヲ得サルナリ（訴第二三二）

判決ノ言渡ハ判決主文ヲ朗讀シテ之ヲ爲スモノトス闕席判決ノ言渡

ハ其主文ヲ作ラサル前ト雖モ之ヲ爲スヿヲ得若シ裁判ノ理由ヲ言渡スコトヲ至當ト認ムル片ハ判決ノ言渡ト同時ニ其理由ヲ朗讀シ又ハ口頭ヲ以テ其要領ヲ告達スヘキモノトス(訴第二三四)

判決ノ言渡ハ當事者又ハ其一方ノ在廷スルト否トニ拘ハラス其效力ヲ有スルモノトス又言渡アリタル判決ニ基キ訴訟手續ヲ續行シ又ハ他ニ其判決ヲ使用スル原告若クハ被告ノ權ハ法律ニ特定シタル場合ヲ除ク外相手方ニ其判決ヲ送達スルト否トニ拘ハラサルモノトス(訴第二三五)

判決書ニハ左ノ諸件ヲ掲記スヘキモノトス(第卅五號書式參看)(訴第二三四)

第一　當事者及ヒ其法律上代理人ノ氏名、自分、職業及ヒ住所

第二　事實及ヒ爭點ノ摘示(其摘示ハ當事者ノ口頭演述ニ基キ殊ニ其提出シタル申立ヲ表示シテ之ヲ爲ス)

第三　裁判ノ理由

第四　判決ノ主文

第五　裁判所ノ名稱、裁判ヲ爲シタル判事ノ官氏名

判決書ノ原本ニハ裁判ヲ爲シタル判事署名捺印スヘキモノトス若シ陪席判事署名捺印スルニ差支アル片ハ其理由ヲ開示シテ裁判長其旨ヲ附記スヘシ裁判長差支アル片ハ官等最モ高キ陪席判事之ヲ附記スヘキモノトス(訴第二三七)

判決書ノ原本ハ判決言渡ノ日ヨリ起算シテ七日内ニ裁判所書記ニ之レヲ交付スヘキモノトス裁判所書記ハ言渡ノ日及ヒ原本領収ノ日ヲ原本ニ附記シ且之ニ署名捺印スヘキモノトス(訴第二三七第二第三)

各當事者ハ判決ノ送達アランコヲ申立ツルコヲ得其申立アリタル片ハ判決ノ正本ヲ送達スヘキモノトス(第三十六號書式參看)(訴第二三八)

判決ヲ言渡サス又ハ判決ノ原本ニ署名捺印セサル間ハ其正本、抄本及ヒ謄本ヲ付與スルコヲ得サルモノトス判決ノ正本抄本及ヒ謄本ニハ

裁判所書記之ニ署名捺印シ且裁判所ノ印ヲ捺シテ之ヲ認證スヘシ(訴第二三九)

裁判所ハ一旦言渡シタル終局判決及ヒ中間判決ノ中ニ包含シタル裁判ハ之ヲ變更スルヿヲ得サルモノトス(訴第二四〇)然レ𪜈判決中ノ書損違算其他之ニ類スル著シキ誤謬ハ何時ニテモ申立ニ因リ又ハ職權ヲ以テ之ヲ更正スルヿヲ得ルモノトス此更正ニ付テハ口頭辯論ヲ經スシテ裁判ヲ爲スヿヲ得(更正ノ申立ヲ却下スル決定ニ對シテハ上訴スルヿヲ得ス更正ヲ宣言スル決定ニ對シテハ即時抗告ヲ爲スヿヲ得)(訴第二四一)

主タル請求若クハ附帶ノ請求又ハ費用ノ全部若クハ一分ノ裁判ヲ爲スニ際シ脫漏シタル𬼀ハ申立ニ因リ追加ノ裁判ヲ以テ判決ヲ補充スヘキモノトス判決ノ言渡後直チニ追加裁判ノ申立ヲ爲サヽル𬼀ハ遲クトモ判決ノ正本ヲ送達シタル日ヨリ起算シ七日ノ期間內ニ之ヲ爲スヿヲ要ス追加裁判ノ申立アル𬼀ハ即時ニ又ハ新期日ト定メテロ

頭辯論ヲ爲サシムヘシ其辯論ハ訴訟ノ完結セサル部分ニ限リ之ヲ爲スモノトス(第三十七號書式參看)(訴第二四二)判決ヲ更正シ又ハ補充スル裁判ハ判決ノ原本及ヒ正本ニ之ヲ追加シ若シ正本ニ之ヲ追加スルコトヲ得サル片ハ更正又ハ補充ノ裁判ノ正本ヲ作ルモノトス(訴第二四三)

判決ノ確定力ノ及フヘキハ判決主文ニ包含スル事項ニ限ルモノトス(訴第二四四)

口頭辯論ニ基キ爲ス裁判所ノ決定ハ之ヲ言渡スヘキモノトス言渡ヲ爲サヽル裁判所ノ決定及ヒ言渡ヲ爲サヽル裁判長並ニ受命判事又ハ受託判事ノ命令ハ職權ヲ以テ之ヲ當事者ニ送達スヘキモノトス(訴第二四五)

第四節　闕席判決

闕席判決ハ原告若クハ被告ニ於テ口頭辯論ノ期日(延期シタル口頭辯論

ノ期日又ハ口頭辯論ヲ續行スル爲メニ定ムル期日モ亦同シ(訴第二四九)ニ出頭セサル場合ニ於テ出頭シタル相手方ノ申立ニ因リテ之ヲ爲スモノトス(訴第二四六)若シ原告カ期日ニ出頭セサル片ハ被告ノ申立ニ因リ原告ノ爲シタル訴訟ヲ却下スル旨ノ闕席判決ヲ言渡スヘキモノトス(訴第二四七)之ニ反シ被告カ期日ニ闕席シ原告ヨリ闕席判決ノ言渡アランヿヲ申立ツルニ於テハ原告ノ事實上ノ口頭陳述ヲ自白シタルモノト看做シ原告ノ請求ヲ正當ト爲ス片ハ被告其請求ニ應スヘキ旨ノ闕席判決ヲ言渡スヘシ若シ其請求ヲ正當ト爲サヽル片ハ其訴訟ヲ却下スル旨ノ闕席判決ヲ言渡スヘキモノトス(第卅八號書式參看)(訴第二四八)原告若クハ被告期日ニ出頭スルモ辯論ヲ爲サヽル片又ハ辯論ヲ爲サスシテ任意ニ退廷シタル片ハ出頭セサルモノト看做ス(訴第二五〇)若シ原告若クハ被告カ本案ノ辯論ヲ爲シタル片ハ各箇ノ事實、證書又ハ發問ニ付キ陳述ヲ爲サス又ハ任意ニ退廷スルモ闕席判決ヲ爲スヿヲ

得サルモノトス（訴第二五一）
闕席判決ノ言渡アランヿヲ求ムルノ申立ハ左ノ場合ニ於テハ却下スヘキモノトス（訴第二五二）
第一　出頭シタル原告若クハ被告カ裁判所ノ職權上調査スヘキ事項ニ付キ必要ナル證ヲ為ス能ハサル𪜈
第二　出頭セサル原告若クハ被告ニ口頭上事實ノ供述又ハ申立ヲ適當ナル時期ニ書面ヲ以テ通知セサル𪜈
然レ𪜈右ノ場合ニ於テハ出頭シタル原告若クハ被告ノ申立ニ依リ口頭辯論ノ期日ヲ延期スルヿヲ得辯論ヲ延期シタル𪜈ハ出頭セサル原告若クハ被告ヲ新期日ニ呼出スヘキモノトス
闕席判決ノ申立ヲ却下スル決定ニ對シテハ即時抗告ヲ為スコトヲ得又其決定ヲ取消シタル𪜈ハ出頭セサリシ原告若クハ被告ヲ新期日ニ呼出サシテ闕席判決ヲ為スモノトス（訴第二五三）

左ノ塲合ニ於テハ裁判所ハ職權ヲ以テ闕席判決ニ付テノ辯論ヲ延期スルヿヲ得則チ(訴第二五四)
第一　出頭セサル原告若クハ被告カ合式ニ呼出サレサリシ片
第二　出頭セサル原告若クハ被告カ天災其他避ク可カラサル事變ノ爲ニ出頭スル能ハサルコトノ眞實ト認ムヘキ事情アル片
是レナリ出頭セサリシ原告若クハ被告ハ新期日ニ之ヲ呼出スヘキモノトス
闕席判決ヲ受ケタル原告若クハ被告ハ其判決ニ對シ故障ヲ爲スヿヲ得此故障申立ノ期間ハ十四日トス此期間ハ不變期間ニシテ闕席判決ノ送達ヲ以テ始マル故障申立ハ判決ノ送達前ト雖圧之ヲ爲スヿヲ得若シ外國ニ於テ送達ヲ爲スヘキトキ又ハ公ノ告示ヲ以テ之ヲ爲スヘキ片ハ裁判所ハ闕席判決ニ於テ故障期間ヲ定メ又ハ後日決定ヲ以テ之ヲ定ム此決定ハ口頭辯論ヲ經スシテ爲スヿヲ得ルモノトス(訴第二

五五）故障申立ハ闕席判決ヲ爲シタル裁判所ニ書面ヲ差出シテ之ヲ爲スヘキモノトス此書面ニハ左ノ諸件ヲ具備スルヿヲ要ス（第卅九號書式參看）（訴第二五六）

第一　故障ヲ申出テラレタル闕席判決ノ表示

第二　其判決ニ對スル故障ノ申立

右ノ書面ニハ本案ニ付テノ口頭辯論準備ノ爲メニ必要ナル事項アル卄ハ之ヲ掲記スヘキモノトス

故障ノ申出アリタル卄ハ裁判所ハ職權ヲ以テ故障ヲ許スヘキヤ否ヤ又法律上ノ方式ニ從ヒ若クハ其期間ニ於テ故障ヲ申立テタルヤ否ヤヲ調査スヘシ若シ故障ニシテ此等ノ要件ノ一ヲ欠ク卄ハ判決ヲ以テ故障ヲ不適法トシテ棄却スヘシ（訴第二五九）之ニ反シ故障ノ適法ナル卄ハ訴訟ハ原被告ノ闕席シタル以前ノ程度ニ復スルモノトス即チ闕席

判決ヲ全ク爲サヽルモノト同視スヘシ(訴第二六〇)新ナル辯論ニ基キ爲スヘキ判決ニシテ闕席判決ト符合スル𪜈ハ其新判決ニ於テ闕席判決ヲ維持スル旨ヲ言渡シ其符合セサル塲合ニ於テハ新判決ニ於テ闕席判決ヲ廢棄スヘシ(訴第二六一)闕席ニ因リ生シタル費用ハ其費用ノ相手方ノ不當ナル異議ニ因リ生セサル限リハ設ヒ故障ヲ爲スニ因リ闕席者ニ利益アル判決ノ言渡アルモ闕席シタル原被告ニ之チ負擔セシムヘキナリ(訴第二六二)

故障ヲ申立テタル原告若クハ被告口頭辯論ノ期日又ハ辯論延期ノ期日ニ出頭セサル𪜈ハ左ノ塲合ヲ除ク外出頭シタル相手方ノ申立ニ因リ新闕席判決ヲ以テ故障ヲ却下スヘシ此判決ニ對シテハ故障ヲ申立ツルヿヲ得サルモノトス(訴第二六三)

第一　出頭シタル原告若クハ被告カ裁判所ノ職權上調査スヘキ事情ニ付キ必要ナル證明ヲ爲ス能ハサル𪜈

第二　出頭セサル原告若クハ被告ニ口頭上事實ノ供述又ハ申立ヲ適當ナル時期ニ書面ヲ以テ通知セサルヰ

第三　出頭セサル原告若クハ被告カ合式ニ呼出サレサリシトキ

第四　出頭セサル原告若クハ被告カ天災其他避クヘカラサル事變ノ爲ニ出頭スル能ハサルコトノ眞實ト認ムル可キ事情アルヰ

故障ノ抛棄及ヒ其取下ニ付テハ控訴ノ抛棄及ヒ其取下ニ付テノ規定ヲ準用スルモノトス(訴第二三四)

本節ノ規定ハ反訴又ハ既ニ原因ノ確定シタル請求ノ數額ノ定ヲ目的物トスル訴訟手續ニ之ヲ準用ス又中間訴訟ノ辯論ノ爲メ期日ヲ定メタルヰハ其闕席訴訟手續及ヒ闕席判決ハ其中間訴訟ヲ完結スルニ止マリ本節ノ規定ヲ準用スルモノトス(訴第二三五)

第五節　計算事件財産分別及ヒ此ニ類スル訴訟

ノ準備手續

計算ノ當否財産ノ分別又ハ之ニ類スル關係ヲ目的トスル訴訟ノ提起アリタル片ハ受訴裁判所ハ妨訴ノ抗辨ヲ完結シタル後申立ニ因リ又ハ職權ヲ以テ其後ノ口頭辯論ヲ延期シテ受命判事ニ訴訟ノ準備ヲ命スルヿヲ得然レ圧此準備ヲ命スル塲合ハ唯タ訴訟ニ係ル請求又ハ計算書或ハ財産目錄ニ對スル爭點許多ニシテ通常手續ヲ適用スルノ不便ナル片ニ限ルナリ(訴第二六六)

準備手續ヲ命スル決定ヲ言渡スニ際シ裁判長ハ受命判事ヲ指定シ且其手續ヲ完結スルノ期日ヲ定ムヘシ此期日ノ定ハ受命判事ニ委任スルコトヲ得受命判事其委任ヲ受ケタル塲合ニ於テ之ヲ施行スルニ差支アル片ハ裁判長ハ更ニ他ノ判事ニ之ヲ委任スルモノトス(訴第二六七)

準備手續ニ於テハ調書ヲ以テ左ノ諸件ヲ明確ナラシムヘシ(訴第二六

八）

第一　如何ナル請求ヲ為スヤ及ヒ如何ナル攻撃、防禦ノ方法ヲ立張スルヤ

第二　如何ナル請求及ヒ如何ナル攻撃防禦ノ方法ヲ爭フヤ又ハ之ヲ爭ハサルヤ

第三　爭ト為リタル請求及ヒ爭ト為リタル攻撃防禦ノ方法ニ付テハ其事實上ノ關係及ヒ當事者ノ表示シタル證據方法主張シタル證據抗辯證據方法並ニ證據抗辯ニ關シテ為シタル陳述及ヒ提出シタル申立

準備手續ハ受訴裁判所ニ於テ訴訟又ハ中間訴訟ノ判決又ハ證據決定ヲ為スニ熟スルマテ之ヲ續行スヘキモノトス

原告若クハ被告ノ一方期日ニ於テ受命判事ノ面前ニ出頭セサルトキハ該判事ハ出頭シタル原告若クハ被告ノ陳述ヲ調書ニ記載セシメ且新

期日ヲ定ムヘシ此場合ニ於テハ出頭シタル原告若クハ被告ノ調書ノ謄本ヲ出廷セサル對手人ニ送達シ之ヲ新期日ニ呼出スヘシ若シ出頭セサル原告若クハ被告ニ於テ再ヒ闕席スルトキハ送達セシ調書ニ掲ケタル相手方ノ事實上ノ主張ハ之ヲ承諾シタルモノト看做シ之ニ關スル準備手續ハ完結シタルモノトス(第四十號書式參看)(訴第二六九)準備手續ノ完結シタル後受訴裁判所ニ於テスル口頭審理ノ期日ハ裁判長職權ヲ以テ之ヲ定メ當事者ニ通知スヘキモノトス(訴第二七〇)當事者ハ口頭辯論期日ニ於テ調書ニ基キ準備手續ノ結果ヲ演述スヘシ若シ原告若クハ被告ノ一方出頭セサルトキハ準備手續ニ於テ爭ハサル請求ハ一分判決ヲ以テ之ヲ完結スヘシ其他ノ點ニ付テハ出頭シタル原告若クハ被告ノ申立ニ因リ闕席判決ヲ爲スヘキモノトス(訴第二七一)受命判事ノ調書ヲ以テ明確ニスヘキ事實又ハ證書ニ付キ陳述ヲ爲サヽス又ハ之ヲ拒ミタルトキハ口頭辯論ニ於テ之ヲ追完スルコトヲ得ス然レ

トモ請求攻撃若クハ防禦ノ方法證據方法及ヒ證據抗辯ニシテ受命判事ノ調書ヲ以テ之ヲ明確ニセサルモノニ付テハ後日ニ至リ始メテ生シ又ハ後日ニ至リ始メテ原告若クハ被告ノ知リタルヿヲ疏明スルトキニ限リ口頭辯論ニ於テ之ヲ主張スルヿヲ得ヘキナリ(第二七二)

第二章　區裁判所ノ訴訟手續

第一節　通常ノ訴訟手續

區裁判所ノ通常ノ訴訟手續ニ付テハ區裁判所ノ構成又ハ訴訟法第一編及ヒ此節ニ於テ規定シタル事項ニ依リ差異ノ生セサル限リハ地方裁判所ニ於テノ訴訟手續ト同一ナル規定ヲ適用スルモノトス(訴第三七三)

訴ノ提起ハ地方裁判所ニ於テノ手續ニ於ケルカ如ク訴狀ヲ裁判所ニ差出シテ之ヲ為シ又ハ口頭ヲ以テ裁判所ニ之ヲ為スヿヲ得(訴第三七四)(口頭ヲ以テ起訴スルトキハ裁判所書記ハ之ヲ調書ニ錄取シ其謄本ヲ作リ之

ヲ被告人ニ送達スヘキナリ（第四十一號書式參看）起訴アリタルトキハ裁判所書記ハ訴狀ヲ被告ニ送達スルノ手續ヲ爲スモノトス（訴第三七五）凡ソ區裁判所ニ於テハ其審理判決スルトコロノ事件極メテ簡易ニシテ事理ノ錯綜セルモノナシ故ニ口頭辯論ヲ開クニ準備書面ヲ交換スルコトヲ要セス（訴第三七五）然レトモ請求數個アル場合ニ於テ其申立及ヒ事實上ノ主張ヲ豫メ通知スルニアラサレハ相手方ニ於テ之ニ對シ陳述ヲ爲シ得ヘカラサルトキハ口頭辯論ノ前直接ニ相手方ニ其通知ヲ爲スコトヲ得ルモノトス（訴第三七六）

口頭辯論ノ期日ト訴狀送達トノ間ニハ少クトモ三日ノ時間ヲ存スルコトヲ要ス然レトモ急速ヲ要スル場合ニ於テハ此時間ヲ二十四時マテニ短縮スルコトヲ得又送達ヲ外國ニ於テ爲スヘキトキハ事情ニ應シテ時間ヲ定ムヘキナリ（訴第三七七）

當事者ハ通常ノ裁判日ニ於テハ豫メ期日ノ指定ナクシテ裁判所ニ出

頭シ訴訟ニ付キ辯論チ爲スヿヲ得此塲合ニ於テ訴ノ提起ハ口頭ノ演述ヲ以テ之ヲ爲スモノトス（訴第三七八）數箇ノ妨訴ノ抗辯ハ裁判所管轄區ノ抗辯ニ限リ本案ノ辯論前同時ニ提出スルヿヲ得其他ノ妨訴ノ抗辯ハ此抗辯ノ爲メ本訴ノ辯論ヲ拒ムノ權利ナシ然レ𪜈裁判所ハ職權ヲ以テ右抗辯ニ付キ分離シタル辯論ヲ命スルヿヲ得ルナリ（訴第三七九）

訴訟法第二百二十二條ニ定ムル判決ヲ受クヘキ事項ノ申立ハ書面ニ基キ之ヲ爲スヲ要スルコト若シ之ヲ爲サヽル片ハ申立ナキモノト看做ストノ規定及ヒ第二百六十六條乃至第二百七十二條ニ規定セル計算事件財産分別及ヒ此ニ類スル訴訟ノ準備手續ハ區裁判所ノ訴訟手續ニ之ヲ適用セサルモノトス（訴第三八〇第一一）

然レ𪜈原告若クハ被告ノ申立及ヒ陳述ハ裁判所ノ意見ニ從ヒ訴訟關係ヲ十分明カナラシムル爲メ必要ナルモノニ限リ調書ニ錄取シテ之

ヲ明確ナラシムヘキモノトス(訴第三八〇第二)

訴ヲ起サントスル者ハ和解ノ爲メ請求ノ目的物ヲ開示シテ相手方ヲ其普通裁判籍ヲ有スル區裁判所ニ呼出スヘキコトヲ申立ツルヿヲ得其申立ハ書面(第四十二號書式參看)又ハ口頭ヲ以テ之ヲ爲スヿヲ得(訴第三八一第一)

當事者双方出頭シテ和解ノ調ヒタル片ハ調書ニ錄取シテ之ヲ明確ナラシムヘシ之ニ反シ和解ノ調ハサル片ハ當事者双方ノ申立ニ因リ其訴訟ニ付キ直チニ辯論ヲ爲ス此塲合ニ於ケル訴ノ提起ハ口頭ノ演述ヲ以テ之ヲ爲スモノトス(訴第三八一第三)

相手方カ出頭セス又ハ和解ノ調ハサル片ハ此カ爲メ生シタル費用ハ訴訟費用ノ一分ト看做スヘキナリ(訴第三八一第四)

第二節　督促手續

督促手續ハ爭ナキ請求ニ付キ最モ簡易ニシテ且多額ノ費用ヲ要セサ

ル方法ヲ以テ終局セシメ得ル手續トス該手續ハ一定ノ金額ノ支拂其他ノ代替物若クハ有價證券ノ一定ノ數量ノ給付ヲ目的トスル請求ニ付テノミ之ヲ許スモノトス然レ𪜈申請者反對給付ヲ爲スニアラサレハ其請求ヲ主張スルヿヲ得サル片又ハ支拂命令ノ送達ヲ外國ニ於テ爲シ若シクハ公示送達ヲ以テ爲スヘキトキハ督促手續ヲ許サヽルモノトス(訴第三八二)

督促手續ハ區裁判所ノ第一審ノ事物ノ管轄ノ制限ヲ問ハス通常ノ訴訟手續ニ於ケル提起ニ付キ普通裁判籍又ハ不動産上裁判籍ノ屬スヘキ區裁判所ノ管轄ニ專屬ス而シテ支拂命令ハ區裁判所之ヲ發ス(訴第三八三)

支拂命令ヲ發スルコトノ申請ハ書面又ハ口頭ヲ以テ之ヲ爲スヿヲ得

此申請ニハ左ノ諸件ヲ具備スルヿヲ要ス(訴第三八四)(第四十三號書式參看)

第一　當事者及ヒ裁判所ノ表示
第二　請求ノ一定ノ數額、目的物及ヒ原因ノ表示若シ請求ノ數箇ナルトキハ其各箇ノ一定ノ數額、目的物及ヒ原因ノ表示
第三　支拂命令ヲ發センコトノ申立
右ノ申請アリタルトキハ裁判所ハ職權ヲ以テ其申立ハ前項ノ要件ニ適當スルヤ否ヤヲ調査スルモノトス若シ其申請ニシテ前項ノ要件ニ適當セス又ハ申請ノ旨趣ニ於テ請求ノ理由ナク又ハ現時理由ナキコトノ顯ハレサルトキハ其請求ヲ却下ス又請求ノ一分ノミニ付キ支拂命令ヲ發スルコトヲ得サルトキモ亦其申請ヲ却下スヘシ然レトモ數箇ノ請求中或ルモノニ理由ナクシテ其他ノモノニ理由アリト見ユルトキハ其理由アリト見ユルモノニ限リ申請ヲ許容スヘキモノトス（申請ヲ却下スル命令ニ對シテハ不服ヲ申立ツルコトヲ得ス然レトモ通常ノ訴訟手續ニ依リ訴訟スルヲ妨クルコトナシ）（訴第三八六）

申請ニシテ適法ノモノトスル時ハ裁判所ハ債務者ヲ審訊セスシテ直チニ支拂命令ヲ發スヘシ該命令ニハ當事者ノ氏名及ヒ裁判所ノ名稱、請求ノ一定ノ數額、目的物及ヒ其原因（若シ請求ノ數箇ナル時ハ其各箇ノ一定ノ數額、目的物及原因）等ノ外尚ホ命令送達ノ日ヨリ十四日ノ期間内此期間ハ爲替ヨリ生スル請求ニ付テハ二十四時間其他ノ請求ニ付テハ申立ニ因リ三日迄ニ短縮スルヲ得）ニ請求ヲ滿足セシメ及ヒ其手續ノ費用ニ付キ定ムル數額ヲ債權者ニ辨濟ス可ク又ハ裁判所ニ異議ヲ申立ツヘク若シ之ヲ爲サヽル於テハ直チニ强制執行ヲ爲スヘキ旨ヲ記載スヘキモノトス（第四十四號書式參看）（訴第三八六）支拂命令ヲ債務者ニ送達シタル時ハ權利拘束ノ効力ヲ生スルモノトス（支拂命令ヲ債務者ニ送達シタル時ハ裁判所ハ其書ヲ債務者ニ通知スヘシ）債務者ハ執行命令ノ發行アルマテハ支拂命令ニ對シ異議申立ツルヿヲ得此異議ハ書面又ハ口頭ヲ以テ之ヲ爲スヿヲ得（第四十五號書式參看）（訴第三八八）

請求ノ全部又ハ一部ニ對シ適當ナル時間ニ異議ヲ申立ツル片ハ支拂命令ハ其效力ヲ失フモ權利拘束ノ效力ハ繼續スルモノトス(訴第三八九第一)數箇ノ請求中或ルモノニ對シ異議ヲ申立テタル片ハ支拂命令ハ其請求及ヒ之ニ相當スル費用ノ部分ニ付效力ヲ有ス(訴第三八九第二)其後ノ手續ハ裁判所ノ權限ニ付テ一般ノ規定ニ從ヒ請求物件ノ區裁判所ノ管轄ニ屬スルト地方裁判所ノ管轄ニ屬スルトニ依リ異ナルモノトス該物件區裁判所ノ管轄ニ屬スル片ハ其訴ハ支拂命令ヲ下付シタル區裁判所ニ於テ通常手續ニ從ヒ繼續スルモノトス而シテ支拂命令ノ送達ハ訴ノ提起ト看做スヘキモノニシテ而シテ口頭辯論ノ期日ハ命令送達ノ日ヨリ三日ノ時間ヲ存スルヿヲ要ス(訴第三九〇之ニ反シ該物件地方裁判所ノ管轄ニ屬スル片ハ適當ナル時間ニ異議ノ申立アリタルヿヲ債權者ニ通知ス債權者ハ其通知ノ送達アリタル日ヨリ一ケ月ノ期間內ニ管轄地方裁判所ニ別段ノ訴訟ヲ提起スヘシ若シ

之ヲ爲サヽルニ於テハ權利拘束ノ效力ヲ失フモノトス(訴第三九一)適當ナル時間ニ異議ノ申立アリタル塲合ニ於テハ督促手續ノ費用ハ起スヘキ訴訟ノ費用ノ一分ト看做ス若シ其期間內ニ訴ヲ起サヽル𬼀ハ手續ノ費用ハ債權者ノ負擔ニ歸スヘキナリ(訴第三九二)

支拂命令ニ揭ケタル期間經過スルモ異議ノ申立アラサル𬼀ハ債權者ハ假執行ノ宣言アランヿヲ申請スルヿヲ得(第四十六號書式參看)此申請アリタル𬼀ハ裁判所ハ假執行ノ宣言ヲ付シタル執行命令ヲ下付スルモノトス其命令ニハ債權者ニ於テ計算スル手續ノ費用ヲ揭クルモノトス若シ裁判所ニ於テ此申請ヲ不適法ナリトスル𬼀ハ決定ヲ以テ之ヲ却下スルヿヲ得(此決定ニ對シテハ即時抗告ヲ爲スヿヲ得ルナリ)(訴第三九三)

執行命令ハ法律上假執行ノ宣言ヲ付シタル闕席判決ト同一ナリトス故ニ欠席判決ニ對シテ爲ス所ノ故障ヲ申立テ以テ其命令ヲ取消サシ

ムルコトヲ得（第四十七號書式參看）督促手續ニ係ル事件ニシテ區裁判所ノ管轄ニ屬スル片ハ區裁判所ハ一般ノ手續ニ從ヒ故障ノ許否ニ付キ辯論及ヒ裁判ヲナスヘキノミナラス又直ニ本案ニ付テモ辯論及ヒ裁判ヲナスヘキナリ故ニ此場合ニ於テハ故障ヲ爲スモノハ本案ノ口頭辯論ノ爲メ相手方ヲ呼出スヘキヿヲ申立ツルヿヲ得ヘシ之ニ反シ該事件ニシテ地方裁判所ノ管轄ニ屬スル片ハ區裁判所ハ唯故障カ法律上ノ方式及ヒ期間ニ於テ申立テタルヤ否ヤノ點ノミニ付キ辯論及ヒ裁判ヲナスヘキナリ故ニ此場合ニ於テ故障ヲ爲スモノハ唯故障ノ許否スルニ付テノ辯論ノ爲メ相手方ヲ呼出スヿヲ申立ツルヲ得ヘシ故障ノ申立ヲ至當ナリト決定スル片ハ債權者ハ此判決ノアリタル日ヨリ一ケ月間ニ管轄地方裁判所ニ訴ヘ出ツヘキナリ（訴第三九四）

第三編　上訴

第一章　控訴

控訴ハ都テ區裁判所又ハ地方裁判所ノ第一審ニ於テ爲シタル終局判決ニ對シテ之ヲ爲スヿヲ得(訴第三九六)然レハ區裁判所ノ判決ニ對シテハ地方裁判所ニ控訴シ又地方裁判所ノ判決ニ對シテハ控訴院ニ控訴スルモノトス(第二七、三七)中間判決証據方法及ヒ其他終局判決ニ先タツ所ノ裁判ハ特別ニ控訴ヲ以テ不服ヲ申立ツルヿヲ得ス然レ𪜈此等ノ裁判ハ終局判決ニ對シテ爲ス控訴ニ依リ自ラ控訴セラルヽモノトス然レ𪜈此等ノ裁判ニシテ原來不服ヲ唱フルヿヲ得サルモノ又ハ抗告ヲ以テ不服ヲ唱フルヿヲ得ルモノハ此限ニ在ラス(訴第三九七)闕席判決ニ對シテハ故障ヲ許サヽル場合ニ限リ其判決ヲ受ケタル者ヨリ控訴ヲ爲スヿヲ得又闕席判決ヲ爲スヘキ要件ノ存セサル場合ニ於テハ其理由ニ基キ控訴ヲ爲スヿヲ得ルナリ(訴第三九八)控訴ノ取下ハ口頭辯論ニ着手スルマテハ被控訴人ノ承諾ナクシテ之ヲ爲スヿヲ得該取下ハ上訴權ヲ喪失スル結果ヲ生ス(訴第三九九)

控訴期間ハ一个月トス此期間ハ不變期間ニシテ判決ノ送達ヨリ起算スルモノトス而シテ判決ノ送達前ニ控訴ヲ提起スルヿヲ得ス若シ之ヲ爲スモ該控訴ハ無效トス控訴期間内ニ追加裁判ヲ以テ判決ヲ補充シタル𪜈ハ控訴期間ノ進行ハ追加裁判ノ送達ヨリ起算スルモノナリ又最初ノ判決ニ對スル控訴ニ付テモ追加裁判ノ送達ヨリ起算スルモノトス(訴第四〇〇)

控訴ノ提起ハ控訴狀ヲ控訴裁判所ニ差出シテ之ヲ爲スモノトス此控訴狀ニハ左ノ諸件ヲ具備スルヿヲ要ス(控訴ノ提起アリタル𪜈ハ控訴裁判所ノ書記ハ控訴狀ノ提出ヨリ二十四時間ニ第一審裁判所書記ニ訴訟錄ノ送付ヲ求ムヘキナリ(訴第四三一)(訴第四〇一)(第四十八號書式參看)

第一　控訴セラルル判決ノ表示

第二　此判決ニ對シ控訴ヲ爲ス者ノ陳述

此他控訴狀ハ準備書面ニ關スル一般ノ規定ニ從ヒテ之ヲ作ルヘキモ

ノニシテ且判決ニ對シ如何ナル程度ニ於テ不服ナリヤ及ヒ判決ニ付キ如何ナル變更ヲ爲スヘキヤノ申立ヲ揭ケ若シ新ニ主張セントスル事實及ヒ證據方法アル片ハ其新ナル事實及ヒ證據方法ヲ揭記スヘキモノトス

判然許スヘカラサル控訴又ハ判然法律上ノ方式ニ適セス若クハ其期間ノ經過後ニ起シタル控訴ハ裁判長ノ命令ヲ以テ之ヲ却下スルモノトス（此却下ノ命令ニ對シテハ即時抗告ヲ爲スヿヲ得ルナリ）（訴第四〇二）

控訴辯論ノ期日及ヒ答書ノ期間ハ第一審ニ於ケル期間ニ同シ即チ控訴狀ノ送達ト口頭辯論ノ期日トノ間ニハ二十日ノ期間ヲ存スルヿヲ要ス若シ外國ニ關係スル片ハ裁判所ハ相當期間ヲ定ム又其答辯書ヲ差出スヘキ期間ハ十四日ナリトス然レ𪜈此期間ハ申立ニ因リ裁判長之ヲ伸縮スルヿヲ得ヘシ（訴第四〇三）

控訴ノ答辨書ハ準備書面ニ關スル一般ノ規定ニ從ヒテ之ヲ作リ且被

控訴人ノ一定ノ申立及ヒ其主張セントスル新ナル事實及ヒ證據方法ヲ掲記スヘキモノトス(第四十九號書式參看)(訴第四〇三)
附帶控訴ハ其主タル控訴ノ起レル間ハ何時ニテモ之ヲ爲スヿヲ得ヘシ然レハ例ヒ一旦控訴ヲ抛棄シタル片又ハ控訴期間ノ經過シタル片ト雖モ附帶控訴ヲ爲ヿ妨ケアルヿナシ(訴第四〇五第一)附帶控訴ハ必スシモ別ニ控訴狀ヲ作ルニ及ハス答辨書ヲ以テ之ヲ爲スヿヲ得ルナリ
附帶控訴ハ主タル控訴ノ起レル間之ヲ提起スルヲ得ルモノナレハ其主タル控訴ニシテ消滅スル片ハ附帶控訴モ亦自ラ消滅スルモノナリ故ニ左ノ塲合ニ於テハ附帶控訴ハ其效力ヲ失フモノトス(訴第四〇六)

第一　控訴ヲ不適法トシテ判決ヲ以テ棄却シタル片

第二　控訴ヲ取下ケタル片

然レモ被控訴人カ控訴期間內ニ附帶控訴ヲ爲シタル片ハ獨立ノ控訴ヲ爲シタルト看做スヘキナリ

右ノ外本章ノ規定ニ依リ差異ノ生セサル限リハ控訴手續ニ付地方裁判所ノ第一審ノ訴訟手續ノ規定ヲ準用スルモノトス(訴第四〇八)當事者ノ双方ヨリ控訴ヲ起シタル片ハ其両控訴ニ付辨論及ヒ裁判ヲ同時ニ爲スヲ以テ通例トス(訴第四〇九)

控訴裁判所ニ於ケル訴訟ハ不服ノ申立ニ因リ定マリタル範圍内ニ於テ更ニ之ヲ辨論スルモノナリ(訴第四一一)

口頭辨論ハ其期日ニ於テ被控訴人ノ控訴期間ノ未タ經過セサル片ハ其申立ニ因リ期間ノ滿了マテ之ヲ延期ス又欠席判決ヲ受ケタル原告若クハ被告ヨリ其決判ニ對シ故障ヲ申立テ相手方ヨリ訴ヲ起シタル片ハ控訴ニ付テノ辯論及ヒ裁判ハ故障ノ完結マテ職權ヲ以テ之ヲ延期スルモノトス(訴第四一〇)

當事者ハ其控訴ノ申立及ヒ不服ヲ申立テラレタル裁判ノ當否ヲ明瞭ナラシムル爲メ必要ナル限リハ口頭辯論ノ際第一審ニ於ケル辯論ノ

當否ヲ演述スヘシ此場合ニ放テハ裁判長ハ注意ヲ與ヘテ其演述ノ不正確又ハ不完全ナル場合ニ於テ其更正若クハ補定ヲナサシメ又必要ナル場合ニ於テハ辯論ヲ再開シテ之ヲ爲サシムヘキモノトス(訴第四一二)

控訴裁判所ニ於テハ第一審ノ如ク訴ノ變更ヲ許サス然レハ訴ノ變更ハ假令相手方ノ承諾アルヰト雖モ之ヲ許サス(訴第四一三)又新ナル請求ハ本案又ハ附帶請求ニ付キ訴ノ申立ヲ擴張シ又ハ減縮スル場合又ハ最初求メタル物ノ滅盡又ハ變更ニ因リ賠償ヲ求ムル場合又ハ相殺スルコヲ得ヘキモノニシテ且原告若クハ被告カ其過失ニ非スシテ第一審ニ於テ提出シ能ハサリシコヲ疏明スルヰニ限リ之ヲ爲スコヲ得(訴第四一六)

妨訴ノ答辯ハ職權ヲ以テ調査スヘカラザルモノニシテ且原告若クハ被告カ其過失ニアラスシテ第一審ニ於テ提出シ能ハサルコヲ疏明ス

ル片ニ限リ之ヲ主張スルコトヲ得
本案ノ辨論ハ妨訴ノ抗辨ニ基キ之ヲ拒ムヿヲ得ス然レ圧裁判所ハ職權ヲ以テ妨訴ノ抗辨ニ付キ分離シタル辨論ヲ命スルヿヲ得ルナリ(訴第四一四)
當事者ハ第一審ニ於テ主張セサリシ攻擊防禦ノ方法殊ニ新ナル事實及ヒ證據方法ヲ提起スルヿヲ得(訴第四一五)
事實又ハ證書ニ付キ第一審ニ於テ爲サヽリシ陳述又ハ拒ミタル陳述ハ第二審ニ於テ之ヲ爲スヿヲ得(訴第四一七)又第一審ニ於テ爲シタル裁判上ノ自白ハ第二審ニ於テモ亦其效力ヲ有ス(訴第四一八)
控訴裁判所ハ控訴ヲ許スヘキヤ否ヤ又控訴ヲ法律上ノ方式ニ從ヒ若クハ其期間ニ於テ起シタルヤ否ヤヲ職權ヲ以テ調査シ若シ其要件ノ一ヲ缺クキハ判決ヲ以テ控訴ヲ不適法トシテ棄却スヘシ若シ控訴受理スヘク且正當ナル片ハ第一審ノ裁判ト原被告ヨリ其變更ヲ申立テ

タル部分ニ限リ變更スルヲ得ルナリ(訴第四一九第四二〇)第一審ニ於テ是認シ又ハ非認シタル請求ニ關スル總テノ爭點ニシテ申立ニ從ヒ辨論及ヒ裁判ニ必要トスルモノハ第一審ニ於テ此爭點ニ付キ辨論及ヒ裁判ヲ爲サヽル𪜈ト雖モ控訴裁判所ニ於テ其辯論及ヒ裁判ヲ爲スモノトス(訴第四二一)

控訴裁判所ハ更ニ事件ノ辯論ヲ必要トスル場合ニ於テハ之ヲ第一審裁判所ニ差戻スヘシ其場合トハ則チ

第一　不服ヲ申立テラレタル判決カ欠席判決ナル𪜈

第二　不服ヲ申立テラレタル判決カ欠席判決ニ對スル故障ヲ不適法トシテ棄却シタルモノナル𪜈

第三　不服ヲ申立テラレタル判決カ妨訴ノ抗辯ノミニ付キ裁判ヲ爲シタルモノナル𪜈

第四　請求カ其原因及ヒ數額ニ付キ爭アル場合ニ於テ不服ヲ申立

テラレタル判決カ先ツ其原因ニ付キ裁判ヲ爲シタルモノナル片

第五　不服ヲ申立テラレタル判決カ證書訴訟及ヒ爲替訴訟ニ於テ敗訴ノ被告ニ別訴訟ヲ以テ追行ヲ爲スノ權ヲ留保シタルモノナル片

是レナリ第一審ニ於テ訴訟手續ニ付テノ規定ニ違背シタル片ハ控訴裁判所ハ其判決及ヒ違背シタル訴訟手續ノ部分ヲ廢棄シ其事件ヲ第一審裁判所ニ差戻スヿヲ得ルナリ(訴第四二三)又控訴ヲ理由ナシトスル片ハ判決ヲ以テ控訴ノ棄却ヲ言渡スヘキモノトス(訴第四二四)判決ハ控訴人ノ不利益ニ變更スヘカラス故ニ相手方カ控訴又ハ附帶控訴ノ方法ヲ以テ判決ニ付不服ヲ申立テタル部分ニ限リ之ヲ變更スルヿヲ得ルナリ(訴第四二五)時機ニ後レ又訴訟ヲ遲延セシムル事情アル場合ニ於ケル防禦ノ方法ハ之ヲ却下ス而シテ之ヲ却下スル片ハ其防禦ノ方法ヲ主張スルノ權

ハ之ヲ被告ニ留保スヘシ若シ判決ニ此留保ヲ掲ケサル片ハ判決ノ補充ヲ申立ツルヿヲ得留保ヲ掲ケタル判決ハ上訴及强制執行ニ付テハ終局判決ト看做ス(訴第四二六)

防禦ノ方法ニシテ被告ニ其主張ヲ留保スルモノニ付テハ其訴訟ハ第二審ニ繫屬シ其效力ヲ生セシム(訴第四二七第一)

爾後ノ手續ニ於テ訴ヲ以テ主張シタル請求ノ理由ナカリシヿノ顯ハルヽ片ハ前判決ヲ廢棄シテ其訴ヲ棄却シ且申立ニ因リ判決ニ基キ支拂ヒタルモノ又ハ給付シタルモノヲ返還スヘキヿヲ言渡シ並ニ費用ニ付裁判ヲ爲スヘキモノトス(訴第四二七第二)

控訴人カ口頭辨論ノ期日ニ出頭セサル片ハ出頭シタル被控訴人ノ申立ニ因リ欠席判決ヲ以テ控訴ノ棄却ヲ言渡スヘシ(第五十號書式參看)(訴第四二八)之ニ反シ被控訴人カ口頭辨論ノ期日ニ出頭セサル場合ニ於テハ出頭シタル控訴人ヨリ闕席判決ノ申立ヲ爲ス片ハ第一審裁判

憑據トナリタルモノニ牴觸セサル控訴人ノ事實上ノ供述ハ控訴人之ヲ自白シタルモノト看做シ且第一審裁判所ノ事實上ノ確定ヲ補充シ若クハ辨駁スル爲メ控訴人ノ申立テタル適法ノ證據調ハ既ニ之ヲ爲シ及其結果ヲ得タルモノト看做シ欠席判決ヲ爲スモノトス(訴第四二九)判決中ノ事實ノ指示ニ付テハ前審ノ判決ヲ引用スルヿヲ得(訴第四三〇)

控訴裁判所ノ書記ハ控訴狀ノ提出ヨリ二十四時間ニ第一審裁判所ノ書記ニ訴訟記錄ノ送付ヲ求ムヘシ而シテ控訴完結ノ後ハ其記錄ハ第二審ニ於テ爲シタル判決ノ認證アル謄本ト共ニ第一審裁判所ノ書記ニ之ヲ返還スヘキナリ(第五十一號書式參看)(訴第四三一)

第二章　上告

上告ハ地方裁判所及ヒ控訴院ノ第二審ニ於テ爲シタル終局判決ニ對シテノミ之ヲ爲スヿヲ得(訴第四三二)終局判決前ニ爲シタル裁判ト雖

𪜈此法律ニ於テ不服ヲ申立ツルコトヲ得スト明記シタル片又ハ抗告ヲ以テ不服ヲ申立ツルコトヲ得ル場合ヲ除キ其他ハ上告ヲ爲スヿヲ得ヘシ(訴第四三三)

凡ソ上告ハ法律ニ違背シタル裁判ナルヿヲ理由トスル片ニアラサレハ之ヲ爲スヿヲ得ス(訴第四三四)

法律ノ違背ハ即チ左ノ三種トス

第一　認定シタル事實ヲ裁判スルニ當リ法則ヲ適用セス又ハ不當ニ適用シタルニ因リ法律ニ違背シタル片

第二　事實ヲ認定スルニ當リ過失ヲ爲シタル片即チ法律ニ違背シテ事實ヲ認定シ若シクハ認定セス又ハ其認定スヘキ事實ノ認定ヲ怠リ又ハ提出セサル事實ヲ提出シタルモノト看做シタル片例ヘハ爭ハレタル事實ヲ自認シタルモノト看做シ口頭辯論ニ於テ提出シタル事實ノ認定ヲ怠リ又ハ該審理ニ全ク提出セサル事實

ヲ提出シタルモノト看做シタル片ノ如キ是レナリ

第三　法式ニ違背シタル片（訴第四三六）其場合ハ即チ

一　規定ニ從ヒ判決裁判所ヲ構成セサリシ片

二　法律ニ依リ職務ノ執行ヨリ除斥セラレタル判事カ裁判ニ參與シタル片（但忌避ノ申請又ハ上訴ヲ以テ除斥ノ理由ヲ主張シタルモ其效ナカリシ片ハ此限ニアラス）

三　判事カ忌避セラレ且忌避ノ申請ヲ理由アリト認メタルニ拘ハラス裁判ニ參與シタル片

四　裁判所カ其管轄又ハ管轄違ヲ不當ニ認メタル片

五　訴訟手續ニ於テ原告若クハ被告カ法律ノ規定ニ從ヒ代理セラレサリシ片

六　訴訟手續ノ公行ニ付テノ規定ニ違背シタル口頭辯論ニ基キ裁判ヲ爲シタル片

七　裁判ニ理由ヲ付セサル片

是ナリ上告期間ハ一ケ月トス此期間ハ不變期間ニシテ判決ノ送達ヨリ起算ス故ニ判決ノ送達前ニ提起シタル上告ハ無效トス（訴第四三七）上告ノ提起ハ上告狀ヲ上告裁判所ニ差出シテ之ヲ爲スモノトス此上告狀ニハ左ノ諸件ヲ具備スルコヲ要ス（第五十二號書式參看）（訴第四三八）

第一　上告セラルル判決ノ表示

第二　此判決ニ對シ上告ヲ爲ス旨ノ陳述

此他上告狀ハ準備書面ニ關スル一般ノ規定ニ從ヒテ之ヲ作リ特ニ判決ニ對シ如何ナル程度ニ於テ不服ナルヤ及ヒ判決ニ付如何ナル程度ニ於テ破毀ヲ爲スヘキヤノ申立ヲ揭ケ且法則ヲ適用セス若クハ不當ニ適用シタルコヲ上告ノ理由トスル片ハ其法則ノ表示又ハ訴訟手續ニ付テノ規定ニ違背シタルコトヲ上告ノ理由トスル片ハ其欠缺ヲ明カニスル事實ノ表示又ハ法律ニ違背シテ事實ヲ確定シ若クハ違脫シ

若クハ提出シタリト看做シタルコトヲ上告ノ理由トスルトキハ其事實ノ表示ヲ掲記スヘキモノトス

上告裁判所ハ上告人ヲ呼出シ其陳述ヲ聽キ上告ヲ許スヘカラサルモノナルトキ又ハ法律上ノ方式及ヒ期間ニ於テ起サヽルトキ又ハ上告カ法律ニ違背シタル裁判ナルコトヲ理由トスルニアラサルトキハ判決ヲ以テ之ヲ棄却ス若シ上告人呼出ヲ受クルモ期日ニ出頭セサルトキハ上告ヲ取下ケタルモノト看做ス但出頭セサリシコトヲ期日ヨリ七日ノ期間内ニ十分ナル理由ヲ以テ辯解シタルトキハ更ニ新期日ヲ定ムルモノトス

上告狀ノ送達ノ期日ハ地方裁判所ニ於ケル期日ト同一ナリ故ニ上告狀ノ送達ト口頭辯論ノ期日トノ間ニハ二十日ノ時間ヲ存スルコトヲ要ス又外國ニ關係セルトキハ裁判所ハ相當期間ヲ定ムルモノトス答辯書ノ期日モ同シク十四日トス此等ノ期日ハ申立ニ依リ時ノ事情ヲ斟

酌シ之ヲ伸縮スルヿヲ得ヘシ（訴第四四〇）
答辯書ハ準備書面ニ關スル一般ノ規定ニ從ヒテ之ヲ作リ且一定ノ申立ヲ掲クヘキモノトス（第五十三號書式參看）（訴第四四一）
被上告人ハ主タル上告ノ繼續スル間附帶上告ヲ爲スコトヲ得ルモノトス附帶上告ハ別段訴狀ヲ以テスルヲ要セス答辯書ノ中ニ記載シテ申立ツルヿヲ得ルモノナリ（訴第四四二）而シテ答辯書ニ附帶上告ヲ爲ス旨ノ陳述ヲ掲ケタル片ハ之ヲ上告人ニ送達スヘキモノトス（訴第四四三）
上告ノ訴訟手續ニハ地方裁判所ノ第一審ニ於ケル訴訟手續ノ規定ヲ準用スルモノトス但特ニ上告ノ爲メニ設ケタル規定ニ牴觸セサル場合ニ限レリ（訴第四四四）
上告裁判所ハ當事者ノ爲シタル申立テノミニ付調査ヲ爲スモノトス（訴第四四五）
上告裁判所ハ裁判ヲ爲スニ付控訴裁判所カ其裁判ノ憑據トシタル事

實ヲ標準トス此事實ノ外ハ訴訟法第四百三十八條第三項ニ掲ケタル事實ニ限リ之ヲ斟酌スルヿヲ得證據調ヲ必要トスル片ハ上告裁判所ハ之ヲ命スルコトヲ得ヘシ(訴第四四六)

上告ヲ理由アリトスル片ハ不服ヲ申立テラレタル判決ヲ破毀スヘシ若シ訴訟手續ニ關スル規定ニ違背シタルニ因リ判決ヲ破毀スル片ハ其違背シタル部分ニ限リ訴訟手續ヲモ亦破毀スヘキモノトス(訴第四四七)

判決ヲ破毀スル場合ニ於テハ更ニ辯論及ヒ裁判ヲ爲サシムル爲メ事件ヲ控訴裁判所ニ差戻シ又ハ之ヲ他ノ同等ナル裁判所ニ移送スヘキモノトス事件ノ差戻又ハ移送ヲ受ケタル裁判所ハ新口頭辯論ニ基キ裁判ヲ爲スコトヲ要ス然レ圧確定シタル事實ニ法律ヲ適用スルニ當リ法律ニ違背シタル爲ニ判決ヲ破毀シ且其事件カ裁判ヲ爲スニ熟スル片又ハ無訴權ノ爲メ又ハ裁判所ノ管轄違ナル爲ニ判決ヲ破毀スル

片ハ此限ニアラサルナリ（訴第四四八）

當事者ハ破毀セラレタル判決ノ以前ニ於ケル口頭辨論ニ當リ提出スルコトヲ得ヘカリシ事項ヲ新口頭辨論ニ際シ提出スル權利アルモノトス（訴第四四九）

事件ノ差戻又ハ移送ヲ受ケタル裁判所ハ上告裁判所ノ爲シタル法律ニ係ル判斷ニシテ判決ヲ破毀スル基本ト爲シタルモノヲ以テ新ナル辨論及ヒ裁判ノ基本ト爲ス義務アルモノトス（訴第四〇五）

左ノ場合ニ於テハ上告裁判所ハ事件ニ付キ裁判ヲ爲スヘキモノトス（訴第四五一）即チ

第一　確定シタル事實ニ法律ヲ適用スルニ當リ法律ニ違背シタル爲ニ判決ヲ破毀シ且其事件カ裁判ヲ爲スニ熟スル片

第二　無訴權ノ爲メ又ハ裁判所ノ管轄違ナル爲ニ判決ヲ破毀スル片

是ナリ上告ヲ理由ナシトスル𪜈ハ之ヲ棄却スヘキモノトス（訴第四五二）
又裁判カ其理由ニ於テ法律ニ違背シタルトキト雖モ他ノ理由ニ因リ
裁判ノ正當ナル𪜈ハ上告ヲ棄却スヘキナリ（訴第四五三）
左ノ諸件ニ關スル控訴ノ規定ハ上告ニ之ヲ準用スルモノトス（訴第四
五四）
第一　闕席判決ニ對スル不服ノ申立
第二　控訴ノ取下
第三　當事者ノ双方ヨリ控訴ヲ起シタル場合ニ於ケル訴訟手續及
　ヒ控訴ト故障トヲ同時ニ爲シタル𪜈ノ訴訟手續
第四　口頭辨論ノ延期
第五　口頭辨論ノ際ニ於ケル當事者ノ演述
第六　妨訴ノ抗辨ニ付テノ辨論
第七　控訴ヲ起シタル者ノ不利益ト爲ル裁判ヲ爲スヘカラサルコ

ト

第八　記錄ノ送付並ニ返還

第三章　抗告

第一節　通常抗告

抗告ハ訴訟手續ニ關スル申請ヲ口頭辯論ヲ經スシテ却下シタル裁判ニ對シ其他法律ニ於テ特ニ規定シタル場合ニ於テノミ之ヲ爲スヿヲ得ルモノトス(訴第四五五)

抗告ニ付テハ直近ノ上級裁判所其裁判ヲ爲ス抗告裁判所ノ裁判ニ對シテハ其裁判ニ因リ新ナル獨立ノ抗告理由ヲ生シタルトキニアラサレハ更ニ抗告ヲ爲スヿヲ得サルナリ(訴第四五六)

抗告ハ不服ヲ申立テラレタル裁判ヲ爲シタル裁判所又ハ裁判長ノ属スル裁判所ニ抗告狀ヲ差出シテ之ヲ爲スモノトス(第五十四號書式參看)(訴第四五七第一)(急速ヲ要スル場合ニ於テハ直ニ抗告裁判所ニ之ヲ爲ス

コヲ得（訴第四六一第一）
訴訟カ區裁判所ニ繫屬シ若クハ嘗テ繫屬シタル𪜈又ハ證人鑑定人ヨリ若クハ證書ヲ提出スル義務アリトノ宣言ヲ受ケタル第三者ヨリ抗告ヲ爲ス𪜈ハ口頭ヲ以テ之ヲ爲スコヲ得ルモノトス（訴第四五七第二）
抗告ハ新ナル事實及ヒ證據方法ヲ以テ憑據ト爲スコヲ得（訴第四五八）
不服ヲ申立テラレタル裁判ヲ爲シタル裁判所又ハ裁判長カ再度ノ考案若クハ新ナル提供ニ基キ抗告ヲ理由アリトスル𪜈ハ不服ノ點ヲ更正スヘキナリ若シ其抗告ヲ理由ナシトスル𪜈ハ裁判所又ハ裁判長ハ意見ヲ付シテ三日ノ期間內ニ抗告ヲ抗告裁判所ニ送付シ又適當トスル場合ニ於テハ訴訟記錄ヲモ送付スヘキナリ（訴第四五九）
抗告ハ裁判ノ執行ヲ停止スヘキモノニアラス然レ𪜈法律ニ於テ別段ノ規定ヲ設ケタル場合ニ限リ其裁判執行ヲ停止スルモノトス而シテ又不服ヲ申立テラレタル裁判ヲ爲シタル裁判所又ハ裁判長ハ抗告ニ

付テノ裁判アルマテ其執行ノ中止ヲ命スルヿヲ得又抗告裁判所ハ抗告ニ付テノ裁判ヲ爲ス前ニ不服ヲ申立テラレタル裁判ノ執行中止ヲ命スルコトヲ得ルナリ(訴第四六〇)

抗告ハ急速ヲ要スル場合ニ於テハ直接ニ抗告裁判所ニ之ヲ爲スヿヲ得ヘシ抗告裁判所ニ於テ抗告ヲ受ケタル𪜈ハ其裁判ヲ爲ス前ニ不服ヲ申立テラレタル裁判ヲ爲シタル裁判所又ハ裁判長ノ意見及ヒ記錄ヲ要求スルヿヲ得若シ抗告裁判所ニ於テ其抗告ヲ以テ急速ヲ要セスト認ムル𪜈ハ不服ヲ申立テラレタル裁判ヲ爲シタル裁判所又ハ裁判長ニ其事件ヲ送付シ且其旨ヲ抗告人ニ通知スヘキモノトス(訴第四六一)

抗告裁判所ハ口頭辨論ヲ經スシテ裁判ヲ爲スヲ通例トス然レハ抗告裁判所ハ抗告人ト反對ノ利害關係ヲ有スル者ニ抗告ヲ通知シテ書面上ノ陳述ヲ爲サシムルヿヲ得而シテ其陳述ハ口頭ヲ以テ抗告ヲ爲シ

得ヘキ場合ニ於テハ亦口頭ヲ以テ之ヲ爲スコトヲ得(訴第四六二第一第二第三)

抗告裁判所ハ若シ口頭辨論ヲ要スルトスル片ハ口頭辨論ノ爲メニ當事者ヲ呼出スコトヲ得(訴第四六二第四)

抗告裁判所ハ職權ヲ以テ其抗告ヲ許スヘキヤ又法律上ノ方式ニ從ヒ若クハ其期間ニ於テ提出シタルヤ否ヤヲ調査スヘキモノトス若シ此要件ノ一ヲ缺ク片ハ抗告ヲ不適法トシテ棄却スヘキナリ(訴第四六三)

之ニ反シ抗告ヲ適法ニシテ且理由アリトスル片ハ抗告裁判所ハ不服ヲ申立テラレタル裁判ヲ廢棄シテ自ラ更ニ裁判ヲ爲シ又ハ不服ヲ申立テラレタル裁判ヲ爲シタル裁判所又ハ裁判長ニ委任シテ裁判ヲ爲サシムルコヲ得ルモノトス(訴第四六四第一)

抗告裁判所ニ於テ自ラ裁判ヲ爲シタル片ハ其原裁判所即チ不服ヲ申立テラレタル裁判ヲ爲シタル裁判所又ハ裁判長ニ之ヲ通知スヘキモ

ノトス（訴第四六四第二）

受命判事若クハ受託判事ノ裁判又ハ裁判所書記ノ處分ノ變更ヲ求ムルニハ先ツ受訴裁判所ノ裁判ヲ求ムヘキナリ此規定ハ大審院ニモ亦之ヲ適用スルモノトス而シテ受訴裁判所ノ言渡シタル裁判ニ對シテハ抗告ヲ爲スコヲ得ヘキナリ（訴第四六五）

第二節　即時抗告

即時抗告ハ法律上特定ノ塲合ニ限ルモノニシテ控訴ニ類似スルモノナリ而シテ該抗告ハ左ノ點ニ於テ通常抗告ト異ナレリ即チ（訴第四六六）

一　即時抗告ハ七日ノ不變期間ニ之ヲ爲スヘキモノトス而シテ其期間ハ裁判ノ送達ヨリ又闕席判決ノ申立ヲ却下スル決定ニ對スル即時抗告（訴第二五三）利害關係人カ競落ノ許否ニ付テノ決定ニ對スル即時抗告（訴第六八〇）除權判決ノ申立ヲ却下スル決定ニ對スル即時抗告（訴第七六九第三）ノ塲合ニ於テハ裁判ノ言渡ヨリ起

算スヘキモノトス若シ抗告ニ關スル不變期間ノ經過スルモ再審ノ訴ヲ爲スニ必要ナル條件ノ存スル𪜈ハ其再審ノ訴ニ關スル不變期間內ニ之ヲ爲スヿヲ得

二　抗告裁判所ニ抗告ヲ提出シタル𪜈ハ急速ヲ要セスト認メタル塲合ニ於テモ亦不變期間ヲ保存ス

三　即時抗告ニシテ受命判事若クハ受託判事ノ裁判ニ對スルモノナル𪜈ハ抗告提出ノ爲メ定メタル方法ニ依リ不變期間內ニ受訴裁判所ノ裁判ヲ求ムルヿヲ要ス若シ受訴裁判所其申請ヲ正當ト認メサル𪜈ハ之ヲ抗告裁判所ニ送付スヘキモノトス

其他ノ手續ハ右ニ述ヘタル手續ニ牴觸セサル限リハ總テ通常抗告ニ關スル手續ニ從フヘキナリ

第四編　再審

再審ハ一ノ訴訟ニ付キ既ニ通常ノ規則ニ從ヒ其裁判確定シタル後即

チ故障若クハ上訴ヲ以テ不服ヲ申立ツルヿヲ得サル所ノ終局判決ニ依リ之ヲ完結シタル後更ニ該訴訟ニ關シ裁判手續ヲ再施スルヲ云フ再審ノ目的ハ前ノ終局判決ヲ取消スニアリ而シテ再審ノ訴訟ハ或ハ其判決ノ無効ナル故ヲ以テ取消訴訟ニ因リ又ハ公平ヲ維持スルノ理由ニ基ク原狀回復訴訟ニ因リ之ヲ爲スヿヲ得若シ此兩箇訴訟ニシテ同時ニ同一ノ原被告若クハ異ナル原被告ヨリ爲シタル片ハ取消訴訟ニ付テノ裁判確定スルニ至ルマテ之ヲ中止スヘキモノトス(訴第四六七)

左ノ場合ニ於テハ取消訴訟ヲ以テ再審ヲ求ムルヿヲ得(訴第四六八)

第一　規定ニ從ヒ判決裁判所ヲ搆成セサリシ片

第二　法律ニ依リ職務ノ執行ヨリ除斥セラレタル判事カ裁判ニ參與シタル片(但忌避ノ申請又ハ上訴ヲ以テ除斥ノ理由ヲ主張シタルモ其效ナカリシトキハ此限ニアラス

第三　判事カ忌避セラレ且忌避ノ申請カ理由アリト認メラレタル
ニ拘ハラス裁判ニ參與シタリシ片
第四　訴訟手續ニ於テ原告若クハ被告カ法律ノ規定ニ從ヒ代理セ
ラレサリシ片
右第一及ヒ第三ノ場合ニ於テ上訴若クハ故障ヲ以テ取消ヲ主張スル
ヲ得ヘカラサリシ片ハ取消ノ訴ヲ以テ再審ヲ求ムルヿヲ許サス
左ノ場合ニ於テハ原狀回復訴訟ヲ以テ再審ヲ求ムルヿヲ得（訴第四六
九）
第一　刑法ニ掲ケタル職務上ノ義務ニ違背シタル罪ヲ訴訟ニ關シ
犯シタル判事カ裁判ニ參與シタリシ片
第二　原告若クハ被告ノ法律上代理人若クハ訴訟代理人又ハ相手
方若クハ其法律上代理人若クハ訴訟代理人カ罰セラル可キ行爲
ヲ訴訟ニ關シテ爲シタリシ片

第三　判決ノ憑據ト爲リタル證書カ僞造又ハ變造ナリシ片
第四　證人若クハ鑑定人カ供述ニ因リ又ハ通事カ判決ノ憑據トナリタル通譯ニ因リ僞證ノ罪ヲ犯シタリシ片
第五　判決ノ憑據ト爲リタル刑事上ノ判決カ他ノ確定ト爲リタル刑事上ノ判決ヲ以テ廢棄若クハ破毀セラレタリシ片
第六　原告若クハ被告カ同一ノ事件ニ付テノ判決ニシテ前ニ確定ト爲リタルモノヲ發見シ其判決カ不服ヲ申立テラレタル判決ト牴觸スル片
第七　相手方若クハ第三者ノ所爲ニ依リ以前ニ提出スルコトヲ得サリシ證書ニシテ原告若クハ被告ノ利益ト爲ルヘキ裁判ヲ爲スニ至ラシムヘキモノヲ發見シタル片
右第一乃至第四ノ場合ニ於テハ罰セラルヘキ行爲ニ付テ判決カ確定ト爲リタル片又ハ證據欠缺外ナル理由ヲ以テ刑事訴訟手續ハ開始若

クハ實行ヲ爲シ得サルトキニ限リ再審ヲ求ムルコトヲ得ルナリ原狀回復ノ訴ハ原告若クハ被告カ自己ノ過失ニアラスシテ前訴訟手續ニ於テ殊ニ故障又ハ控訴若クハ附帶控訴ニ依リ原狀回復ノ理由ヲ主張スルコト能ハサリシトキニ限リ之ヲ爲スコトヲ得ルモノトス(訴第四七〇)

不服ヲ申立テラレタル判決前ニ同一ノ裁判所又ハ下級ノ裁判所ニ於テ爲シタル裁判ニ關スル不服ノ理由ト再審ヲ求ムル訴ト共ニ之ヲ主張スルコトヲ得尤モ不服ヲ申立テラレタル判決カ其裁判ニ根據スルトキニ限レリ(訴第四七一)

再審ヲ求ムル訴ハ不服ヲ申立テタル裁判ヲ爲シタル裁判所ノ管轄ニ專屬ス然レトモ同一ノ事件ニ付數箇ノ判決ニ對スル訴ニシテ一分ハ下級ノ裁判所又一分ハ上級ノ裁判所ニ於テ爲シタルモノニ付テハ上級ノ裁判所ノ管轄ニ專屬ス又督促手段ニ依リテ區裁判所ノ發シタル執

行命令ニ對シ再審ヲ求ムル訴ハ其命令ヲ發シタル區裁判所ノ管轄ニ專屬ス然レトモ其請求カ區裁判所ノ管轄ニ屬セサルトキハ請求ニ付テノ訴訟ヲ管轄スル裁判所ニ專屬ス（訴第四七二）

再審ハ前訴訟手續ヲ同一ノ裁判所ニ於テ再行スルモノナレハ之ニ付キ特別ノ規定ヲ設ケサル限リハ其訴ニ付キ辨論及ヒ裁判ヲ爲スヘキ裁判所ノ訴訟手續ニ關スル規定ニ從フモノトス（訴第四七三）

訴ハ一个月ノ不變期間內ニ之ヲ起スヘキモノトス此期間ハ原告若クハ被告カ不服ノ理由ヲ知リタル日ヲ以テ始マル若シ原告若クハ被告カ判決ノ確定前ニ不服ノ理由ヲ知リタルトキハ判決ノ確定ヲ以テ始マル若シ判決確定ノ日ヨリ五个年ヲ經過シタルトキハ訴ヲ爲スコトヲ得ス此規定ハ當事者カ適法ニ代理セラレサリシ取消ノ訴ヲ以テ起スヘキ場合ニハ之ヲ適用セス此場合ニ於テ其訴ノ提起ノ期間ハ原告若クハ被告又ハ其法律上代理人カ送達ニ因リ判決アリタルコトヲ知リタ

ル日ヲ以テ始マルモノトス（訴第四七四）
訴狀ニ左ノ諸件ヲ具備スルコトヲ要ス（第五十五號書式參看）（訴第四七五）
第一　取消又ハ原狀回復ノ訴ヲ受クル判決ノ表示
第二　取消又ハ原狀回復ノ訴ヲ起ス旨ノ陳述
此他訴狀ハ準備書面ニ關スル一般ノ規定ニ從ヒテ之ヲ作リ且不服ノ理由ノ表示、此理由及ヒ不變期間ノ遵守ヲ明白ナラシムル事實ニ付テノ證據方法又如何ナル程度ニ於テ不服ヲ申立テラレタル判決ヲ廢棄若クハ破毀スヘキヤノ申立又本案ニ付キ更ニ如何ナル裁判ヲ爲スヘキヤノ申立ヲモ掲記スヘキモノトス
裁判所ハ提起サレタル取消ノ訴若クハ原狀回復ノ訴ノ許スヘキモノナルヤ否又該訴訟ハ法律上ノ方式ニ從ヒ及ヒ其期間内ニ提起セラレタルヤ否ヤヲ職權ヲ以テ調査スヘシ若シ訴ニシテ右ノ要件ヲ欠クトキハ裁判長ノ命令ヲ以テ之ヲ却下スヘキモノトス（此却下ノ命令ニ對シ

ヲハ即時抗告ヲ為スコトヲ得ルナリ）（訴第四七六）又許スヘカラサル訴又ハ法律上ノ方式ニ適セス若クハ其期間ノ經過後ニ起シタル訴ハ職權ヲ以テ判決ニ因リ不適法トシテ之ヲ棄却スヘキモノトス（訴第四七七）

原告ハ口頭辯論ノ期日ニ於テ相手方ノ陳述ノ有無ニ拘ハラス再審ヲ求ムル理由及ヒ法律上ノ期間ノ遵守ヲ明白ニスル事實ヲ疏明スヘキモノトス（訴第四七八）

裁判所ハ先ツ本案ニ付テノ辯論前ニ再審ヲ求ムル理由及ヒ許否ニ付キ辯護及ヒ裁判ヲ為スヿヲ得此場合ニ於テハ本案ニ付テノ辯論ハ再審ヲ求ムル理由及ヒ許否ニ付テノ辯論ノ續行ト看做ス（訴第四七九第二）本案ニ付テノ辯論及ヒ裁判ハ不服申立ノ理由ノ存スル部分ニ限リ更ニ之ヲ為スヘシ（訴第七九第二）

原告ノ不利益トナル判決ノ變更ハ相手方カ再審ヲ求ムル訴ヲ起シテ

變更ヲ申立テタル𪜈ニアラサレハ之ヲ爲スヿヲ得ス(訴第四八〇)
訴カ上告裁判所ニ屬スル𪜈ハ上告裁判所ハ再審ヲ求ムル理由及ヒ其許否ニ付テノ辯論ノ完結カ係爭事實ノ確定及ヒ斟酌ニ繫ル𪜈ト雖𪜈其完結ヲ爲スヘキナリ(訴第四八一)
再審判決ニ於ケル上訴ハ訴ニ付キ裁判ヲ爲シタル裁判所ノ判決ニ對シ一般ニ爲スコトヲ得ヘキ𪜈ニ限リ之ヲ爲スコトヲ得(訴第四八二)
第三者カ原告及ヒ被告ノ共謀ニ因リ第三者ノ債權ヲ詐害スル目的ヲ以テ判決ヲ爲サシメタリト主張シ其判決ニ對シ不服ヲ申立ツル𪜈ハ原狀回復ノ訴ニ因レル再審ノ規定ヲ適用ス此場合ニ於テハ原告及ヒ被告ヲ共同被告ト爲スナリ(訴第四八三)

第五編　證書訴訟及ヒ爲替訴訟

第一章　證書訴訟

證書訴訟ハ證書ニ依リ請求ヲ證明シ得ル者ノ爲メニ簡易手續ニ從ヒ

直ニ執行スルヲ得ヘキ判決ヲ與フル所ノ訴訟ナリトス證書訴訟ニ於テハ唯一定ノ金額ノ支拂其他代替物若クハ有價證券ノ一定ノ數量ノ給付ヲ目的トスル請求ニ關シテノミ之チ爲スヿヲ得ルモノトス(訴第四八四)然レ圧此種ノ請求ト雖圧其請求ヲ起スノ理由タル總テノ必要ナル事實ヲ證書ニ依リ證シ得ルトキニ限リ之ヲ爲スヿヲ得ルナリ(訴第四八四)」

證書訴訟ハ通常ノ訴訟手續ニ從ヒ訴狀ヲ裁判所ニ出シテ之ヲ爲スモノトス訴狀ニハ證書訴訟トシテ訴フル旨ノ陳述ヲ掲記シ且之ニ證書ノ原本又ハ謄本ヲ添付スヘキモノトス(第五十六號書式參看)(訴第四八五)」

證書訴訟ニ對シテハ被告ハ妨訴ノ抗辯ニ基キ本案ノ辯論ヲ拒ムヿヲ得ス然レ圧裁判所ハ申立ニ因リ又ハ職權ヲ以テ此抗辨ニ付キ辨論ノ分離ヲ命スルヿヲ得(訴第四八六)

反訴ハ之ヲ提出スルヲ得サルモノトス証書ノ眞否及ヒ訴訟法第四百八十四條ニ掲ケタル以外ノ事實ニ關シテハ唯書証ノミヲ以テ適法ナ

ル証據方法ト爲スヿヲ得書証申出ハ書証ヲ提出シテノミ之ヲ爲スヿヲ得ルモノトス(訴第四八七)

証書訴訟ハ原告ノ利便ヲ計リテ設ケタル特別手續トス然レハ原告ハ口頭辨論ノ終結ニ至ルマテ被告ノ承諾ヲ要セスシテ任意ニ証書訴訟ヲ止メ更ニ通常ノ手續ヲ以テ訴訟ヲ繫屬セシムルヿヲ得ヘキモノトス(訴第四四八)

證書訴訟ノ提起アリタル片ハ裁判所ハ職權ヲ以テ其當否ヲ調査スヘシ若シ其請求ニシテ理由ナシト見エ又ハ被告ノ抗辯ニ因リ請求ナシト見ユル片ハ原告ノ請求ヲ却下スヘキモノトス又證書訴訟ヲ許スヘカラサル片ハ殊ニ適法ナル證據方法ヲ以テ原告ノ義務タル證據ヲ申出テス又完全ニ之ヲ擧ケサル塲合ニ於テハ被告カ口頭辨論ノ期日ニ出頭セス又ハ法律上ノ理由ナキ異議若クハ證書訴訟ニ於テ許サヽル異議ノミヲ以テ訴ニ對シ抗辯シタル片ト雖モ此訴訟ニ於テハ其訴ヲ

許サヽルモノトシテ之ヲ却下スヘキモノトス(訴第四八九)
證書訴訟ニ於テ適法ノ證據方法ヲ以テ被告ノ義務タル證據ヲ申立テスヌハ完全ニ擧ケサル片ハ被告ノ異議ハ證書訴訟ニ於テ許サヽルモノトシテ之ヲ却下スヘキモノトス(訴第四九〇)
被告カ原告ノ請求ニ對シ爭ヲ爲シタルモ敗訴ノ言渡ヲ受ケタル片ハ其權利ノ行使ヲ留保スヘシ此場合ニ於テハ判決ニ其旨ヲ掲クヘシ若シ判決ニ此留保ヲ掲ケサル片ハ判決ノ補充ヲ申立ツルコトヲ得ヘシ留保ヲ掲ケタル判決ハ上訴及ヒ强制執行ニ付テハ之ヲ終局判決ト看做ス(訴第四九一)
被告ニ權利ノ行使ヲ留保シタル片ハ訴訟ハ通常ノ訴訟手續ニ於テ繫屬ス此手續ニ於テ證書訴訟ヲ以テ主張シタル請求ノ理由ナカリシコトノ顯ハルヽ片ハ前判決ヲ廢棄シ原告ノ請求ヲ却下シ且其生シタル費用ノ全部又ハ一分ノ辨濟ヲ原告ニ言渡シ又前判決ニ基キ被告ヨリ

支拂ヒ又ハ給付シタルモノヽ辨濟ヲ被告ノ申立ニ因リ原告ニ言渡スヘシ右手續ニ於テ原告若クハ被告カ出頭セサルトキハ闕席判决ニ關スル規定ヲ準用スルモノトス(訴第四九二)

訴訟法第四百二十六條及ヒ第四百二十七條ノ規定ハ證書訴訟ニ之ヲ適用セサルナリ(訴第四九三)

第二章 爲替訴訟

爲替訴訟ハ商法ニ規定シタル手形ニ因ル請求ヲ證書訴訟ヲ以テ主張スルトキ適用スルモノトス(訴第四九四)

爲替訴訟ハ爲替金支拂地ノ裁判所又ハ被告カ其普通裁判籍ヲ有スル地ノ裁判所ニ之ヲ起スコトヲ得若シ數人ノ爲替義務者カ共同ニテ訴ヲ受クヘキトキハ支拂地ノ裁判所又ハ被告ノ各人カ其普通裁判籍ヲ有スル地ノ裁判所各〻之ヲ管轄ス(訴第四九五)

訴狀ニハ爲替訴訟トシテ訴フル旨ヲ掲記スルヲ要ス(第五十七號書式

參看（訴第四九六第一）

訴ノ許スヘキモノナル⽎ハ裁判所ハ直チニ口頭辯論ノ期日ヲ定ムヘシ口頭辯論ノ期日ト訴狀送達トノ間ニハ少ナクトモ二十四時ノ時間ヲ存スルコトヲ要ス（訴第四九六第二第三）

第六編　强制執行

第一章　總則

第一節　强制執行ノ要件

第一欵　執行原因

執行原因ノ種類

强制執行ノ第一要件ハ執行原因即チ一定ノ義務ニ關シ執行ノ原由タル事實ノ存スル⼀是レナリ而シテ義務ニ關スル執行原由ハ書面ニ掲載アルヲ要ス訴訟法ニ依レハ執行原因ハ左ノ事項ナリトス（訴第四九七第五五九）

第一　確定ノ終局判決又ハ假執行ノ宣言ヲ付シタル終局判決
第二　抗告ヲ以テノミ不服ヲ申立ツルコトヲ得ル裁判
第三　執行命令
第四　訴ノ提起後受訴裁判所ニ於テ又ハ受命判事若クハ受託判事ノ面前ニ於テ爲シタル和解
第五　區裁判所ニ於テ爲シタル和解
第六　公證人カ其權限內ニ於テ成規ノ方式ニ依リ作リタル證書（但一定ノ金額ノ支拂又ハ他ノ代替物若クハ有價證券ノ一定ノ數量ノ給付ヲ以テ目的トスル請求ニ付キ作リタル證書ニシテ直チニ强制執行ヲ受クヘキ旨ヲ記載シタルモノニ限ル）

强制執行ノ費用ハ其必要ナル部分ニ限リ債務者ノ負擔ニ歸ス其費用ハ執行スヘキ請求額ト同時ニ取立ツヘシ强制執行ノ基本タル判決ヲ廢棄若クハ破毀シタル片ハ其費用ハ之ヲ債務者ニ辨濟スヘシ（訴第五

五四)

執行シ得ヘキ判決

第一項凡ソ判決ノ趣旨ニ依リ執行スルヲ得ヘキ終局判決又ハ判決執行ニ關シ終局判決ト同視スヘキ判決ニシテ確定シタルモノ即チ之ニ對シ故障若クハ上訴ヲ爲スコヲ許サス又ハ之ヲ許シタル場合ニ於テ法定ノ期間ニ之ヲ爲サヽルモノニ對シテハ執行ヲ爲スヲ得ルモノトス(訴第四九七第四九八)

第二項　又未確定ノ終局判決ト雖モ之ニ假執行ノ宣言ヲ付セラレタルトキハ之ニ因テ執行ヲ爲スヲ得ヘキモノトス(訴第四九七)之ニ付キ訴訟法ニ於テハ左ノ如ク規定セリ

第一　左ノ判決ニ付テハ申立ナク職權ヲ以テ假執行ノ宣言ヲ爲スヘキモノトス(訴第五〇一)

一　認諾ニ基キ敗訴ヲ言渡ス判決

二　証書訴訟又ハ爲替訴訟ニ於テ言渡ス判決
三　同一審ニ於テ同一ノ原告若クハ被告ニ對シ本案ニ付キ言渡シタル第二又ハ其後ノ闕席判決
四　假差押又ハ假處分ヲ取消ス判決
五　養料ヲ支拂フノ義務ヲ言渡ス判決但シ訴ノ提起後ノ時間及ヒ其提起前最後ノ三个月間ノ爲メニ支拂フヘキモノナルヰニ限レリ
第二　其他ノ判決ニ付テハ申立ニ因リ假執行ノ宣言ヲ證スヘキモノトス其場合ハ即チ左ノ如シ(第五十八號書式參看)(訴第五〇二)
一　總テノ住家其他ノ建物又ハ其或ル部分ノ受取、明渡、使用、占據若クハ修繕ニ關シ又賃借人ノ家具若クハ所持品ヲ賃貸人ノ差押ヘタルコトニ關シ賃貸人ト賃借人トノ間ニ起リタル訴訟

二　占有ノミニ係ル訴訟
三　雇主ト雇人トノ間ニ雇期限一个年以下ノ契約ニ關リ起リタル訴訟
四　左ニ掲クル事項ニ付旅人ト旅店若クハ飲食店ノ主人トノ間ニ又ハ旅人ト水陸運送人トノ間ニ起リタル訴訟
（イ）賄料又ハ宿料又ハ旅人ノ運送料又ハ之ニ伴フ手荷物ノ運送料
（ロ）旅店若クハ飲食店ノ主人又ハ運送人ニ旅人ヨリ保護ノ為メ預ケタル手荷物、金錢又ハ有價物
五　此他財產權上ノ請求ニ關シ金額又ハ價額ニ於テ二十圓ヲ超過セサル訴訟
右第一第二ニ列擧シタル外左ノ塲合ニ於テハ財產權上ノ請求ニ關スル判決ニ限リ債權者ノ申立ニ因リ假執行ノ宣言ヲ為スヘキモノトス

第一　債權者カ執行ノ前ニ保證ヲ立テント申出ツル片

第二　債權者カ判決ノ確定ト爲ルマテ執行ヲ中止セハ償ヒ難キ損害又ハ計リ難キ損害ヲ受クヘキヿヲ疏明スル片

之ニ反シ債務者カ判決ノ確定ト爲ル前ニ判決ヲ執行セハ回復スルヲ得サル損害ヲ受クヘキヿヲ疏明シタル片ハ其申立ニ因リ左ノ宣言ヲ爲スヘキモノトス(訴第五〇四)

第一　訴訟法第五百一條ノ場合ニ於テハ判決ヲ假ニ執行スヘカラサルヿ

第二　訴訟法第五百二條及ヒ第五百三條ノ場合ニ於テハ債權者ノ假執行ノ申立ヲ却下スルヿ

總テノ場合ニ於テ裁判所ハ債務者ノ申立ニ因リ債權者豫メ保證ヲ立ツル片ハ假執行ヲ爲シ得ヘキ旨ヲ宣言スルヿヲ得債權者カ執行ノ前ニ保證ヲ立ツルヿヲ申立テサル片ハ債務者ノ申立ニ因リ債務者ニ保

證ヲ立テシメ又ハ供託ヲ爲サシメテ執行ヲ免カルヽコヲ許スヘキナリ（訴第五〇五）

假執行ニ關スル申立ハ判決ニ接着スル口頭辯論ノ終結前ニ之ヲ爲スヘシ（訴第五〇六）此裁判ハ判決主文ニ之ヲ掲クヘキモノトス（訴第五〇七）職權ヲ以テ判決ノ假執行ヲ宣言スヘキ場合ニ於テ假執行ノ裁判ヲ爲サヽル又ハ判決ノ判決ノ假執行ヲ宣言スヘキ債權者ノ申立ヲ看過シタルトキハ訴訟法第二百四十二條及ヒ第二百四十三條ノ規定ニ從ヒ判決ノ補充ヲ求ムルコヲ得（訴第五〇八）

第一審又ハ第二審ノ判決ニシテ假執行ノ宣言ナカリシモノ又ハ條件附ノ假執行ノ宣言アリタルモノハ上訴ヲ以テ不服ヲ申立テサル部分ニ限リ口頭辯論ノ進行中ニ爲シタル原告若クハ被告ノ申立ニ因リ上級審ニ於テ其判決ニ假執行ノ宣言ヲ付スヘキモノトス（訴第五〇九）

假執行ノ宣言ヲ付シタル判決ニ對シ故障ヲ申立テ又ハ上訴ヲ起シタ

ルトキハ其故障又ハ上訴ニ付キ裁判ヲ為スヘキ裁判所ハ申立ニ因リ保証ヲ立テシメ又ハ立テシメスシテ強制執行ヲ一時停止スヘキコトヲ命シ又ハ保証ヲ立テシメスシテ強制執行ヲ為スヘキコトヲ命シ及ヒ保証ヲ立テシメスシテ其為シタル強制処分ヲ取消スヘキコトヲ命スルコトヲ得此裁判ハ口頭弁論ヲ経スシテ之ヲ為スコトヲ得其裁判ニ対シテハ不服ヲ申立ツルコトヲ得ス又義務者ニ保証ヲ立テシメスシテ為ス強制執行ノ停止ハ其執行ニ因リ償フコト能ハサル損害ヲ生スヘキコトヲ疏明スルトキニ限リ之ヲ為スコトヲ得ルモノトス(訴第五一二)
仮執行ヲ付シタル判決ニ対シ故障若クハ上訴アリタル場合ニ於テ本案ニ付テノ裁判又ハ仮執行ノ宣言ヲ廃棄若クハ破毀又ハ変更スル判決ノ言渡アルトキハ仮執行ハ其廃棄若クハ破毀又ハ変更ニ係ル部分ノミ効力ヲ失フモノトス又仮執行ノ宣言アリタル本案ノ判決ヲ廃棄若クハ破毀又ハ変更スルトキハ判決ニ基キ被告ノ支払又ハ給付シタルモ

ノ、辨濟ヲ被告ノ申立ニ依リ判決ヲ以テ原告ニ之ヲ言渡スヘキモノトス(訴第五一〇)

假執行ヲ宣言スヘキ原由若クハ所爲ナキニ之ヲ宣言シ又其原由若クハ所爲アルニ拘ラス其宣言ヲ拒ムコトアリトシテ訴訟八第二審ニ於テ其申立ヲ爲シタルトキハ第二審裁判所ハ本案ノ辯論ニ入ラサル前ニ於テ先ツ此申立ノ當否ニ付辯論及ヒ裁判ヲ爲スヲ要ス訴訟法第四百十條ニ依レハ控訴審ニ於ケル口頭辯論ハ其期日ニ於テ被控訴人ノ控訴期間ノ未タ經過セサルトキハ其申立ニ因リ期間ノ滿了マテ之ヲ延期スルコト、定メ以テ被控訴人ヲシテ其裁判ニ對シ更ニ上訴等ノ理由ヲ熟考セシムヘキノ餘裕ヲ與ヘタリト雖モ此規定ハ假執行ニ關スル異議ノ申立ニ付テハ之ヲ適用セサルモノトス(訴第五一一第一第二)

假執行ニ關スル不服ハ第二審ヲ以テ終局トス故ニ第二審ニ於テ已ニ假執行ノ當否ヲ審案シ其裁判ヲ爲シタルトキハ之ニ對シ不服ヲ申立ツ

ルコトヲ得サルモノトス(訴第五一一第三)

第三項外國裁判所ノ判決ニ因レル强制執行ハ内國ノ裁判所ニ於テ執行判決ヲ以テ其適法ナルコトヲ言渡シタル件ニ限リ之ヲ爲スコトヲ得此執行判決ヲ求ムル訴ニ付テハ債務者ノ普通裁判籍ヲ有スル地ノ區裁判所又ハ地方裁判所之ヲ管轄シ又普通裁判籍ナキ件ハ財產又ハ訴ヲ爲シテ請求スル物ノ所在地ヲ管轄スル裁判所ニ提起スヘキモノトス(訴第五一四)

執行判決ハ外國裁判所ニ於テ爲シタル裁判ノ當否ヲ調查セスシテ之ヲ爲スヘキモノトス然レ圧左ノ場合ニ於テハ執行判決ヲ言渡スヿヲ許サヽルモノトス(訴第五一五)

第一　外國裁判所ノ判決ノ確定ト爲リタルヿヲ證明セサル件

第二　本邦ノ法律ニ依リ强テ爲サシムルヿヲ得サル行爲ヲ執行セシムヘキ件

第三　本邦ノ法律ニ從ヘハ外國裁判所カ管轄權ヲ有セサルトキ
第四　敗訴ノ債務者本邦人ニシテ應訴セサリシトキ（但訴訟ヲ開始スル呼出又ハ命令ヲ受訴裁判所所屬ニ於テ又ハ法律上ノ共助ニ依リ本邦ニ於テ本人ニ送達セサリシトキニ限ル）
第五　國際條約ニ於テ相互ヲ保セサルトキ
又仲裁判決ニ付テモ裁判所ノ執行判決アリタルトキハ強制執行ヲ爲スコトヲ得ルナリ（訴第八〇二第一）

第二款　執行原因ニ付テノ執行證書

第一項　強制執行ハ執行ヲ文付シタル判決書ノ正本ニ基キテノミ之ヲ爲スコトヲ得（訴第五一六第一）執行文ハ判決ノ正本末尾ニ「前記ノ正本ハ被告某若クハ原告某ニ對シ強制執行ノ爲メ原告某若クハ被告某ニ之ヲ付與ス」ト附記シ裁判所書記之ニ署名捺印シ且裁判所ノ印ヲ押除スヘキモノトス（訴第五一七）執行力アル正本ヲ求ムル申立ハ書面又ハ

口頭ヲ以テ之ヲ爲スコヲ得ルモノトス（第五十九號書式參看）（訴第五一六第三）

右ノ正本ハ第一審裁判所ノ書記ヨリ付與スルモノトス若シ其訴訟カ上級裁判所ニ繫屬スル片ハ其裁判所書記之ヲ付與ス（訴第五一六第一第二）而シテ其之ヲ付與スル判決ノ確定シタル片又ハ假執行ノ宣言アリタル片ニ限レリ（訴第五一八第一）判決ノ執行ニシテ判決ノ旨趣ニ依リ保證ヲ立ツルコトニ繫ル場合ノ外他ノ條件ニ繫ル場合ニ於テハ債權者カ證明書ヲ以テ其條件ヲ履行シタルコトヲ證スル片ニアラサレハ執行力アル正本ヲ付與スルコヲ得ス（訴五一八）執行力アル正本ハ判決ニ表示シタル債權者ノ承繼人ノ爲メニ之ヲ付與シ又ハ判決ニ表示シタル債務者ノ一般ノ承繼人ニ對シ之ヲ付與スルコトヲ得但其承繼カ裁判所ニ於テ明白ナル片又ハ證明書ヲ以テ之ヲ證スル片ニ限ル此承繼ニシテ裁判所ニ於ヲ明白ナル片ハ之ヲ執行文ニ記載スヘキモノ

トス(訴第五一九)(判決カ或ル條件ニ繫ル場合ニ於ケル執行正本及ヒ承繼人ニ及フ執行正本ハ裁判長ノ命令アル片ニ限リ之ヲ付與スルモノトス裁判長ハ此命令ヲ付與スル前ニ書面又ハ口頭ヲ以テ債務者ヲ審訊スルヲ得命令ハ之ヲ執行文ニ記載スヘキモノトス(訴第五二〇)判決カ或ル條件ニ繫ル場合ニ於テ債權者カ執行正本ヲ求メントスルニ付テハ或ル條件ノ履行セラレタルコトヲ證明セサルヘカラス然ルニ之ヲ證明スル能ハサル片又債權者ノ承繼人ニ於テ執行正本ヲ求ムル場合ニ於テハ承繼人ナル或ル殊特ノ者ノ存在ヲ證明セサルヘカラス然ルニ之チ證明スル能ハサル片ハ債權者ハ判決ニ基キ執行文ノ付與ニ付第一審ノ受訴裁判所ニ訴ヲ起スコトヲ得(訴第五二一)

執行文ノ付與ニ對シ債務者カ異議ヲ申立テタル片ハ其執行文ヲ付與シタル裁判所書記ノ附屬スル裁判所之ヲ裁判ス裁判長ハ其裁判ヲ爲ス前ニ假所分ヲ爲スコトヲ得殊ニ保證ヲ立テシメ若クハ之ヲ立テシ

メスシテ强制執行ヲ一時停止シ又ハ保證ヲ立テシメテ强制執行ヲ續行スヘキコトヲ命スルコトヲ得(訴第五二二)

債權者カ執行力アル正本ノ數通ヲ求メ又ハ前ニ付與シタル正本ヲ返還セスシテ更ニ同一判決ヲ求ムル片ハ裁判長ノ命令アル片ニ限リ之ヲ付與スルコチ得裁判長ハ其命令ノ前ニ書面又ハ口頭ヲ以テ債務者ヲ審訊スルコトヲ得若シ相手方ヲ審訊セスシテ執行力アル正本ノ數通ヲ付與シ又ハ更ニ正本ヲ付與シタル片ハ其旨ヲ相手方ニ通知スヘシ正本ノ數通ヲ付與シ又ハ更ニ正本ヲ付與シタル片ハ該正本ニ其旨ヲ明記スヘキナリ(訴第五二三)

執行力アル正本ノ付與ニ付テハ其付與前判決ノ原本ニ原告ノ爲メ若クハ被告ノ爲ニ之ヲ付與スル日時ヲ記載スヘシ(訴第五二四)

第二項　抗告ヲ以テノミ不服ヲ申立ツルコトヲ得ル裁判(訴第五五九

第一)又ハ訴ノ提起後受訴裁判所ニ於テ又ハ受命判事若クハ受託判事

ノ面前ニ於テ爲シタル和解(訴第五五九第(三))ニ付テノ執行力アル正本ハ第一審裁判所書記ヨリ付與スルモノトス然レ𪜈其訴訟カ上級裁判所ニ繫屬スルトキハ其裁判所ノ書記之ヲ付與ス(訴第五一六第(二))訴訟法第三百八十一條ノ規定ニ從ヒ區裁判所ニ於テ爲シタル和解ニ付テノ執行力アル正本ハ區裁判所書記之ヲ付與ス

執行命令ニハ其命令ヲ發シタル後債權者又ハ債務者ニ於テ承繼アル場合ニ限リ執行文ヲ附記スルコトヲ要ス執行文付與ニ付テノ訴又ハ請求ニ關シ異議ヲ主張スル訴又ハ執行文付與ノ際到來シタリト認メタル承繼ヲ爭フ訴ハ執行命令ヲ發シタル區裁判所之ヲ管轄ス然レ𪜈其請求カ區裁判所ノ管轄ニ屬セサルモノナルトキハ管轄地方裁判所ニ其訴ヲ起スヘシ(訴第五六一第一第(三))

公証人カ其權限內ニ於テ成規ノ方式ニ依リ作リタル証書(訴第五五九第五)ノ執行力アル正本ハ其証書ヲ保存スル公證人ヨリ之ヲ付與ス執

行文付與ニ對スル異議ニ付テノ裁判及ヒ更ニ執行文付與ニ付テノ裁判ハ公證人職務上ノ住所ヲ有スル地ヲ管轄スル區裁判所之ヲ為スモノトス執行文付與ニ付テノ訴又ハ執行文付與ノ際證明シタリト認メタル事實ノ到來ニ係リ此ニ因リテ證書ノ執行ヲ為シ得ヘキモノヲ爭フ訴ハ債務者カ本邦ニ於テ普通裁判籍ヲ有スル地ノ裁判所又ハ此裁判所ナキ𪜈ハ財產所在地ノ裁判所ニ提起スヘキモノトス(訴第五六二第一第二第四)

其他ノ手續ニ付テハ都テ通常執行シ得ヘキ判決ニ付テノ規定ヲ準用スヘキモノトス(訴第五六〇)

第三欵　其他ノ要件

强制執行ハ之ヲ求ムル者及ヒ之ヲ受クル氏名ノ判決又ハ之ニ附記スル執行文ヲ表示シ且判決ヲ既ニ送達シ又ハ同時ニ送達シタル後ニアラサレハ之ヲ始ムルヿヲ得ス判決ノ執行カ其旨趣ニ從ヒ債權者ノ證

明スヘキ事實ノ到來ニ繋ルトキ又ハ判決ノ執行カ判決ニ表示シタル債權者ノ承繼人ノ爲メニ爲シ又ハ判決ニ表示シタル債務者ノ承繼人ニ對シ爲スヘキトキハ執行スヘキ判決ノ外尙ホ之ニ附記スル執行文ヲ强制執行ヲ始ムル前ニ送達スルコトヲ要ス若シ證明書ニ依リ執行文ヲ付與シタルトキハ亦其證書ノ謄本ヲ强制執行ヲ始ムル前ニ送達シ又ハ同時ニ送達スルコトヲ要ス(訴第五二八)

請求ノ主張カ或ル日時ノ到來ニ繋ルトキハ其同時ノ滿了後ニアラサレハ强制執行ヲ始ムルコトヲ得ス若シ執行カ債權者ヨリ保證ヲ立ツルコトニ繋ルトキハ債權者カ保證ヲ立テタルコトニ付テノ公正ノ証明書ヲ提出シ且其謄本ヲ既ニ送達シ又ハ同時ニ送達シタルトキニアラサレハ其執行ヲ始ムルコトヲ得サルモノトス(訴第五二九)

豫備後備ノ軍籍ニアラサル軍人軍屬ニ對シテ爲ス强制執行ハ其上班司令官廳ニ通知ヲ爲シタル後ニアラサレハ之ヲ始ムルコトヲ得ス官

廳ニ於テ强制執行ノ通知ヲ受ケタル件ハ請求ニ依リ其通知ヲ受取タル證ヲ債權者ニ付與スヘシ(第五三〇)

債務者强制執行ノ開始後ニ死亡スル件ハ强制執行ハ遺産ニ對シ之ヲ續行スルモノトス執行行爲ニ付キ債務者ノ立會ヲ要シ又ハ告知ヲ要スヘキ場合ニ於テ相續人アラサル件又ハ相續人ノ所在明カナラサル件ハ執行裁判所ハ債權者ノ申立ニ依リ遺産又ハ相續人ノ爲メ特別代理人ヲ任スヘシ(訴第五五二)

第二節　執行ニ關スル官廳官吏

强制執行ノ實施ハ原被告直接ニ訴訟ヲ爲スノ原則ニ從ヒ通常裁判所ノ媒介ヲ要セス債權者ノ委任ニ依リ執達吏之ヲ爲スモノトス又此委任ヲ爲スニハ區裁判所書記ノ媒介ニ依リテ之ヲ爲スヿヲ得裁判所書記ニ於テ右ノ求ニ應シ執達吏ニ委任シタル件ハ債權者ノ委任シタルモノト看做ス(訴第五三一)債權者執行力アル正本ヲ交付シテ强制執行

ヲ委任シタル𪜈ハ執達吏ハ之ヲ所持スルヲ以テ第三者ニ對シ强制執行ヲ實施シ且特別ノ委任ヲ受ケサル𪜈ト雖𪜈支拂其他ノ給付ヲ受取リ其受取リタルモノニ付キ有效ニ受拂證書ヲ作リ之ヲ交付シ且債務者ニ於テ其義務ヲ完全ニ盡シタル𪜈ハ執行力アル正本ヲ債務者ニ交付スルノ權アリ然レハ執達吏ハ債務者カ其義務ヲ完全ニ盡シタル𪜈ハ執行力アル正本及ヒ受取證ヲ交付シ又其義務ノ一分ヲ盡シタル𪜈ハ執行力アル正本ニ其旨ヲ附記シ且受取證ヲ債務者ニ交付スヘキナリ然レ𪜈債務者尙ホ更ニ債權者ノ受取書ニ求ムルノ權ハ之カ爲メ消滅セサルモノトス又執達吏ハ執行力アル正本ヲ携帶シ關係人ノ求ムル𪜈ハ其資格ヲ證スル爲メ之ヲ示スヘシ（第五三三第五三四第五三五第一）

執達吏ハ執行ノ目的ヲ達スル爲メ必要ナル場合ニ於テハ債務者ノ住居倉庫及ヒ筐匣ヲ搜索シ又ハ閉鎖シタル戶扉及ヒ筐匣ヲ開カシムル

權利ヲ有スル若シ抵抗スル者アル場合ニ於テハ威力ヲ用井且警察上ノ援助ヲ求ムルヿヲ得又必要ナル場合ニ於テハ執行裁判所ニ申立テ兵力ノ援助ヲ求ムルヿヲ得(訴第五三六)然レ𪜈執達吏ハ抵抗アル場合ニ於テハ二人ノ成丁者又ハ市町村若クハ警察ノ吏員一人ヲ證人トシテ立會ハシムヘシ又債務者ノ住所ニ於テ執行行爲ヲ爲スニ際シ債務者又ハ成長シタル家族若クハ雇人ニ出會ハサルトキニ於テモ亦前述ノ立會ヲ要ス(訴第五三七)

夜間及ヒ日曜日並ニ一般ノ祝祭日ニハ執行行爲ヲ爲スヿヲ許サス然レ𪜈執行裁判所ノ許可アルトキハ其許可ノ命令ヲ示シテ執行行爲ヲ爲スヿヲ得(訴第五三九)

執達吏ハ執行行爲ニ付キ利害ノ關係アル者ノ求アルトキハ記錄ノ閲覽ヲ許シ及ヒ記錄中ニ存スル書類ノ謄本ヲ付與スヘシ(訴第五三八)又執達吏ハ各執行行爲ニ付キ調書ヲ作ルヘシ而シテ其調書ニハ左ノ諸判

ヲ具備スルヿヲ要ス(第六十號書式參看)(訴第五四〇)
第一　調書ヲ作リタル塲所、年月日
第二　執行行爲ノ目的及ヒ其重要ナル事情ノ略記
第三　執行ニ與カリタル各人ノ表示
第四　右各人ノ署名捺印
第五　調書ヲ其各人ニ讀聞セ又ハ閲覽セシメ其承諾ノ後署名捺
印ヲ爲シタルコトノ開示
第六　執達吏ノ署名捺印
若シ調書ニ右第四及ヒ第五ノ要件ヲ具備スルコト能ハサル片ハ其理
由ヲ記載スヘキモノトス
執行行爲ニ屬スル催告其他ノ通知ハ執達吏口頭ヲ以テ之ヲ爲シ且之
ヲ調書ニ記載スヘシ若シ口頭ヲ以テ爲シ能ハサル片ハ執達吏ハ催告
又ハ通知ヲ受クヘキ者ニ訴訟法第百四十條及ヒ第百四十五條ヨリ第

百四十九條マテノ規定ヲ準用シテ調書ノ謄本ヲ送達シ又別ニ送達證ヲ作ラサルトキハ調書ニ其送達ヲ為シタルコトヲ記載スヘシ若シ強制執行ノ地ニ於テモ執行裁判所ノ管轄內ニ於テモ送達ヲ為ス能ハサルトキハ催告又ハ通知ヲ受クヘキモノニ郵便ヲ以テ調書ノ謄本ヲ送達シ且シ調書ニ郵便ニ付シタルコトヲ記載スヘシ(訴第五四一)又催告又ハ通知ヲ受クヘキモノヽ所在不明ナルトキ又ハ外國ニ在ルトキハ送達ヲ為サヽルモノトス(訴第五四二)

區裁判所ハ獨リ執行裁判所トシテ執行ニ關スル事件ニ付テノ管轄ヲ有ス而シテ法律ニ於テ別段ニ他ノ區裁判所ヲ指定セサル場合ニ於テハ總テ執行手續ヲ為スヘキ地ノ區裁判所又ハ之ヲ為シタル地ヲ管轄スル區裁判所ヲ以テ執行裁判所ナリトス(訴第五四三第一第二)

執行裁判所ノ裁判ハ口頭辯論ヲ經スシテ之ヲ為スヿヲ得(訴第五四三)其裁判ニ對シテハ即時抗告ヲ為スヿヲ得ルモノトス(訴第五五八)

執行ノ目的ヲ達スルカ爲メ官廳ノ援助ヲ必要トスルトキハ執行ニ付管轄ヲ有スル裁判所即チ執行裁判所ヲ經テ該官廳ノ援助ヲ求ムヘシ(訴第五五五)

殊ニ豫備、後備ノ軍籍ニアラサル軍人軍屬ニ對シ兵營其他軍事用廳舍又ハ軍艦ニ於テ爲スヘキ强制執行ハ管廳軍事裁判所又ハ所屬ノ長官又ハ隊長ニ依リテ之ヲ爲スコトヲ得ルモノニシテ即チ執行ニ付キ管轄ヲ有スル裁判所ハ債權者ノ申立ニ因リ之カ囑託ヲ爲ス(訴第五五六第一)

右ノ囑託ニ因リ管轄軍事裁判所又ハ所管ノ長官又ハ隊長ニ於テ差押ヲ爲シタルトキハ其差押ヘタル物ハ之ヲ債權者ノ委任シタル執達吏ニ之ヲ交付スヘキモノトス(訴第五五六第二)

外國ニ於テ强制執行ヲ爲スヘキ場合ニ於テ本邦裁判所ノ判決ヲ外國官廳ノ共助ニ依リ執行シ得ヘキトキハ第一審ノ受訴裁判所ハ債權者ノ

申立ニ因リ外國官廳ニ執行ノ共助ヲ囑託スヘシ若シ外國駐在ノ本邦領事ニ依リ執行ヲ爲シ得ヘキ片ハ其領事ニ囑託スヘキナリ(訴第五五七)

第三節　執行手續ニ關スル異議

强制執行ノ方法又ハ執行ニ際シ執達吏ノ遵守スヘキ手續ニ關シ債務者債權者又ハ第三者ヨリ爲ス所ノ申立及ヒ異議ニ付テハ執行裁判所之ヲ裁判スヘキモノトス而シテ執行裁判所ハ其裁判ヲ爲ス前ニ假處分ヲ爲スヿヲ得殊ニ保証ヲ立テシメ若クハ立テシメスシテ强制執行ヲ一時停止シ又ハ保證ヲ立テシメテ執行ヲ續行スヘキコトヲ命スルヲ得(第六十一號書式參看)(訴第五四四第一)

執行裁判所ハ執達吏カ執行委任ヲ受クルヲ拒ミ若クハ委任ニ從ヒ執行行爲ヲ實施スルコトヲ拒ミタル片又ハ執達吏ノ計算セシ手數料ニ付キ異議アル片ハ亦之ヲ裁判スル權ヲ有ス(訴第五四四第二)

之ニ反シ債務者判決ニ因リ確定シタル請求ニ關シ爲サントスル異議ニ付テハ正式ノ訴ヲ以テ第一審ノ受訴裁判所ニ之ヲ爲スモノトス(第六十二號書式參看)(訴第五四四第一)

右ノ異議ハ訴訟法ノ規定ニ從ヒ遲クトモ異議ヲ主張スルコトヲ要スル口頭辯論ノ終結後ニ其原因ヲ生シ且故障ヲ以テ之ヲ主張スルコトヲ得サルトキニ限リ之ヲ許ス(訴第五四五第二)

債務者カ數箇ノ異議ヲ有スルトキハ同時ニ之ヲ主張スルコトヲ要ス(訴第五四五第三)

右ニ述ヘタル規定ハ訴訟法第五百十八條第二項及ヒ第五百十九條ノ場合ニ於テ債務者カ執行文付與ノ際證明シタリト認メラレタル事實ノ到來ニシテ此ニ因リ判決ノ執行ヲ爲シ得ヘキモノヲ爭ヒ又ハ認メラレタル承繼ヲ爭フトキハ亦之ヲ準用スルモノトス但之カ爲メ訴訟法第五百二十二條ノ規定ニ從ヒ執行文ノ付與ニ對シ債務者ニ於テ異議

ヲ申立ツルノ權ハ消滅セサルナリ(訴第五四六八)

執行命令ニ基ク執行文付與ニ付テノ訴又ハ請求ニ關シ異議ヲ主張スル訴又ハ執行文付與ノ際到來シタリト認メタル承繼ヲ爭フ訴ハ執行命令ヲ發シタル區裁判所ニ提起スヘシ然レモ其請求ニシテ區裁判所ノ管轄ニ屬セサルモノナルトキハ管轄地方裁判所ニ其訴ヲ提起スヘシ此等ノ異議訴訟ハ執行命令ノ送達後ニ生シタル原因ニ基クトキニ限リ之ヲ許スモノトス(訴第五六一第一第二第三)

又公證人ノ作リタル證書ニ基ク執行文付與ニ付テノ訴又ハ請求ニ關シ異議ヲ主張スル訴又ハ執行文付與ノ際證明シタリト認メタル事實ノ到來ニ係リ此ニ因リテ證書ノ執行ヲ爲シ得ヘキモノヲ爭フ訴ハ債務者カ本邦ニ於テ普通裁判籍ヲ有スル地ノ裁判所又ハ此裁判所ナキトキハ訴訟法第十七條ノ規定ニ從ヒテ債務者ニ對シ訴ヲ起シ得ヘキ裁判所ニ提起スヘシ此場合ニ於ケル異議訴訟ハ訴訟法第五百四十五

條第二項ニ規定シタル許否ノ制限ヲ受クルコトナシ（訴第五六二第三第四）

强制執行ノ續行ハ右ニ述ヘタル異議ノ訴ノ提起ニ因リテ妨ケラルコトナシ然レトモ異議ノ爲メ主張シタル事情カ法律上理由アリト見エ且事實上ノ點ニ付キ疏明アリタルトキハ受訴裁判所ハ申立ニ因リ判決ヲ爲スニ至ルマテ保證ヲ立テシメ若クハ之ヲ立テシメスシテ强制執行ヲ停止スヘキコトヲ命シ又ハ保證ヲ立テシメテ强制執行ヲ續行スヘキコトヲ命シ又ハ其爲シタル執行處分ヲ保證ヲ立テシメテ取消スヘキコトヲ命スルコトヲ得此裁判ハ口頭辯論ヲ經スシテ之ヲ爲シ又急迫ナル場合ニ於テハ裁判長之ヲ爲ス執行裁判所ト雖モ急迫ナル場合ニ於テハ亦此權利ヲ行使スルコトヲ得執行裁判所ニ於テ此權利ヲ行使スル場合ニ於テハ受訴裁判所ノ裁判ヲ提出セシムル爲ニ相當ノ期間ヲ定ムヘシ若シ此期間ヲ徒過シタルトキハ債權者ノ申立ニ因リ强制

執行ヲ續行スルモノトス(訴第五四七)
受訴裁判所ハ異議訴訟ノ判決ニ於テ前述ノ命令ヲ發シ又ハ既ニ發シタル命令ヲ取消シ之ヲ變更シ若クハ認可スルヿヲ得判決中命令ノ取消、變更認可ノ事項ニ限リ職權ヲ以テ假執行ノ宣言ヲ爲スヘシ此裁判ニ對シテハ更ニ不服ヲ申立ツルヿヲ得ス(訴第五四八)
第三者强制執行ノ目的物ニ付キ所有權ヲ主張シ其他目的物ノ讓渡若クハ引渡ヲ妨クル權利ヲ主張スルトキハ訴ヲ以テ債權者ニ對シ其强制執行ニ對スル異議ヲ主張シ又債務者ニ於テ其異議ヲ正當ナリトセサルトキハ債權者及ヒ債務者ニ對シテ其主張スヘキモノトス(此訴チ債權者及ヒ債務者ニ對シテ起ストキハ之チ共同被告トス(訴第五四九第二)此訴ハ執行裁判所ノ管轄ニ屬ス然レトモ訴訟物カ區裁判所ノ管轄ニ屬セサルトキハ執行裁判所ノ所在地ヲ管轄スル地方裁判所之ヲ管轄ス(第六十三號書式參看)(訴第五四九第一第三)

第三者ノ申立ニ因リ裁判所ノ判決前若クハ判決ト共ニ强制執行ヲ停止シ又ハ既ニ爲シタル執行處分ヲ取消スニ付テハ訴訟法第五百四十七條及ヒ第五百四十八條ノ規定ニ同シ獨リ異ナル點ハ第三者ヲシテ保證ヲ立テシムルコトナク執行處分ノ取消ヲ許ス是レナリ(訴第五四九第四)

第四節　强制執行ノ停止及ヒ制限

執達吏若クハ執行ニ關スル官廳(例ヘハ執行裁判所受訴裁判所軍事裁判所帝國領事外國官廳ノ如シ)ハ左ノ塲合ニ於テ强制執行ヲ停止シ又ハ之ヲ適宜ニ制限スヘシ(訴第五五〇)

第一　執行スヘキ判決若クハ其假執行ヲ取消ス旨又ハ强制執行ヲ許サストシテ宣言シ若クハ其停止ヲ命シタル旨ヲ記載シタル執行力アル裁判ノ正本

第二　執行又ハ執行處分ノ一時ノ停止ヲ命シタル旨ヲ記載シタ

ル裁判ノ正本

第三　執行ヲ免カルル爲メ保證ヲ立テ又ハ供託ヲ爲シタル旨ヲ記載シタル公正ノ證明書

第四　執行スヘキ判決ノ後ニ債權者カ辯濟ヲ受ケ又ハ義務履行ノ猶豫ヲ承諾シタル旨ヲ記載シタル證書

右第一及ヒ第三ノ場合ニ於テハ既ニ爲シタル執行處分ヲモ取消スヘク第四ノ場合ニ於テハ既ニ爲シタル執行處分ヲ一時保持セシムヘク第二ノ場合ニ於テハ其裁判ヲ以テ從前ノ執行行爲ノ取消ヲ命セサルトキニ限リ既ニ爲シタル執行處分ヲ一時保持セシムヘキモノトス（訴第五五一）

第二章　金錢ノ債權ニ付テノ強制執行

第一節　動產ニ對スル強制執行

第一欵　通則

動産ニ對スル强制執行ハ差押ヲ以テ之ヲ爲スモノトス差押ハ執行力アル正本ニ揭ケタル請求ヲ債權者ニ辨濟シ且强制執行ノ費用ヲ全償スルニ至ルマテ之ヲ爲スモノトス若シ差押フヘキ物件ヲ換價スルモ强制執行ノ費用ヲ償フテ剩餘ヲ得ル見込ナキ片ハ差押ヲ爲スヘカラス(訴第五六四)

第三者ハ差押ヲ受クヘキ物ニ付キ物上ノ擔保權ヲ有スルモ差押ヲ妨クルコトヲ得ス然レ圧訴訟法第五百四十九條ノ規定ニ從ヒ訴ヲ以テ賣得金ニ付キ優先ノ辨濟ヲ請求スルコトヲ得ルナリ(第六十四號書式參看)(訴第五六五第一)

右ノ場合ニ於テ請求ノ爲メ主張シタル事情カ法律上理由アリト見エ且事實上ノ點ニ付キ疏明アリタルトキハ裁判所ハ賣得金ノ供給ヲ命スヘシ此場合ニ於テハ訴訟法第五百四十七條第五百四十八條ノ規定ヲ準用スヘキモノトス(訴第五六五第二)

第二欵 有體動產ニ對スル强制執行

債務者債權者又ハ物件ヲ引渡スヘキ第三者ノ占有中ニ在ル有體動產ノ差押ハ執達吏其物件ヲ占有シテ之ヲ爲スモノトス然レ𪜈債權者ノ承諾アルトキ又ハ其物件ヲ運搬スルニ付キ重大ナル困難アルトキハ債務者ヲシテ之ヲ保管セシムルコトヲ得此塲合ニ於テ差押ノ効力ハ物件ニ封印シ若クハ其他ノ方法ヲ以テ差押物件タルコトヲ明白ナラシムルニ依リテ生スルモノトス執達吏ハ如何ナル塲合ニ於テモ債務者ニ差押ヲ爲シタルコトヲ通知スヘキナリ(訴第五六六第五六七)

果實ハ未タ土地ヨリ離レサル前ト雖𪜈之ヲ差押フルコトヲ得然レ𪜈其差押ハ成熟時期ノ前一个月内ニ非サレハ之ヲ爲スコトヲ得ス又蠶ハ其多分カ繭ヲ成造スル爲メ揚リ蠶ト爲リタル後ニ非サレハ之ヲ差押フルコトヲ得サルモノトス(訴第五六八)

差押物ヨリ生スル天然ノ產出物ニ付テハ特ニ其差押ヲ爲サヽルモ當

然差押ノ效アルモノトス(訴第五六九)

一定ノ物件ニシテ或ハ義務者ヲ保護シ或ハ公安ヲ保持スルカ爲メ差押ヲ爲スヘカラサルモノアリ其物件ハ即チ(訴第五七〇)

第一　衣服、寢具、家具及ヒ厨具但此等ノ物件ハ債務者及ヒ其家族ノ爲メ日常欠クヘカラサルモノニ限ル

第二　債務者及ヒ其家族ニ必要ナル一个月間ノ食料及ヒ薪炭

第三　技術者ノ職工、勞役者及ヒ穩婆ニ在テハ其營業上欠クヘカラサル物

第四　農業者ニ在テハ其農業上缺クヘカラサル農具、家畜、肥料及ヒ次ノ收穫マテ農業ヲ續行スル爲メ缺ク可カラサル農產物

第五　文武ノ官吏、神職、僧侶及ヒ公立私立ノ敎育塲敎師、辯護士、公證人及ヒ醫師ニ在テハ其職業ヲ執行スル爲メ欠クヘカラサル物及ヒ身分相當ノ衣服

第六　文武ノ官吏、神職、僧侶及ヒ公立私立ノ教育場教師ニ在テハ訴訟法第六百十八條ニ規定スル職務上ノ収入又ハ恩給ノ差押ヲ受ケサル金額但差押ヨリ次期ノ俸給又ハ恩給ノ支拂マテノ日數ニ應シテ之ヲ計算ス
第七　藥舗ニ在テハ調藥ヲ爲ス爲メ欠クヘカラサル器具及ヒ藥品
第八　勳章及ヒ名譽ノ證標
第九　實印其他職業ニ必要ナル印
第十　神体、佛像其他禮拜ノ用ニ供スル物
第十一　系譜
第十二　債務者又ハ其家族ノ未タ公ニセサル發明ニ關スル物及ヒ債務者又ハ其家族ノ未タ公ニセサル著述ノ稿本
第十三　債務者及ヒ其家族カ學校ニ於テ使用ニ供スル書籍
是レナリ然レ𪜈債務者ノ承諾アル𪜈ハ右第三ヨリ第八マテニ揭ケタ

ル物件ヲ除ク外之ヲ差押フルコトヲ得ルモノトス
差押ヘタル物件ヲ保存スル爲メ特別ノ處分ヲ必要トスル片ハ執達吏ハ適當ノ方法ヲ以テ之ヲ爲スヘシ而シテ若シ此處分ヲ爲スカ爲メニ費用ヲ要スル片ハ債權者ヲシテ其費用ヲ豫納セシムヘシ若シ債權者改名アル塲合ニ於テハ其要求額ノ割合ニ應シテ其各債權者ヨリ豫納スルモノトス(訴第五七一)
執達吏金錢ヲ差押ヘタル片ハ之ヲ債權者ニ引渡スヘシ債權者之ヲ執達吏ヨリ受取タル片ハ債務者ヨリ支拂アリタルモノト看做スヘシ然レ𪜈執行ヲ免カルヽカ爲メ義務者ヨリ保證ヲ立テ又ハ供託ヲ爲シタル片ハ此限ニアラス(訴第五七四)
他ノ差押ヘタル物件ハ債權者又ハ裁判所ノ特別委任ヲ要セス執達吏之ヲ公ケニ競賣ニ付スヘキモノトス(訴第五七二)又高價ナル物件ハ豫メ鑑定人ヲシテ評價セシメタル上ニテ之ヲ競賣ニ付スヘシ(訴第五七

三)競賣ハ通常差押ヲ爲シタル市町村ニ於テ差押ヨリ七日ノ時間ヲ經過シタル後之ヲ爲ス者トス然レ𪜈差押債權者及ヒ債務者カ他ノ地ニ於テ之ヲ爲スヿヲ合意シタル片(訴第五七六)又ハ差押債權者執行力アル正本ニ因リ配當ヲ要求スル債權者及ヒ債務者カ競賣ヲ更ニ早ク爲サンヿヲ合意シタル片又ハ差押物ヲ永ク貯藏スルニ付キ不相應ナル費用若クハ其物件ノ價格カ著シク減少スル危害ヲ避クル爲メ競賣ヲ早ク爲スヿノ必要ナル片ハ此限ニアラス(訴第五七五)競賣ノ日時及場所ハ競賣ヲ爲ス前豫メ之ヲ公告スヘキ者トス而シテ其公告ニハ競賣ニ付スヘキ物件ヲ表示スルヿヲ要ス(第六十五號書式參看)(訴第五七六)

競賣ハ最高價ヲ付シタル者ヲ以テ競落人ト爲ス而シテ此最高價競買ノ爲メノ競落ハ其價額ヲ三回呼上ケタル後之ヲ爲ス又競落ニ係ル物件ハ代金ト引換ニテ之ヲ引渡スモノトス若シ最高競買人競買條件ニ定メタル支拂期日又ハ其定メナキトキハ競賣期日ノ終ル前ニ代金ノ

支拂ヲ爲シテ物件ノ引渡ヲ求メサル片ハ其競落ヲ取消シ更ニ其物件ヲ競賣ニ付スヘシ此場合ニ於テハ前ノ最高競買人ハ競買ニ加ハルヿヲ得ス且再度ノ競落代價カ最初ノ競落代價ヨリ低キ片ハ不足金ヲ支辨スルノ義務ヲ有ス若シ再度ノ競落代價ニシテ最初ノ競落代價ニ比シ高キモ其剩餘ヲ請求スルコトヲ得ス（訴第五七七）而シテ競賣ハ競賣ヨリ得タル代價ヲ以テ債權者ニ辨濟ヲ爲シ且强制執行ノ費用ヲ償フニ至ル片ハ之ヲ止ムヘシ（訴第五七八）執達吏競賣代價ヲ受取リタル片ハ債務者ヨリ支拂ヲ受ケタルモノト看做ス然レ圧債務者執行ヲ免ルヽ爲メ保証ヲ立テ又ハ供託ヲ爲シタルトキハ此限ニ在ラサルナリ（訴第五七九）

金銀物有價證劵果實等ノ種類ニ因ル競賣

金銀物ハ其金銀ノ實價ヨリ以下ニ競落スルコトヲ得ス若シ其實價マテニ競賣ヲ爲ス者ナキ片ハ執達吏ハ競賣方法ニ依ラス金銀ノ實價ニ

達スル價額ヲ以テ適宜ニ之ヲ賣却スルコトヲ得(訴第五八〇)
有價證劵ハ相塲アルモノハ賣却日ノ相塲ヲ以テ適宜ニ之ヲ賣却シ其相塲ナキモノハ一般ノ規定ニ從ヒテ之ヲ競賣スヘキモノトス(訴第五八一)有價證劵ノ記名ナル片ハ執行裁判所ハ其記名ヲ買主ノ氏名ニ書換ヲ爲サシメ及ヒ此カ爲メ必要ナル陳述ヲ債務者ニ代テ爲ス權ヲ執達吏ニ與フルコトヲ得(訴第五八二)又無記名ノ證劵ニシテ記名ニ換ヘ又ハ他ノ方法ニ依リ流通ヲ止メタルモノナル片ハ執行裁判所ハ其流通回復ヲ爲サシメ及ヒ此カ爲メ必要ナル陳述ヲ債務者ニ代リテ爲ス權ヲ執達吏ニ與フルコトヲ得ルモノトス(訴第五八三)
土地ヨリ離レサル前ニ差押ヘタル果實ハ其成熟ニ至テ始メテ之ヲ競賣スルコトヲ得ルモノトス而シテ執達吏ハ之ヲ競賣ニ付スル爲メ其收獲ヲ爲サシムル權利アリ又差押ヘタル蠶ハ全ク繭ト爲ルニ至リテ始メテ之ヲ競賣スルヿヲ得ルナリ(訴第五八四)

差押債權者及ヒ執行力アル正本ニ因リ配當ヲ要求スル債權者若クハ債務者ノ申立ニ因リ執行裁判所ハ法律ニ定メタルヨリ他ノ方法ニ依リ又ハ他ノ場所ニ於テ差押ヘタル物件ヲ公賣スヘキコト又ハ執達吏ニアラサル他ノ者ヲシテ競賣ヲ爲サシムルコヲ命スルコトヲ得(訴第五八五)

執達吏ハ既ニ差押ヘタル物件ニ付キ他ノ債權者ノ爲メ更ニ差押ノ手續ヲ爲スコトヲ得ス而シテ執達吏ハ既ニ差押ヲ爲シタル執達吏ニ差押調書ノ閲覽ヲ求メテ物件ノ照査ヲ爲シ若シ未タ差押ニ係ラサル物アル片ハ之ヲ差押ヘ既ニ差押ヲ爲シタル執達吏ニ差押調書ヲ交付シ且總テノ差押物ヲ競賣ニ付ス可キコトヲ求ムヘシ之ニ反シ差押フヘキ物アラサル片ハ照査調書ヲ作リ既ニ差押ヲ爲シタル執達吏ニ之ヲ交付スヘシ此求ニ因リ執行ニ關スル債權者ノ委任ハ既ニ差押ヲ爲シタル執達吏ニ法律上當然移轉スルモノトス假差押ニ係ル物ニ付テハ

此規定ヲ適用セサルナリ(訴第五八六)

右ニ述ヘタル物件ノ照査手續ハ配當要求ノ效力ヲ生ス又既ニ爲シタル差押カ取消トナリタル片ハ差押ノ效力ヲ生スルモノトス(訴第五八七)

適當ナル期間ヲ經過スルモ執達吏競賣ヲ爲サヽル片ハ差押債權者及ヒ執行力アル正本ニ因リ配當ヲ要求スル債權者ハ一定ノ期間內ニ競賣ヲ爲スヘキコトヲ催告スルコトヲ得ルモノトス若シ其催告ヲ受クルモ執達吏尙ホ競賣ヲ爲サヽル片ハ相當ノ命令アランコトヲ執行裁判所ニ申請スルコトヲ得(訴第五八八)

民法ニ從ヒ配當ヲ要求シ得ヘキ債權者ハ執行力アル正本ニ因ラスシテ競賣代金ノ配當ヲ要求スルコトヲ得(訴第五八九)此配當要求ハ其原因ヲ開示シ只裁判所ノ所在地ニ住居又ハ事務所ヲ有セサル者ハ假住所ヲ選定シテ執達吏ニ之ヲ爲スヘキモノトス(訴第五九〇)

訴訟法第五百八十六條第二項及ヒ第五百九十條ノ場合ニ於テハ執達吏ハ配當要求ノ有リタルコトヲ配當ニ與カル各債權者及ヒ債務者ニ通知スルヲ要ス執行力アル正本ニ因ラスシテ配當ヲ要求スル債權者アルトキハ債務者ハ執達吏ノ通知アリタルヨリ三日ノ期間内ニ其債權ヲ認諾スルヤ否ヤヲ執達吏ニ申立ツヘシ債務者カ認諾セサルコトヲ執達吏ヨリ通知アリタルトキハ債權者ハ其通知アリタルヨリ三日ノ期間内ニ債務者ニ對シ訴ヲ提起シテ其債權ヲ確定スヘキナリ（訴第五九一）

配當ノ要求ハ競賣期日ノ終盡ニ至ルマテ之ヲ爲スヿヲ得（訴第五九二）競賣代金ヲ以テ各配當ニ與カル各債權者ヲ滿足セシムルニ足ラサル場合ニ於テ債權者間ニ配當ノ協議調ハサルトキハ其競賣代金ヲ供託スヘシ數多ノ債權者ノ爲メ同時ニ金錢ヲ差押ヘタルトキ之ヲ以テ各債權者ヲ滿足セシムルニ足ラサル場合ニ於テモ亦同シトス此場合ニ於

テハ執達吏ハ執行手續ニ關スル書類ヲ添附シテ其事情ヲ執行裁判所ニ屆出ツヘキナリ(第六十六號書式參看)(訴第五九三)

第三欵　債權及ヒ他ノ財産權ニ對スル强制執行

第三債務者ニ對スル債務者ノ債權ニシテ金錢ノ支拂又ハ他ノ有體物若クハ有價證券ノ引渡若クハ給付ヲ目的トスルモノヽ强制執行ハ執行裁判所即チ債務者ノ普通裁判籍ヲ有スル地ノ區裁判所若シ區裁判所ナキ片ハ財産所在地ノ區裁判所ノ差押命令ヲ以テ之ヲ爲スモノトス(訴第五九四第五九五)

差押命令ハ書面又ハ口頭ヲ以テ申請スルモノトス其申請ハ差押フヘキ債權ノ種類及ヒ數額ヲ開示シテ之ヲ爲スヘシ(第六十八號書式參看)(訴第五九六)

差押命令ハ豫メ第三債務者及ヒ債務者ノ審訊ヲ經スシテ之ヲ發ス(訴

第五九七　而シテ金錢ノ債權ヲ差押フ可キトキハ裁判所ハ第三債務者ニ對シ債務者ニ支拂ヲ爲スコトヲ禁シ又債務者ニ對シ債權ノ處分殊ニ其取立ヲ爲スヘカラサルコトヲ命スヘシ此命令ハ職權ヲ以テ第三債務者及ヒ債務者ニ送達シ又債權者ニハ其送達ヲ爲シタル旨ヲ通知スヘキモノトス差押ハ第三債務者ニ對スル送達ヲ以テ之ヲ爲シタルモノト看做スヘシ（第六十八號書式參看）（訴第五九八）

抵當アル債權ノ差押ヲ爲ス塲合ニ於テハ債權者ハ債務者ノ承諾ヲ要セスシテ其債權ノ差押ヲ登記簿ニ記入スルノ權利アリ此記入ノ申請ハ裁判所ニ之ヲ爲スヘキモノトス而シテ裁判所ハ義務ヲ負フタル不動産ノ所有者即チ第三債務者ニ差押命令ヲ送達シタル後該記入ノ手續ヲ爲スヘキナリ（訴第五九九）

差押ヘタル金錢ノ債權ニ付テハ差押債權者ノ選擇ニ從ヒ代位ノ手續ヲ要セスシテ之ヲ取立ツル爲メ又ハ支拂ニ換ヘ劵面額ニテ差押債權

者ニ轉付スル爲メ命令アランコトヲ申請スルコトヲ得此場合ニ於テ命令ハ職權ヲ以テ第三債務者及ヒ債務者ニ之ヲ送達シ又債權者ニハ其送達シタル旨ヲ通知スヘキモノトス(第六十九號書式參看)(訴第六〇〇)

支拂ニ換ヘ劵面額ニテ債權ヲ轉付スル命令アル場合ニ於テハ其債權ノ存スル限リハ差押命令ヲ第三債務者及ヒ債務者ニ送達シ又債務者ニ其送達ヲ爲シタル旨ヲ通知スルニ因リ債務者ハ債權ノ辯濟ヲ爲シタルモノト看做スヘシ(第六〇一)

取立ノ爲メノ命令ハ其債權ノ全額ニ及フモノトス然レトモ執行裁判所ハ債權者ノ申立ニ因リ差押債權者ヲ審訊シテ差押額ヲ其債權者要求額マテニ制限シ其超過スル額ノ處分殊ニ取立ヲ爲スコトヲ得其制限シタル部分ハ他ノ債權者ノ配當要求ヲ爲スコトヲ得ス(訴第六〇二第一)

右ノ許可ハ第三債務者及ヒ債權者ニ通知スヘキモノトス(訴第六〇二第二)

手形其他裏書ヲ以テ移轉スルコトヲ得ル證劵ニ因ル債權ノ差押ハ執達吏其證劵ヲ占有シテ之ヲ爲スモノトス(訴第六〇三)

俸給又ハ此ニ類スル繼續收入ノ債權ノ差押ハ債權額ヲ限トシ差押後ニ收入スヘキ金額ニテ及フモノトス(訴第六〇四)又職務上收入ノ差押ハ債務者ノ轉官兼任又ハ增俸ニ因ル收入ニモ亦及フモノトス(訴第六〇五)債務者ハ債權ニ關スル所持ノ證書ヲ差押債權者ニ引渡ス義務アリ又債權者ハ差押命令ニ基キ强制執行ノ方法ヲ以テ其證書ヲ債務者ヨリ取上ケシムルコヲ得(訴第六〇二)

訴訟法第五百五條第二項ノ規定ニ從ヒ債務者ニ保證ヲ立テシメ又ハ供託ヲ爲サシメテ執行ヲ免カルヽコトヲ許スヘキキハ差押ヘタル金錢債權ニ付テハ取立ノ命令ノミヲ爲スヘシ而シテ此命令ハ第三債務

者ヲシテ債權額ヲ供託セシムル效力ノミヲ有ス(訴第六〇七)債權者取立ヲ爲シタル片ハ其旨ヲ執行裁判所ニ屆出ツヘキモノトス(訴第六〇八)

差押債權者ハ第三債務者ヲシテ差押命令ノ送達ヨリ七日ノ期間內ニ書面ヲ以テ左ノ陳述ヲ爲サシムルコトヲ裁判所ニ申立ツルヿヲ得(訴第六〇九)

第一　債權ノ認諾ノ有無及ヒ其限度並ニ支拂ヲ爲ス意思ノ有無及ヒ其限度

第二　債權ニ付キ他ノ者ヨリ請求ノ有無及ヒ其種類

第三　債權カ既ニ他ノ債權者ヨリ差押ヘラレタルコトノ有無及ヒ其請求ノ種類

右ノ陳述ヲ求ムル催告ハ之ヲ送達證書ニ記載スヘシ第三債務者陳述ヲ怠リタル片ハ此ニ因リテ生スル損害ニ付キ其責ニ任ス

債務者カ命令ノ旨趣ニ基キ第三債務者ニ對シ訴ヲ起スニ至リタルトキハ一般ノ規定ニ從ヒテ管轄ヲ有スル裁判所ニ其訴ヲ提起シ且債務者内國ニ在リテ住所ノ知レタルトキハ其訴訟ヲ之ニ告知スヘキナリ(訴第六一〇)

債權者カ取立ヲ爲スヘキ債權ノ行用ヲ怠リタルトキハ此カ爲メ債務者ニ生シタル損害ノ責ニ任ス(訴第六一一)

債權者ハ命令ニ因リ取立ノ爲メ取得シタル權利ヲ拋棄スルコトヲ得然レトモ此カ爲メ其請求ヲ害セラルヽコトナシ此拋棄ハ裁判所ニ届書ヲ差出シテ之ヲ爲ス尤モ其謄本ハ第三債務者及ヒ債務者ニ之ヲ送達スヘキモノトス(訴第六一二)

差押ヘタル債權カ條件附若クハ有期ナルトキ又ハ反對給付ニ繫リ若クハ他ノ理由アリテ其取立ノ困難ナルトキハ裁判所ハ申立ニ因リ取立ニ換ヘ他ノ換價方法ヲ命スルコトヲ得債務者内國ニ在リテ住所ノ知レ

タル片ハ其申立ヲ許ス決定前ニ之ヲ審訊スヘキモノトス(第七十號書式參看)(訴第六一三)有體動產ノ請求ノ差押ニ付テハ其動產ヲ債權者ノ執達吏ニ委任シテ引渡スヘキコヲ命スヘシ(訴第六一五)又不動產ノ請求ノ差押ニ付テハ債權者ノ申立ニ因リ其不動產ヲ不動產所在地ノ區裁判所ヨリ命シタル保管人ニ引渡スヘキコトヲ命スヘシ而シテ引渡シタル不動產ニ付テノ强制執行ハ不動產ニ對スル强制執行ニ付テノ規定ニ從ヒテ之ヲ爲スモノトス(第七十一號書式參看)(訴第六一六)有體物ノ引渡又ハ給付ノ請求ニ付テハ支拂ニ換ヘ移付スル命令ヲ爲スコトヲ得ス(訴第六一七)

左ニ揭クル債權ハ之ヲ差押フルコトヲ得ス即チ(訴第六一八)

第一　法律上ノ養料

第二　債務者カ義捐建設所ヨリ又ハ第三者ノ慈惠ニ因リ受クル繼續ノ収入但舊債務者及其家族ノ生活ノ爲メ必要ナルモノニ限ル

第三　下士、兵卒ノ給料並ニ恩給及ヒ其遺族ノ扶助料
第四　出陣ノ軍隊又ハ役務ニ服シタル軍艦ノ乘組員ニ對スル軍人軍屬ノ職務上ノ收入
第五　文武ノ官吏、神職、僧侶及ヒ公立私立ノ教育場教師ノ職務上ノ收入恩給及ヒ其遺族ノ扶助料
第六　職工勞役者又ハ雇人カ其勞力又ハ役務ノ爲ニ受クル報酬

右第一第五第六ノ場合ニ於テ職務上ノ收入恩給其他ノ收入カ一个年ニ三百圓ヲ超過スル片ハ其超過シタル部分ノ半額ヲ差押フルヿヲ得執行力アル正本ヲ有スル債權者及ヒ民法ニ從ヒ配當ノ要求ヲ爲シ得ヘキ債權者ハ差押債權カ取立ヲ爲シ其旨ヲ執行裁判所ニ届出ツルマテ又ハ執達吏カ賣得金ヲ領收スルマテ配當ヲ要求スルコトヲ得然レ𪜈執行力アル正本ニ因ラスシテ配當ヲ要求スル債權者ニ付テハ訴訟法第五百九十條及ヒ第五百九十一條第二項第三項ノ規定ヲ適用スル

モノトス支拂ニ換ヘテノ轉付ノ命令アリタル後ハ配當ノ要求ヲ爲スヿヲ得ス此配當要求ハ職權ヲ以テ之ヲ第三債務者、債務者及ヒ差押債權者ニ送達シ又既ニ爲シタル差押カ取消ト爲リタル𪜈ハ執行力アル正本ニ因リ要求シタル債權者ノ爲メ要求ノ順序ニ因リ差押ノ效力ヲ生スルモノトス(訴第六二〇)

金錢ノ債權ニ付キ配當要求ノ送達ヲ受ケタル第三債務者ハ債務額ヲ供託スル權利アリ又第三債務者ハ配當ニ與カル或ル債權者ノ求ニ因リ債務額ヲ供託スル義務アリ而シテ第三債務者債務額ヲ供託シタル𪜈ハ其事情ヲ裁判所ニ屆出ツヘキモノトス(訴第六二一)

請求カ不動産ニ關スル𪜈ハ第三債務者ハ其不動産所在地ノ區裁判所ニ於テ差押債權者又ハ第三債務者ノ申立ニ因リ命シタル保管人ニ事情ヲ開示シ且送達セラレタル命令ヲ添ヘ其不動産ヲ引渡ス權利ヲ有シ又ハ差押債權者ノ求ニ因リ之ヲ引渡ス義務アルモノトス(訴第六二二)

第三債務者カ取立手續ニ對シテ義務ヲ履行セサル片ハ差押債權者ハ訴ヲ以テ之ヲ履行セシムルヿヲ得執行力アル正本ヲ有スル各債權者ハ共同訴訟人トシテ原告ニ加ハル權利アリ而シテ訴ヲ受ケタル第三債務者ハ原告ニ加ハラサル債權者ヲ共同訴訟人トシテ呼出アランヿヲ口頭辯論ノ第一期日マテニ申立ツルヿヲ得此場合ニ於ケル裁判ハ呼出ヲ受ケタル債權者ニ利害ヲ及ホス效力アルモノトス(訴第六二三)差押債權者取立手續ヲ怠リタル片ハ執行力アル正本ニ因リ要求シタル各債權者ハ一定ノ期間內ニ取立ヲ爲スヘキコトヲ催告シ其催告ノ效アラサル片ハ執行裁判所ノ許可ヲ得テ自ラ取立ヲ爲スコトヲ得ルモノトス(訴第六二四)

不動產ヲ目的トセス又ハ右ニ述ヘタル以外ノ財產權ニ對スル强制執行ニ付テハ總テ本款ニ於テ述ヘタルトコロノ規定ヲ準用ス若シ第三債務者ナキ片ハ差押ハ債務者ニ權利ノ處分ヲ禁スル命令ヲ送達シタ

ル日時ヲ以テ之ヲ爲シタルモノト看做ス此場合ニ於テハ裁判所ハ特別ノ處分殊ニ其權利ノ管理若クハ讓渡ヲ命スルコヲ得ルモノトス(訴第六二五)

第四欵　配當手續

配當手續ハ動產ニ對スル强制執行ニ際シ競賣期日又ハ金錢差押ノ日ヨリ十四日ノ期間內ニ債權者間ノ協議調ハサル爲メ金額ヲ供託シタル片之ヲ爲スモノトス(訴第六二六)配當手續ハ事情ニ依リ定アルヘキ管轄區裁判所職權ヲ以テ之ヲ指揮施行ス

該區裁判所ハ事情ニ付テノ届書ヲ得タル片ハ其届書ニ基キ各債權者ニ對シ七日ノ期間內ニ元金、利息、費用其他附帶ノ債權ノ計算書ヲ差出スヘキ旨ヲ催告スヘシ(第七十二號書式參看)(訴第六二七)若シ之ニ應セサル片ハ該裁判所ハ其期間滿了後配當表ヲ作ルヘシ而シテ其配當表ヲ作ルマテ該計算書ヲ差出サヽル債權者ノ債權ハ配當表ヲ作ルニ際シ配當要求竝ニ屆書ノ旨趣及ヒ其憑據書類ニ依リ之カ計算ヲ爲スヘシ其計算アリタル後ハ債權額ニ欠漏アルモ之ヲ補充スルヲ許サヽルモノトス(訴第六二八)

區裁判所ハ配當表ニ關スル陳述及ヒ配當ヲ實施スル爲メ期日ヲ指定スヘシ而シテ其配當表ヲ各債權者及債務者ニ閱覽セシムル爲メ少クモ其期日ヨリ三日前ニ裁判所書記課ニ之ヲ備ヘ置クヘシ又期日ニハ各債權者及ヒ債務者ヲ呼出スヿヲ要ス然レ𪜈債務者ノ所在明カナラサル𪜈又ハ外國ニ在ル𪜈ハ之ヲ呼出スニ及ハス(第七十三號書式參看)

(訴第六二九)

配當期日前若クハ其期日ニ於テ配當表ニ付キ異議ノ申立アラサル𪜈ハ配當表ニ從ヒテ其配當ヲ實施スヘシ停止條件附ノ債權ノ配當額ハ仍ホ之ヲ供託シ民法ニ從ヒ條件ノ成否ニ依リ後ニ之ヲ支拂ヒ又ハ更ニ配當スヘシ又訴訟法第五百九十一條第三項ノ塲合又ハ假差押ノ塲

合ニ於テ未タ確定セサル債權其他異議ナル債權ノ配當額ハ仍ホ之ヲ供託スヘキモノトス而シテ配當實施ニ付テハ調書ヲ作ルヘシ(訴第六三〇)

右ニ反シ異議ノ申立アル𪜈ハ他ノ債權者ハ直チニ之ニ付キ陳述ヲ爲スヘシ若シ關係人異議ヲ正當ナリト認ムルトキ又ハ他ノ方法ニ於テ合意スル𪜈ハ之ニ從ヒ配當表ヲ更正シテ配當ヲ實施スヘキモノトス若シ異議ノ完結セサル𪜈ハ異議ニ關セサル部分ニ限リ配當ヲ實施スヘキナリ(訴第六三一)

配當期日前區裁判所ニ異議ノ申立ヲ爲サス又ハ期日ニ出頭セサル債權者ハ配當表ノ實施ニ付キ同意シタモノト看做ス若シ又出頭セサル債權者他ノ債權者ノ申立テタル異議ニ關係ヲ有スル𪜈ハ其債權者ハ異議ヲ正當ナラスト認メタルモノト看做スヘシ(訴第六三二)

期日ニ於テ異議ノ完結セサル𪜈ハ異議ノ申立ヲ爲シタル債權者ハ他

ノ債權者ニ對シ配當表ニ付キ不服ノ申立ヲ爲スカ爲メ訴訟ヲ提起シ且其期日ヨリ七日ノ期間內ニ其訴訟ヲ提起シタルコトヲ配當裁判所ニ證明スヘシ若シ其期間ヲ經過スルモ其證明ヲ爲サヽルトキハ裁判所ハ其異議ニ拘ハラス配當ノ實施ヲ命スヘシ(訴第六三三)然レトモ異議ノ申立ヲ爲シタル債權者ハ配當表ノ實施ニ依リ配當ヲ受ケタル債權者ニ對シ配當手續ニ關係セサル獨立ノ訴訟ヲ以テ優先權ヲ主張スル權利ハ失ハサルモノトス(訴第六三四)而シテ此異議ヲ申立テタル債權者ノ訴ニ付テハ配當裁判所之ヲ管轄ス然レトモ訴訟物カ區裁判所ノ管轄ニ屬セサルトキハ其配當裁判所ノ所在地ヲ管轄スル地方裁判所之ヲ管轄ス若シ數箇ノ訴ノ提起アリタル場合ニ於テ一ノ訴ヲ以テ地方裁判所カ管轄スルトキハ其他ノ訴ヲモ亦之ヲ管轄ス若シ各債權者總テノ異議ニ付キ配當裁判所ノ裁判ニ屬セシコトニ付合意スルトキハ此限ニ在ラス(訴第六三五)

異議ニ付テノ裁判ヲ爲ス判決ニハ異議ノ當否ヲ示スノミナラス又同時ニ配當額ノ係爭部分ヲ如何ナル債權者ニ如何ナル數額ヲ以テ支拂フヘキヤヲ定メテ言渡スヘシ若シ之ヲ定ムルコトヲ適當トセサル片ハ新配當表ヲ調製シ且他ノ配當手續ヲ命スル旨ヲ言渡スヘシ(訴第六三六)異議ノ申立ヲ爲シタル債權者口頭辯論ノ期日ニ出頭セサル片ハ欠席判決ヲ以テ異議ヲ取下ケタル者ト看做ス旨ヲ言渡スヘシ(訴第六三七)

配當裁判所ハ判決確定ノ證明アル片ハ其判決ニ基キ金額ノ支拂又ハ他ノ分配手續ヲ命スヘシ(訴第六三八)

裁判所ハ配當表ニ因リ左ノ手續ヲ爲シテ配當ヲ實施スヘシ(訴第六三九)

債權全部ノ配當ヲ受クヘキ債權者ニハ配當額支拂證ヲ交付スルト同時ニ其所持スル執行力アル正本又ハ債權ノ證書ヲ差出サシメ之ヲ債

務者ニ交付スヘシ又債權一分ノミノ配當ヲ受クヘキ債權者ニハ執行力アル正本又ハ債權ノ證書ヲ差出サシメ之ニ配當額ヲ記入シテ返還シ且配當額支拂證ヲ交付スルト同時ニ右債權者ヨリ金額ヲ證記シタル受取書ヲ差出サシメ之ヲ債務者ニ交付スヘシ又期日ニ出頭セサル債權者ノ配當額ハ仍ホ之ヲ供託スヘシ此等ノ手續ヲ爲シタル片ハ調書ニ記載シテ之ヲ明確ニスヘキモノトス

第二節　不動產ニ對スル强制執行

第一欵　通則

不動產ニ對シテ强制執行ヲ求ムルニハ左ノ二箇ノ方法ヲ以テ之ヲ爲ス即チ(訴第六四〇)

第一　强制競賣

第二　强制管理

是レナリ强制競賣ハ不動產ヲ賣却シテ金錢ニ換フルノ處分ナリトス

强制管理ハ不動産ヨリ生スル果實ヲ取得スル爲メ管理人ヲ選定シテ之ヲ管理セシムルモノトス

債權者ハ自巳ノ選擇ニ依リ一箇ノ方法ヲ以テ又ハ二箇ノ方法ヲ併セテ執行スルヿヲ得ヘシ

不動産ニ對スル强制執行ニ付テハ其不動産所在地ノ區裁判所執行裁判所トシテ之ヲ管轄ス該裁判所ハ申立ニ依リ執行ヲ命スルモノトス

若シ不動産數箇ノ區裁判所ノ管轄區内ニ散在スル片ハ直近上級ノ裁判所ヘ管轄指定ノ申請ヲ爲シ其直近上級ノ裁判所ヲシテ管轄ヲ定メシムヘキナリ

第二欵　强制競賣

强制競賣ノ申立ニハ左ノ諸件ヲ具備スルヿヲ要ス（第七十四號書式參看）（訴第六四二）

第一　債權者債務者及ヒ裁判所ノ表示

第二　不動產ノ表示
第三　競賣ノ原因タル一定ノ債權及ヒ其執行シ得ヘキ一定ノ債
　務名義
右ノ申立ニハ執行力アル正本ノ外左ノ證書ヲ添附スヘシ(訴第六四二)
第一　登記簿ニ債務者ノ所有トシテ登記シタル不動產ニ付テハ
　登記判事ノ認證書
第二　登記簿ニ登記アラサル不動產ニ付テハ債務者ノ所有タル
　コトヲ證ス可キ證書
第三　地所ニ付テハ國、郡、市町村、字、番地、地目、反別若クハ坪數、土地
　臺帳ニ登錄シタル地價及ヒ其地所ニ付キ納ム可キ一个年ノ租
　稅其他ノ公課ヲ證ス可キ證書
第四　建物ニ付テハ國郡市町村、字、番地、構造ノ種類、建坪及ヒ其建
　物ニ付キ納ム可キ一个年ノ公課ヲ證ス可キ證書

第五　地所、建物ニ付キ賃貸借アル場合ニ於テハ其期限並ニ借賃ヲ證ス可キ證書

右第二第三及ヒ第四ノ要件ニ付テハ債權者公簿ヲ主管スル官廳ニ其證明書ヲ求ムルヿヲ得又第四及ヒ第五ノ要件ヲ證明スル能ハサルトキハ債權者ハ競賣申立ノ際其取調ヲ執行裁判所ニ申請スルヿヲ得此場合ニ於テハ裁判所ハ執達吏ヲシテ其取調ヲ爲サシム可モノトス然レモ强制管理ノ爲メ既ニ不動產ヲ差押ヘタル場合ニ於テ其執行記錄ニ第一乃至第五ノ要件ヲ記載シタルモノ有ルトキハ申立ニ其證書ヲ添附スルコトヲ要セス

競賣手續ノ開始決定ニハ同時ニ債權者ノ爲メ不動產ヲ差押フルコトヲ宣言ス可シ差押ハ債務者カ不動產ノ利用及ヒ管理ヲ爲スコトヲ妨ケス又差押ハ其決定ヲ債務者ニ送達スルニ因リ其効力ヲ生ス此送達ハ職權ヲ以テ之ヲ爲スモノトス(第七十五號書式參看)(訴第六四四)

裁判所ハ競賣手續開始ノ決定ヲ爲シタル不動産ニ付キ强制競賣ノ申立アルモ更ニ開始決定ヲ爲スコトヲ得ス此申立ハ執行記錄ニ添附スルニ因リ配當要求ノ效力ヲ生シ又旣ニ開始シタル競賣手續取消ト爲リタルトキハ訴訟法第六百四十九條第一項ノ規定ヲ害セサル限リハ開始決定ヲ受ケタル效力ヲ生ス假差押ノ命令アリタル不動産ニ付テハ此規定ヲ適用セサルモノトス(訴第六四五)

配當要求ハ其原因ヲ開示シ且裁判所ノ所在地ニ住居又ハ事務所ヲ有セサル者ハ假住所ヲ選定シテ執行裁判所ニ之ヲ爲ス可シ其要求ハ競落期日ノ終ニ至ルマテ之ヲ爲スコトヲ得(訴第六四六)

執行裁判所ハ强制競賣ノ申立及ヒ配當ノ要求アリタルトキハ之ヲ利害關係人ニ通知ス可シ若シ執行力アル正本ニ因ラスシテ配當ヲ要求スル債權者アルトキハ債務者ハ右ノ通知アリタルヨリ三日ノ期間內ニ其債權ヲ認諾スルヤ否ヤヲ裁判所ニ申出ヘキモノトス債務者ニ於テ

其債權ヲ認諾セサルトキハ裁判所ハ其者ヲ債權者ニ通知スルモノトス此場合ニ於テハ債權者ハ其通知アリタルヨリ三日ノ期間內ニ債務者ニ對シ訴ヲ起シ其債權ヲ確定ス可キナリ(訴第六四七)

左ニ掲クル者ヲ競賣手續ニ於テノ利害關係人ト爲ス(訴第六四八)

第一　差押債權者及ヒ執行力アル正本ニ因リ配當ヲ要求スル債權者

第二　債務者

第三　登記簿ニ記入アル不動產上權利者

第四　不動產上權利者トシテ其債權ヲ證明シ執行記錄ニ備フ可キ屆出ヲ爲シタル者

競賣ハ差押債權者ノ債權ニ先タツ債權ニ關スル不動產ノ負擔ヲ競落人ニ引受ケシムルカ又ハ競賣代金ヲ以テ其負擔ヲ辨濟スルニ足ル見込アルトキニ非サレハ之ヲ爲スコトヲ得ス(訴第六四九第一)

不動産ハ賣却ニ因リ登記簿ニ記入ヲ要スル總テノ不動産上ノ負擔ヲ免カルヽモノトス然レ𪜈競落人其負擔ヲ引受ケタルトキハ此限ニ在ラス又登記簿ニ記入ヲ要セサル不動産ノ負擔ハ競落人之ヲ引受クルモノトス(訴第六四九第二第三)

權利ヲ取得スル第三者其取得ノ際差押又ハ競賣ノ申立アリタルコトヲ知リタルトキハ差押ノ效力ニ對シ其善意ナリシコトヲ主張スルコトヲ得ス若シ不動産カ差押ノ原因タル債權ノ爲メ義務ヲ負擔スルトキハ差押後所有ノ移轉シタル場合ニ限リ新所有者其取得ノ際差押又ハ競賣ノ申立アリタルコトヲ知ラサルトキト雖モ競賣手續ヲ續行ス可ヘキモノトス(訴第六五〇)

裁判所ハ競賣手續開始ノ決定ヲ爲ス際職權ヲ以テ競賣ノ申立アリタルコトヲ登記簿ニ記入ス可キ旨ヲ登記判事ニ囑託ス可シ此囑託アリタル𪜈ハ登記判事ハ登記簿ニ其記入ヲ爲シ(訴第六五一)然ル後登記簿

ノ謄本ヲ裁判所ニ送付シ又不動產上權利者ヨリ差出シタル證書アル片ハ其抄本ヲモ送付ス可キモノトス(第七十六號書式參看)(訴第六五二)豫メ知ルニ於テハ手續ノ開始ヲ妨ク可キ事實カ登記判事ノ通知ニ依リ顯ハルルトキハ裁判所ハ其事情ニ因リ直チニ手續ヲ取消シ又ハ裁判所ノ意見ヲ以テ定ムル期間內ニ其障碍ノ消滅シタルコトヲ證明ス可キコトヲ債權者ニ命ス可シ其期間內ニ此證明ヲ爲サヽルトキハ期間ノ滿了後職權ヲ以テ手續ヲ取消ス可シ(訴第六五三)

裁判所ハ競賣開始ノ決定ヲ爲シタルトキハ租稅其他ノ公課ヲ主管スル官廳ニ通知シ其不動產ニ對スル債權ノ有無及ヒ限度ヲ申出ツ可キコトヲ期間ヲ定メテ催告ス可キモノトス(訴第六五四)又裁判所ハ登記判事及ヒ租稅其他ノ公課ヲ主管スル官廳ヨリ通知ヲ受ケタル後鑑定人ヲシテ不動產ノ評價ヲ爲サシメ其評價額ヲ以テ最低競賣價額ト爲ス(訴第六五三)而シテ裁判所ハ此最低競賣價額ヲ以テ差押債權者ノ債

權ニ先タツ不動產上ノ總テノ負擔及ヒ手續ノ費用ヲ辨濟シテ剩餘アル見込ナシトスルトキハ競賣ヲナサヽルカ故ニ其旨ヲ差押債權者ニ通知ス可シ若シ差押債權者ハ右ノ通知ヲ受ケテヨリ七日ノ期間內ニ剩餘アル可キ價額ヲ定メ且其價額ニ應スル競賣人ナキ場合ニ於テハ自ラ其價額ヲ以テ買受ク可キ旨ヲ申立テ十分ナル保證ヲ立テサルニ於テハ競賣手續ヲ取消ス可キナリ(訴第六五三)

裁判所ハ不動產ニ係ル債權及ヒ費用ヲ辨濟シ剩餘ヲ得ル見込アルトキ又ハ否ラストモ差押債權者ヨリ剩餘アルヘキ價額ヲ定メ且其價額ニ應スル競買人ナキ場合ニ於テ自ラ其價額ヲ以テ買受クヘキ旨ヲ申立テ十分ナル保証ヲ立テタルトキハ職權ヲ以テ競賣期日及ヒ競落期日ヲ定メテ之ヲ公告ス(第七十七號書式參看)(訴第六五七)

競賣期日ノ公告ニハ左ノ諸件ヲ具備スルコトヲ要ス(訴第六五八)

第一　不動產ノ表示

第二　租税其他ノ公課
第三　賃貸借アル場合ニ於テハ其期限並ニ借賃
第四　强制執行ニ因リ競賣ヲ爲ス旨
第五　競賣期日ノ場所、日時及ヒ競賣ヲ爲ス可キ執達吏ノ氏名並ニ住所
第六　最低競賣價額
第七　競落期日ノ場所及ヒ日時
第八　執行記錄ヲ閲覽シ得ヘキ場所
第九　登記簿ニ記入ヲ要セサル不動産上權利ヲ有スル者其債權ヲ申出ツ可キ旨
第十　利害關係人競賣期日ニ出頭ス可キ旨
競賣期日ハ公告ノ日ヨリ少ナクトモ十四日ノ後タル可シ此期日ハ裁判所ノ意見ヲ以テ裁判所内又ハ其他ノ場所ニ於テ執達吏ヲシテ之ヲ

開カシム(訴第六五九)又競落期日ハ競賣期日ヨリ七日ヲ過クルコトヲ得ス此期日ハ裁判所ニ於テ之ヲ開ク(訴第六六〇)競賣期日ノ公告ハ裁判所ノ掲示板及ヒ不動産所在地ノ市町村ノ掲示板ニ掲示シテ之ヲ爲ス此他公告ハ裁判所ノ意見ニ從ヒ一箇又ハ數箇ノ新聞紙ニ掲載スルコトヲ得ルモノトス(訴第六六一)

最低競賣價額チ除ク外賣却條件變更ハ利害關係ノ合意アルトキニ限リ之ヲ許ス此合意ハ競賣期日ニ至ルマテ之ヲ爲スコトヲ得(訴第六六二)

競賣期日ヲ開キタル後執達吏ハ執行記錄ヲ各人ノ閱覽ニ供シ又特別ノ賣却條件アルトキハ之ヲ告知シ且競買價額申出ヲ催告ス可キモノトス(訴第六六三)

利害關係人カ或ル競買人ヨリ保證ヲ立テシメンコトヲ申立ツルトキハ其競買人カ保證トシテ競買價額十分ノ一ニ當ル金額ヲ現金又ハ有

價證券ヲ以テ直チニ執達吏ニ預クルトキニ非サレハ其競買ヲ許サス其申立ハ競買價額ノ申出アリタル後直チニ之ヲ述フルコトヲ要ス又其申立ハ同一ナル競買人ノ其後ノ競買ニ付テモ亦効力アリ(訴第六六四)競買ヲ許サレタル各競買人ハ更ニ高價ノ競買ノ許アルマテ其申出テタル價額ニ付キ拘束ヲ受クルモノトス又競賣ハ競買價額ヲ申出ツ可キ催告後滿一時間ヲ過クルニ非サレハ之ヲ終局スルコトヲ得ス(訴第六六五)

執達吏ハ最高價競買人ノ氏名及ヒ其價額ヲ呼上ケタル後競賣ノ終局ヲ告知ス可シ他ノ各競買人ハ其告知ニ因リ其競買ノ責務ヲ免カレ且預ケタル保證アルトキハ即時ニ其返還ヲ求ムル權利アリ(訴第六六八)

競賣ニ付テハ執達吏調書ヲ作ル可シ其調書ニハ左ノ諸件ヲ具備スルコトヲ要ス即チ(第七十八號書式參看)(訴第六六七)

第一　不動產ノ表示

第二　差押債權者ノ表示

第三　執行記錄ヲ各人ノ閲覽ニ供シタルコト又特別賣却條件アルトキハ之ヲ告知シタルコト

第四　競買價額ノ申出ヲ催告シタル日時

第五　總テノ競買價額並ニ其申出人ノ氏名住所又ハ許ス可キ競買ノ申出ナキコト

第六　競賣ノ終局ヲ告知シタル日時

第七　申立ニ因リ競買ノ爲メ保證ヲ立テタルコト又ハ申立アルモ保證ヲ立テサル爲メ其競買ヲ許サヽルコト

第八　最高價競買人ノ氏名及ヒ其價額ヲ呼上ケタルコト

是ナリ又最高價競買人及ヒ出頭シタル利害關係人ハ調書ニ署名捺印ス可シ若シ此等ノ者調書ノ完成前ニ退席シタルトキハ其旨ヲ附記スヘキモノトス而シテ競買ノ保證ノ爲メ預リタル金錢又ハ有價證券ヲ

返還シタルトキハ執達吏ハ受取證ヲ取リ之ヲ調書ニ添附ス可キナリ

執達吏ハ右ノ調書及ヒ總テ競買ノ保證ノ爲メ預リタル金錢又ハ有價證券ニシテ返還セサルモノハ三日內ニ之ヲ裁判所書記ニ之ヲ渡ス可キモノトス(訴第六六八)

最高價競買人執行裁判所ノ所在地ニ住居又ハ事務所ヲ有セサルトキハ其所在地ニ假住所ヲ選定シ其旨ヲ裁判所ニ届出ツ可シ若シ之ヲ怠リタルトキハ訴訟法第百四十三條第三項ノ規定ヲ準用ス住所ノ選定ハ書面ニ限ラス執達吏ニ口述シ其調書ヲ作ラシメテ之ヲ爲スコトヲ得(訴第六六九)

競賣期日ニ於テ許ス可キ競買價額ノ申出ナキトキハ訴訟法第六百四十九條第一項ノ規定ヲ害セサル限リハ裁判所ハ其意見ヲ以テ最低競賣價額ヲ相當ニ低減シ新競賣期日ヲ定ム可シ若シ其期日ニ於テ仍ホ

許ス可キ競買價額ノ申出ナキトキモ亦同シ而シテ新競賣期日ハ少ナクトモ十四日ノ後タル可シ(訴第六七〇)

裁判所ハ競落期日ニ出頭シタル利害關係人ニ競落ノ許可ニ付キ陳述ヲ爲サシム可シ競落ノ許可ニ付テノ異議ハ期日ノ終ニ至ルマテニ之ヲ申立ツ可ヲ而シテ既ニ申立テタル異議ニ對スル陳述ニ付テモ亦同シ(訴第六七一)

競落ノ許可ニ付テノ異議ハ左ノ理由ニ基クコトヲ要ス(訴第六七二)

第一　强制執行ヲ許ス可カラサルコト又ハ執行ヲ續行ス可カラサルコト

第二　最高價競買人賣買契約ヲ取結ヒ若クハ其不動産ヲ取得スル能力ナキトキ

第三　法律上ノ賣却條件ニ牴觸シテ競賣ヲ爲シタルコト又ハ總テノ利害關係人ノ合意ヲ得スシテ法律上ノ賣却條件ヲ變更シ

タルコト
第四　競賣期日ノ公告ニ訴訟法第六百五十八條ニ揭ケタル要件ノ記載ナキコト
第五　競賣期日ノ公告ハ法律上規定シタル方法ニ依リテ之ヲ爲サルコト
第六　訴訟法第六百五十九條ニ規定シタル期間ヲ存セサリシコト
第七　訴訟法第六百六十五條第二項及ヒ第六百六十六條第一項ノ規定ニ違背シタルコト
第八　訴訟法第六百六十四條ノ規定ニ違背シ最高價競買人ナリト呼上ケタルコト
右ノ異議ハ他ノ利害關係人ノ權利ニ關スル理由ニ基テハ之ヲ爲スヲ許サス(訴第六七三)

裁判所ニ於テ異議ノ申立ヲ正當トスルトキハ競落ヲ許サス然レ圧訴訟法第六百七十二條第一乃至第八ニ掲ケタル事項ノ一アルトキハ職權ヲ以テモ競落ヲ許サス尤モ第一ノ場合ニ於テハ競賣手續ノ停止ヲ爲シタルトキニ限リ第二ノ場合ニ於テハ能力若クハ資格ノ欠缺カ除去セラレサルトキニ限リ第三ノ場合ニ於テハ利害關係人手續ノ續行ニ付キ承認セサルトキニ限レリ(訴第六七四)數箇ノ不動産ヲ競賣ニ付シタル場合ニ於テ或ハ不動産ノ競賣金ヲ以テ各債權者ニ辨濟ヲ爲シ及ヒ強制執行ノ費用ヲ償フニ充分ナルヘキトキハ他ノ不動産ニ付テハ競落ヲ許サヽルモノトス此場合ニ於テ債務者ハ其不動産中賣却スヘキモノヲ指定スルコトヲ得(訴第六七五)競落許可ニ付キ異議ノ申立アリタル片及ヒ其申立ヲ正當トナシタルニ依リ競落ヲ許サヽル場合ニ於テ更ニ競賣ヲ許ス可キトキハ職權ヲ以テ新競賣期日ヲ定ムヘシ此新競賣期日ハ少ナクトモ十四日ノ後タ

ル可シ(訴第六七六)
裁判所ハ右ノ規定ニ從ヒテ新競賣期日ヲ定ムル場合ノ外競落ヲ許シ又ハ許サヽル決定ノ言渡ヲ爲ス可シ又競落期日ノ調書ニ付テハ訴訟法第百二十九條乃至第百三十二條及ヒ第百三十四條ノ規定ヲ準用スルモノトス(訴第六七七)
競賣期日ト競落期日トノ間ニ天災其他ノ事變ニ因リ不動產カ著シク毀損シタルトキハ最高價競買人タル呼上ヲ受ケタル者ハ其競買ヲ取消ス權利アリ其毀損ノ著シキヤ否ヤハ裁判所事情ヲ斟酌シテ之ヲ定ム(訴第六七八)
競落ヲ許ス決定ニハ競賣ヲ爲シタル不動產、競落人及ヒ競落ヲ許シタル競買價額ヲ揭ケ又特別ノ賣却條件ヲ以テ競落ヲ爲シタルトキハ其條件ヲモ揭ク可シ此決定ハ之ヲ言渡ス外尙ホ裁判所ノ揭示シテ之ヲ公告ス可キモノトス(第七十九號書式參看)(訴第六七九)

利害關係人ハ競落ノ許否ニ付テノ決定ニ因リ損失ヲ被ムル可キ場合ニ於テハ其決定ニ對シ即時抗告ヲ爲スコトヲ得(訴第六八〇第一)競落ヲ許ス可キ理由ナキコト又ハ決定ニ揭ケタル以外ノ條件ヲ以テ許ス可キコトヲ主張スル競落人又ハ競落ヲ求メ之ヲ許ス可キコトヲ主張スル競買人モ亦即時抗告ヲ爲スコトヲ得此場合ニ於テ競落ヲ求メタル競買人ハ其申出テタル價額ニ付キ拘束ヲ受クルモノトス(訴第六八〇第二第四)

右等ノ抗告ハ執行停止ノ効力ヲ有ス(訴第六八〇第三)

競落ヲ許サヽル決定ニ對スル抗告ハ此法律ニ揭クル總テノ不許ノ原因ナキコトヲ理由トスルトキニ限リ之ヲ爲スコトヲ得之ニ反シ競落ヲ許シタル決定ニ對スル抗告ハ此法律ニ揭クル競落ノ許可ニ對スル異議ノ原因ノ一ヲ理由トスルトキ又ハ競落決定カ競落期日ノ調書ノ旨趣ニ牴觸シタルコトヲ理由トスルトキニ限リ之ヲ爲スコトヲ得又

取消ノ訴若クハ原狀回復ノ訴ノ要件ヲ理由トスル抗告ハ此等ノ規定ニ依リ妨ケラルルコト無シ(訴第六八一)

抗告裁判所ハ必要ナル場合ニ於テハ反對陳述ヲ爲サシムル爲メ抗告人ノ相手方ヲ定ム可シ又一ノ決定ニ關スル數個ノ抗告ハ互ニ之ヲ併合ス可シ(訴第六八二第一第二)。

訴訟法第六百七十三條及ヒ第六百七十四條ノ規定ハ抗告審ニモ亦之ヲ準用スルモノトス(訴第六八二第三)

執行裁判所ノ決定ヲ變更シ又ハ廢棄シタル抗告裁判所ノ裁判ハ執行裁判所ノ揭示板ニ揭示シテ公告ス可シ(訴第六八三)

競落ヲ許サザル決定確定シタルトキハ競落人及ヒ競落ヲ求メタル競買人ハ其競買ノ責務ヲ免カル(訴第六八四)

訴訟法第七百七十八條ノ場合ニ於テ競買取消ノ爲メ競落ヲ許サザルトキハ訴訟法第六百五十五條乃至第六百五十七條ノ規定ヲ準用スル

モノトス(訴第六八五)

競落人ハ競落ヲ許ス決定ニ因リテ不動産ノ所有權ヲ取得スルモノトス(訴第六八六)然レ𪜈競落人ハ代金全額ヲ支拂ヒタル後ニ非サレハ不動産ノ引渡ヲ求ムルコトヲ得ス(訴第六八七第一)

競落人若クハ債權者競落ヲ許ス決定アリタル後引渡アルマテ管理人ヲシテ不動産ヲ管理セシメンコトヲ申立テタルトキハ裁判所ハ之ヲ命ス可シ(訴第六八七第二)

債務者カ引渡ヲ拒ミタルトキハ競落人若クハ債權者ノ申立ニ因リ裁判所ハ執達吏ヲシテ債務者ノ占有ヲ解キ其不動産ヲ管理人ニ引渡サシム可シ(訴第六八七第三)若シ競落人カ代金支拂期日ニ其義務ヲ完全ニ履行セサルトキハ裁判所ハ職權ヲ以テ不動産ノ再競賣ヲ命ス可シ此場合ニ於テハ最初ノ競賣ノ爲ニ定メタル最低價額其他賣却條件ハ再競賣ノ手續ニモ亦之ヲ適用ス再競賣期日ハ少ナクトモ十四日ノ後

タル可シ然レ𪜈競落人カ再競賣期日ノ三日前マテニ買入代金及ヒ手續ノ費用ヲ支拂ヒタルトキハ再競賣手續ヲ取消ス可シ(訴第六八八第一乃至第四)之ニ反シ再競賣ヲ爲ストキハ前ノ競落人ハ競買ニ加ハルコトヲ許サス且再度ノ競落代價カ最初ノ競落代價ヨリ低キトキハ不足ノ額及ヒ手續ノ費用ヲ負擔シ其高キトキハ剩餘ノ額ヲ請求スルコトヲ得ス(訴第六八八第五)

共有物持分ノ强制競賣ニ付テハ債權者ノ債權ノ爲メ債務者ノ持分ニ付キ强制競賣ノ申立アリタルコトヲ登記簿ニ記入ス而シテ他ノ共有者ニハ其强制競賣ノ申立ヲ通知ス可シ此最低競賣價額ハ共有物全部ノ評價額ニ基キ債務者ノ持分ニ付キ之ヲ定ム可シ(訴第六八九)競賣申立カ競落ヲ許スコト無クシテ完結シタルトキハ裁判所ハ訴訟法第六百五十一條ノ規定ニ從ヒテ爲シタル差押記入ノ抹消ヲ登記判事ニ囑託ス可キモノトス(第八十號書式參看)(訴第六九〇)

競落ヲ許ス決定確定スルトキハ賣却代金カ配當ニ與カル各債權者ヲ滿足セシムルニ足ラサル場合ニ於テハ民法、商法及ヒ特別法ニ從ヒテ之ヲ配當ス可シ(訴第六九一)又各債權者ハ競期日マテニ其債權ノ元金、利息、費用其他附帶ノ計算書ヲ差出ス可シ若此規定ニ從ハサル片ハ債權者ノ債權ハ配當表ヲ作ルニ際シ配當要求並ニ屆書ノ旨趣及ヒ其憑據書類ニ依リ之ヲ計算ス其計算後ハ該債權額ニ欠漏アルモ之ヲ補充スルヲ許サヽルモノトス

代金ノ支拂及ヒ配當ハ競落ヲ許ス決定ノ確定後ニ裁判所カ職權ヲ以テ定ムル期日ニ於テ之ヲ爲スモノトス此期日ニハ利害關係人、執行力アル正本ニ因ラスシテ配當ヲ要求スル債權者及ヒ競落人ヲ呼出ス可シ(訴第六九三)而シテ此期日ニ於テハ先ツ配當ス可キ不動產ノ賣却代金ノ幾許ナルヤヲ定ム可シ其賣却代金トハ即チ(訴第六九四)

第一　代金

第二　不動產カ果實其他金錢ニ見積ルコトヲ得ヘキ利益ヲ生スル場合ニ於テハ競落決定言渡ヨリ代金支拂マテノ利息是レヨリ而シテ代金支拂ハ裁判所ニ之ヲ爲ス可シ又最高競買價額ノ保證ノ爲メ預リタル金額ハ右代金ニ之ヲ算入ス

裁判所ハ出頭シタル利害關係人及ヒ執行力アル正本ニ因ラスシテ配當ヲ要求スル債權者ヲ訊問シテ配當表ヲ確定ス可シ(訴第六九五)而シテ配當表ニハ賣却代金各債權者ノ債權ノ元金、利息、費用及ヒ配當ノ順位並ニ配當ノ割合ヲ記載ス可シ若シ出頭シタル總テノ利害關係人及執行力アル正本ニ因ラスシテ配當ヲ要求スル債權者一致シタルトキハ其一致ニ基キ配當表ヲ作ル可シ(訴第六九六)

配當表ニ對スル異議ノ完結及ヒ配當表ノ實施ニ付テハ本欵ニ別段ノ規定ヲ設ケタル場合ヲ除クノ外前節第四欵ニ於テ述ヘタル規定ヲ準

用スルモノトス(訴第六九七)

期日ニ出頭シタル債務者ハ各債權者ノ債權ニ對シ又ハ其債權ノ爲メ主張スル順位ニ對シ異議ヲ申立ツル權利アリ又出頭シタル各債權者ハ自己ノ利害ニ關シテハ他ノ債權者ニ對シ前項ト同一ノ權利アリ執行スルヲ得ヘキ債權ニ對スル債務者ノ異議ハ訴訟法第五百四十五條、第五百四十七條及ヒ第五百四十八條ノ規定ニ從ヒテ之ヲ完結スルモノトス(訴第六九八)

競落人ハ賣却條件ニ因リ不動產ノ負擔ヲ引受クル外配當表ノ實施ニ際シ買入代金ノ額ニ滿ツルヲ限トシ關係債權者ノ承諾ヲ得テ買入代金ノ支拂ニ換ヘ債務ヲ引受クルコトヲ得若シ債權者競落人ナルトキハ其債權ノ配當額カ買入代金ノ額ニ滿ツル限リハ買入代金トシテ之ヲ計算スルニ因リテ消滅ス然レトモ引受ク可キ債務又ハ計算ス可キ

競落人ノ債權ニ對シ適當ナル異議アルトキハ之ニ相當スル代金ヲ支拂ヒ又ハ保證ヲ立ツ可キナリ(訴第六九八)

配當表ヲ實施シタル後裁判所ハ配當調書及ヒ競落決定ノ正本ヲ登記判事ニ送付シテ左ノ諸件ヲ囑託ス可シ(訴第七〇〇)

第一　競賣人ノ所有權ノ登記

第二　競賣人ノ引受ケサル不動産上負擔記入ノ抹消

第三　第六百五十一條ノ規定ニ從ヒ爲シタル記入ノ抹消

右登記及ヒ抹消ニ關スル總テノ費用ハ競落人之ヲ負擔ス可シ多數ノ差押債權者ノ爲メ同時ニ爲ス可キ不動産ノ競賣手續ニ付テモ亦右等ノ規定ヲ準用スルモノトス(訴第七〇一)

裁判所ハ競賣期日ノ公告前利害關係人ノ申立ニ因リ又ハ職權ヲ以テ競賣ニ換ヘテ入札拂ヲ命スルコトヲ得入札拂ニ付テハ別段ノ規定ア

ラサルモノハ競賣ニ付テノ規定ヲ準用スルモノトス（訴第七〇二）
入札ハ入札期日ニ於テ執達吏ニ之ヲ差出ス可シ入札ニハ入札人ノ氏名及ヒ住所及ヒ不動産ノ表示并ニ入札價額ヲ掲記スルコトヲ要ス（訴第七〇三）入札ハ執達吏入札人ノ面前ニ於テ之ヲ開封シ朗讀ス可シ而シテ二人以上同價額ノ入札アルトキハ執達吏ハ其者ヲシテ追加ノ入札ヲ爲サメ最高價入札人ヲ定ム又一定ノ金額ヲ以テ入札價額ヲ表セスシテ他ノ入札價額ニ對スル比例ヲ以テ價額ヲ表シタル入札ハ之ヲ許サヽルナリ（訴第七〇四）
最高價入札人タル呼上ヲ受ケタル者訴訟法第六百六十四條ノ規定ニ從ヒ保證ヲ立ツ可キ求ヲ受クルモ之ヲ立テサルトキハ其次位ノ入札人ヲ以テ最高價入札人ト定ム此場合ニ於テハ最初呼上ヲ受ケタル者ハ其入札價額ト次位ノ入札價額トノ差金ヲ負擔スル義務アルモノト

ス（訴第七〇五）

第三欵　强制管理

强制管理ハ左ノ諸件ヲ具備シタル書面ヲ以テ之ヲ申立ツルモノトス

（第八十一號書式參看）（訴第七〇六）

第一　債權者、債務者及ヒ裁判所表示

第二　不動產ノ表示

第三　强制管理ノ原因スル一定債權及ヒ其執行シ得ヘキ一定債務名義

右ノ申立ニハ執行力アル正本ノ外左ノ證書ヲ添附スヘシ

第一　登記簿ニ債務者ノ所有トシテ登記シタル不動產ニ付テハ登記判事ノ認證書

第二　登記簿ニ登記アラサル不動產ニ付テハ債務者ノ所有タルコヲ證スヘキ證書

第三　地所ニ付テハ國郡市町村、字番地、地目、反別若クハ坪數、土地基帳ニ登錄シタル地價及ヒ其地所ニ付キ納ムヘキ一个年ノ租稅其他ノ公課ヲ證スヘキ證書、

第四　建物ニ付テハ國郡、市町村、字、番地構造ノ種類建坪及ヒ其建物ニ付キ納ムヘキ一个年ノ公簿ヲ證スヘキ證書

第五　地所建物ニ付キ賃貸借アル場合ニ於テハ其期限並ニ借賃ヲ證スヘキ證書

右第二第三及ヒ第四ノ要件ニ付テハ債權者公簿ヲ主管スル官廳ニ其證明書ヲ求ムルコヲ得第四及ヒ第五ノ要件ヲ證明スル能ハサルトキハ債權者ハ强制管理申立ノ際其取調ヲ執行裁判所ニ申請スルコヲ得

强制管理開始ノ決定ニハ同時ニ債權者ノ爲メ不動產ヲ差押フルコヲ宣言スヘシ而シテ其差押ハ其決定ヲ債務者ニ送達スルニ因リ其

効力ヲ生スルモノトス
裁判所ハ强制管理開始ノ決定ヲ爲ス際職權ヲ以テ强制管理ノ申立アリタルヿヲ登記薄ニ記入スヘキ者ヲ登記判事ニ囑託スヘシ此囑託アリタル𪜈ハ登記判事ハ登記簿ニ其記入ヲ爲シ然ル後登記簿ノ謄本ヲ裁判所ニ送付シ又不動産上權利者ヨリ差出シタル證書アル𪜈ハ其抄本ヲモ送付スヘキモノトス
豫メ知ルニ於テハ强制管理ノ開始ヲ妨クヘキ事實カ登記判事ノ通知ニ依リ顯ハルル𪜈裁判所ハ其事情ニ因リ直ニ手續ヲ取消シ又裁判所ノ意見ヲ以テ定ムル期間內ニ其障碍ノ消滅シタルコトヲ證明スヘキコトヲ債權者ニ命スヘシ其期間內ニ此證明ヲ爲サヽル𪜈ハ其期間滿了後職權ヲ以テ强制管理ヲ取消スヘシ
裁判所ハ强制管理開始ノ決定ヲ爲シタル𪜈ハ租稅其他ノ公課ヲ主管スル官廳ニ通知シ其不動産ニ對スル債權ノ有無及ヒ限度ヲ申出

ツヘキコトヲ期間ヲ定メテ催告スヘシ
不動産カ債權者ノ債權ニ付キ不動産上ノ義務ヲ負フタル場合ニ於テハ訴訟法第六百四十三條第一第二ニ依リ提出スヘキ（登記簿ニ債務者ノ所有トシテ登記シタル不動産ニ付テハ登記判事ノ認證書及ヒ登記簿ニ登記アラサル不動産ニ付テ債務者ノ所有タルヿヲ證スヘキ證書）證書ハ不動産ヲ債務者カ占有スルコトヲ疏明スル證書ヲ以テ足ル裁判所ハ强制管理開始ノ決定ニ於テ債務者カ管理人ノ事務ニ干渉スルコト及ヒ不動産ノ収益ニ付キ處分スルコトヲ禁シ又不動産ノ収益ノ給付ヲ爲スヘキ第三者アル片ハ其第三者ニ其後ノ給付ヲ管理人ニ爲スヘキコトヲ命スヘシ既ニ収獲シ若クハ収獲シ若クハ収獲スヘク又ハ期限ノ到來シ若クハ到來スヘキ事實ハ収益ニ属ス（訴第七〇七第一第二）
開始決定ハ第三者ニ對シテハ之ヲ送達スルニ因リ其效力ヲ生ス此

送達ハ裁判所ヨリ之ヲ爲ス(訴第七〇七第三)
既ニ強制管理開始ノ決定ヲ爲シタル不動産ニ付テハ強制管理ノ申立アルモ更ニ開始決定ヲ爲スコトヲ得ス此場合ニ於テハ其申立ハ執行記錄ニ添附シ置クモノトス然ルトキハ配當要求ノ効力ヲ生シ又既ニ開始シタル強制管理ノ取消ト爲リタルトキハ開始決定ヲ受ケタル効力ヲ生スヘキナリ(訴第七〇八)
配當要求ハ執行力アル正本ニ因リ且裁判所ノ所在地ニ住居又ハ事務所ヲ有セサル者ハ假住所ヲ選定シテ執行裁判所ニ之ヲ爲ス可シ(訴第七〇九)又執行裁判所ハ強制管理ノ申立及ヒ配當ノ要求アリタルコトヲ債權者債務者及ヒ管理人ニ通知ス可ナリ(訴第七一〇)
管理人ハ裁判所之ヲ任命ス然レトモ債權者ハ適當ノ人ヲ推薦スルコトヲ得ヘシ管理人ノ任命ハ債務者ニ代リ第三者ノ給付ス可キ收益ヲ取立ツル權ヲ授與スルモノトス又管理人ハ管理及ヒ收益ノ爲メ自ラ不

動產ヲ占有スル權ヲ有ス此塲合ニ於テ抵抗ヲ受クルトキハ執達吏ヲ立會ハシムルコトヲ得(訴第七一一)
裁判所ハ債權者及ヒ債務者ヲ審訊シタル後又適當トスル塲合ニ於テハ鑑定人ヲ立會ハシメタル上管理人ニ管理ニ關シ必要ナル指揮ヲ爲シ又管理人ニ與フ可キ報酬ヲ定メ且管理人ノ業務施行ヲ監督ス可シ又裁判所ハ管理人ニ保證ヲ立テシメ二十圓以下ノ過科ヲ言渡シ又ハ其職務ヲ免スルコトヲ得(訴第七一二)
第三者不動產ニ付キ强制管理ヲ許スコトヲ妨クル權利ヲ主張スルトキハ訴訟法第五百四十九條ノ規定ヲ準用ス(訴第七一三)
管理人ハ直チニ不動產ニ付キ得タル收益ヨリ其不動產ノ負擔ニ係ル租稅其他ノ公課ヲ控除シタル後別段ノ手續ヲ要セスシテ管理ノ費用ヲ辨濟シ其殘額ノ配當ニ付キ債權者間ニ協議調ハサルトキハ其旨ヲ裁判所ニ屆出ツ可シ此屆出アリタルトキハ裁判所ハ配當表ヲ作リ其

配當表ニ基キ管理人ヲシテ債權者ニ支拂ヲ爲サシム可シ(訴第七一四)
管理人ハ每年及ヒ其業務施行ノ終了後各債權者、債務者及裁判所ニ計算書ヲ差出ス可シ各債權者及ヒ債務者ハ計算書ノ送達アリタルヨリ七日ノ期間內ニ執行裁判所ニ異議ノ申立ヲ爲スコトヲ得其期間內ニ異議ノ申立ナキトキハ計算ニ付キ全ク異議ナク且管理人ノ卸任ヲ承諾シタルモノト看做ス若シ異議ノ申立アルトキハ裁判所ハ管理人ヲ審訊シタル後之ヲ裁判ス可シ之ニ反シ異議ノ申立ナク又ハ申立テタル異議ヲ完結シタルトキハ管理人ヲシテ卸任セシム可シ(訴第七一五)
强制管理ノ取消ハ裁判所ノ決定ヲ以テ之ヲ爲ス此取消ハ各債權者不動產ノ收益ヲ以テ辨濟ヲ受ケタルトキハ職權ヲ以テ之ヲ爲ス又管理續行ノ爲メ特別ノ費用ヲ要スルトキハ債權者カ必要ナル金額ヲ豫納セサルニ於テハ裁判所ハ强制管理ノ取消ヲ命スルコトヲ得(訴第七一

六第一第二第三)
右ノ取消ヲ決定スル片ハ裁判所ハ登記判事ニ强制管理ニ關スル記入ノ抹消ヲ囑託スヘキモノトス(訴第七一六第四)

第三節　船舶ニ對スル强制執行

商船其他ノ海船ニ對スル强制執行ハ不動產ノ强制競賣ニ關スル規定ニ從ヒテ之ヲ爲ス然レ氏事物ノ性質ニ因リテ差異ノ顯ハルルトキ又ハ此節ニ於テ別段ノ規定ヲ設ケタルトキハ此限ニ在ラス又端舟其他櫓櫂ノミヲ以テ運轉シ又ハ主トシテ櫓櫂ヲ以テ運轉スル舟ニハ本節ノ規定ヲ適用セサルモノトス(訴第七一七)船舶ノ强制競賣ニ付テハ船舶カ差押ノ當時碇泊スル港ノ區裁判所ヲ以テ管轄執行裁判所トス(訴第七一六)

船舶ハ執行手續中差押ノ港ニ之テ碇泊セシム可シ然レトモ商業上利益ノ爲メ適當トスル場合ニ於テハ裁判所ハ總テノ利害關係人ノ申立

ニ因リ航行ヲ許スコトヲ得(訴第七一九)
強制競賣ニ付テノ申立ニハ左ノ證書ヲ添附ス可シ(訴第七二〇)
第一　債務者カ所有者ナル場合ニ於テハ其所有者トシテ船舶ヲ占有スルコト又船長ナル場合ニ於テハ船長トシテ船舶ヲ指揮スルコトヲ疏明スルニ足ル可キ證書
第二　船舶カ船舶登記薄ニ登記テル場合ニ於テハ其船舶ニ關スル有効ナル各登記事項ヲ包含シタル登記薄ノ抄本
債權者ハ公簿ヲ主管スル官廳カ遠隔ノ地ニ在ルトキハ第二ノ抄本ノ求アランコトヲ執行裁判所ニ申立ツルコトヲ得
裁判所ハ債權者ノ申立ニ因リ船舶ノ監守及ヒ保存ノ爲メ必要ナル處分ヲ爲サシム可シ而シテ此處分ヲ爲シタルトキハ開始決定ノ送達前ト雖モ差押ノ効力ヲ生ス若シ此處分ヲ續行スル爲メ債權者カ必要ナル金額ヲ豫納セサルトキハ裁判所ハ之ヲ取消スコトヲ得(訴第七二一)

船長ニ對シ爲シタル判決ニ基キ船舶債權者ノ爲メ船舶ノ差押ヲ爲ストキハ其差押ハ所有者ニ對シテモ効力アリ此場合ニ於テハ所有者モ亦利害關係人トス若シ差押後所有者若クハ船長ノ變更アルモ手續ノ續行ヲ妨ケス差押後新ニ船長ト爲リタル者ハ之ヲ利害關係人トス此場合ニ於テハ前船長ハ其關係人タル責務ヲ免カルヘシ（訴第七二二）

船舶カ差押ノ當時其裁判所管轄内ニ存セサルコトノ顯ハルルトキハ其手續ヲ取消ス可シ（訴第七二三）

競賣期日ノ公告ニハ訴訟法第六百五十八條第一號ニ掲ケタル旨趣ニ換ヘテ船舶ノ表示及ヒ其碇泊ノ場所ヲ掲ク可シ（訴第七二四）

定繫港ノ區裁判所管轄外ニ於テ差押ヲ爲シタルトキハ執行裁判所ハ競賣期日ノ公告ヲ定繫港ノ區裁判所ニ送付シ其裁判所ノ掲示板ニ掲ク可キコトヲ囑託ス可シ（訴第七二五）

船舶ノ股分ニ對スル强制執行ハ訴訟法第六百二十五條ノ規定ニ從ヒ

テ之ヲ爲ス其執行ニ付テハ定繫港ノ區裁判所之ヲ管轄ス（訴第七二六）

債權者ハ差押命令ノ申請ニ債務者カ船舶ノ股分ニ付キ所有權ヲ有スルコトヲ證ス可キ船舶登記簿ノ抄本又ハ信用ス可キ證明書ヲ添附ス可シ差押命令ハ債務者ノ外船舶管理人ニモ之ヲ送達ス可シ差押ハ此命令ヲ船舶管理人ニ送達スルニ因リ債務者ニ送達スルト同一ノ効力ヲ生ス（訴第七二七）

船舶股分ノ競賣代金ノ配當ニ付テハ本章第一節第四款配當手續ノ規定ヲ準用ス（訴第七二八）

外國ノ船舶ヲ差押ヘタルトキ又ハ登記簿ニ登記セサル船舶ヲ差押ヘタルトキハ登記簿ニ記入ス可キ手續ニ關スル規定ヲ適用セサルモノトス（訴第七二九）

第三章　金錢ノ支拂ヲ目的トセサル債權ニ付テノ强制執行

債務者其所持スル特定ノ動産又ハ代替物ノ一定ノ數量ヲ引渡ス可キトキハ强制執行ハ執達吏其物件ヲ取上ケ債權者ニ引渡スヲ以テ成ルモノトス(訴第七三〇)

債務者カ不動産又ハ人ノ住居スル船舶ヲ引渡シ又ハ明渡ス可キトキハ債務者カ占有ヲ解キ債權者ニ其占有ヲ得セシム可シ此强制執行ハ債權者又ハ其代理人カ受取ノ爲メ出頭シタルトキニ限リ之ヲ爲スコトヲ得强制執行ノ目的物ニ非サル動産ハ執達吏之ヲ取除キテ債務者ニ引渡ス可シ若シ債務者不在ナルトキハ其代理人又ハ債務者ノ成長シタル家族若クハ雇人ニ之ヲ引渡ス可シ雇人又ハ債務者及ヒ其代理人又成長シタル家屋不在ナルトキハ執達吏ハ右ノ動産ヲ債務者ノ費用ニテ保管ニ付ス可シ又債務者カ其動産ノ受取ヲ怠ルトキハ執達吏ハ執行裁判所ノ許可ヲ得テ差押物ノ競賣ニ關スル規定ニ從ヒテ之ヲ賣却シ其費用ヲ控除シタル後其代金ヲ供託ス可キモノトス(訴第七三一)

引渡ス可キ物カ第三者ノ手中ニ存スルトキハ債務者ノ引渡ノ請求ハ申立ニ因リ金錢債權ノ差押ニ關スル規定ニ從ヒテ之ヲ債權者ニ轉付ス可シ(訴第七三二)

債務者カ爲ス可キ行爲ヲ爲ササル場合ニ於テ第三者之ヲ爲シ得ヘキモノナルトキハ第一審ノ受訴裁判所ハ申立ニ因リ民法(財産編第三百八十二條第三項第四項)ノ規定ニ從ヒテ決定ヲ爲ス此申立ヲ爲ス場合ニ於テハ債權者ハ同時ニ其行爲ヲ爲スニ因リ生ス可キ費用ヲ豫メ債務者ニ支拂ヲ爲サシムル決定ノ宣言アランコトヲ申立ツルコトヲ得然レモ其行爲ヲ爲スニ因リ此ヨリ多額ノ費用ヲ生スルトキ後日其請求ヲ爲ス權利ヲ妨ケス(訴第七三三)

債務者カ其意思ノミニ因リ爲シ得ヘキ行爲ニシテ第三者之ヲ爲シ得ヘカラサルモノナルトキハ第一審ノ受訴裁判所ハ申立ニ因リ民法(財産編第三百八十六條第三項)ノ規定ニ從ヒテ決定ヲ爲ス(訴第七三四)

右二箇ノ決定ハ口頭辯論ヲ經スシテ之ヲ爲スコトヲ得然圧其決定前債務者ヲ審訊シ可ヘキモノトス(訴第七三五)
債務者カ權利關係ノ成立ヲ認諾ス可キコト又ハ其他ノ意思ノ陳述ヲ爲ス可キコトノ判決ヲ受ケタルトキハ其判決ノ確定ヲ以テ認諾又ハ意思ノ陳述ヲ爲シタルモノト看做ス反對給付ノ有リタル後認諾又ハ意思ノ陳述チ爲ス可キ塲合ニ於テハ訴訟法第五百十八條及ヒ第五百二十條ノ規定ニ從ヒ執行力アル正本ヲ付與シタルトキ其效力ヲ生ス(訴第七三六)

第四章　假差押及ヒ假處分

第一節　假差押

假差押ハ保全差押即チ將來ニ屬スル金圓ノ供給ヲ確實ナラシメ又ハ將來ニ對シ他ノ物品ノ供給ヲ確實ニスルノ手段ナリ然レハ金錢ノ債權又ハ金錢ノ債權ニ換フルコトヲ得ヘキ請求ニ付キ動產又ハ不動產

ニ對スル强制執行ヲ保全スル爲メニ之ヲ爲スコトヲ得ルモノトス又假差押ハ未タ期限ニ至ラサル請求ニ付テモ亦之ヲ爲スコトヲ得(訴第七三七第二)

假差押ハ現狀ノ債權者ニ對シ不利益ナル變態ヲ現ハスヿヲ豫防スルカ爲メニノミ許スヘキモノナリ故ニ假差押ハ現時之ヲ爲サヾル片ハ將來判決ノ執行ヲ爲スコト能ハス又ハ判事ノ執行ヲ爲スニ著シキ困難ヲ生スル恐レアル片殊ニ外國ニ於テ判決ノ執行ヲ爲スニ至ルヘキ片ニ限リ許スヘキモノトス(訴第七三八)

假差押ハ假差押ヲ爲スヘキ物ノ所在地ヲ管轄スル區裁判所又ハ本條ノ管轄裁判所ニ申請スヘキモノトス(訴第七三九)

假差押ノ申請ニハ左ノ諸件ヲ掲記ス可キモノトス(第八十二號書式參看)(訴第七四〇)

第一　請求ノ表示若シ其請求カ一定ノ金額ニ係ラサル片ハ其價額

第二　假差押ノ理由タル事實ノ表示

請求及ヒ假差押ノ理由ハ之ヲ疏明ス可シ又此申請ハ書面ヲ以テスルニ限ラス口頭ヲ以テモ亦之ヲ爲スコトヲ得

假差押ノ申請ニ付テノ裁判ハ口頭辯論ヲ經スシテ之ヲ爲スコトヲ得請求又ハ假差押ノ理由ヲ疏明セサルトキト雖モ假差押ニ因リ債務者ニ生ス可キ損害ノ爲メ債權者カ裁判所ノ理由ナル意見ヲ以テ定ムル保證ヲ立テタルトキハ裁判所ハ假差押ヲ命スルコトヲ得又請求及ヒ假差押ノ理由ヲ疏明シタルトキト雖モ裁判所ハ保證ヲ立テシメ假差押ヲ命スルコトヲ得保證ヲ立テタルトキハ其保證ヲ立テタルコト及ヒ如何ナル方法ヲ以テ之ヲ立テタルコトヲ假差押ノ命令ニ記載ス可シ(訴第七四一)

假差押ノ申請ニ付テノ裁判ハ口頭辯論ヲ爲ス場合ニ於テハ終局判決ヲ以テ之ヲ爲シ其他ノ場合ニ於テハ決定ヲ以テ之ヲ爲ス又假差押ノ

申請ヲ却下シ又ハ保證ヲ立テシムル裁判ハ債務者ニ之ヲ通知スルコトヲ要セス(訴第七四二)

假差押ノ命令ニハ假差押ノ執行ヲ停止スルコトヲ得ル爲メ又ハ執行シタル假差押ヲ取消スコトヲ得ル爲ニ債務者ヨリ供託ス可キ金額ヲ記載ス可キモノトス(第八十三號書式參看)(訴第七四三)

債務者ハ假差押決定ニ對シ異議ヲ申立ツルコトヲ得此異議ニ付テハ假差押ノ取消又ハ變更ヲ申立ツル理由ヲ開示スルヲ要ス異議ノ申立ハ假差押ノ執行ヲ停止セス(訴第七四四)

異議ノ申立アリタルトキハ裁判所ハ口頭辯論ノ爲メ當事者ヲ呼出ス可シ又裁判所ハ終局判決ヲ以テ假差押ノ全部若クハ一分ノ認可、變更又ハ取消ヲ言渡シ又自由ナル意見ヲ以テ定ムル保證ヲ立ツ可キコトノ條件ヲ附シテ之ヲ言渡スコトヲ得(訴第七四五)

本案ノ未タ繫屬セサルトキハ假差押裁判所ハ債務者ノ申立ニ因リ口

頭辯論ヲ經スシテ相當ニ定ムル期間內ニ訴ヲ起ス可キコトヲ債權者ニ命ス可シ若シ此期間ヲ經過スルモ訴ヲ起サヽルトキハ債務者ノ申立ニ因リ終局判決ヲ以テ假差押ヲ取消ス可シ（訴第七四六）

債務者ハ假差押ノ理由消滅シ其他事情ノ變更シタルトキ又ハ裁判所ノ自由ナル意見ヲ以テ定ム可キ保證ヲ立テントノ提供ヲ爲シタルトキハ假差押ノ認可後ト雖モ假差押ノ取消ヲ申立ツルコトヲ得此申立ニ付テハ終局判決ヲ以テ之ヲ裁判ス其裁判ハ假差押ヲ命シタル裁判所又本案カ既ニ繫屬シタルトキハ本案ノ裁判所之ヲ爲ス（訴第七四七）

假差押ノ執行ニ付テハ强制執行ニ關スル規定ヲ準用ス然レモ特別ノ規定ニ因リ差異ノ生スルトキハ此限ニ在ラス（訴第七四八）

假差押ノ命令ニハ其命令ヲ發シタル後債權者又ハ債務者ニ於テ承繼アル場合ニ限リ執行文ヲ附記スルコトヲ要ス又假差押命令ノ執行ハ命令ヲ言渡シ又ハ申立人ニ命令ヲ送達シタルヨリ十四日ノ期間ヲ徒

過スルトキハ之ヲ為スコトヲ許サス又此執行ハ債務者ニ差押命令ヲ送達スル前ト雖モ之ヲ為スコトヲ得(訴第七四九)

動産ニ對スル假差押ノ執行ハ各差押ト同一ノ原則ニ從ヒテ之ヲ為ス又債權者ノ假差押ニ付テハ其命令ヲ發シタル裁判所ヲ以テ管轄執行裁判所トス而シテ債權ノ假差押ニ付テハ第三債務者ニ對シ債務者ニ支拂ヲ為スコトヲ禁スル命令ノミヲ為ス可シ(訴第七五〇第一第二第三)

假差押ノ金錢ハ之ヲ供託ス可シ其他假差押物ノ競買及ヒ假差押有價證券ノ換價ハ一時之ヲ為サス然レトモ假差押物ニ著シキ價額ノ減少ヲ生スル恐アルトキ又ハ其貯藏ニ付キ不相應ナル費用ヲ生ス可キトキハ執行裁判所ハ申立ニ因リ其物ヲ競賣シ賣得金ヲ供託ス可キ旨ヲ執達吏ニ命スルコトヲ得(訴第七五〇第四)

不動産ニ對スル假差押ノ執行ハ假差押ノ命令ヲ登記簿ニ記入スルニ

因リテ之ヲ爲スモノナリ（訴第七五一）

假差押執行ノ爲メ强制管理ヲ爲ス塲合ニ於テハ保全ス可キ債權ニ相當スル金額ヲ取立テ之ヲ供託ス可シ（訴第七五二）

船舶ニ對スル假差押ノ執行ハ假差押ノ當時碇泊スル港ニ碇泊セシムルコトニ因リテ之ヲ爲ス裁判所ハ債權者ノ申立ニ因リ船舶ノ監守及ヒ保存ノ爲メ必要ナル處分ヲ爲ス（訴第七五三）

假差押命令ニ於テ定メタル金額ヲ供託シタルトキハ執行裁判所ハ執行シタル假差押ヲ取消ス可シ假差押ノ續行ニ付キ特別ノ費用ヲ要シ且之カ爲メ必要ナル金額ヲ債權者カ豫納セサルトキモ亦執行裁判所ハ假差押ノ取消ヲ命スルコトヲ得此裁判ハ口頭辯論ヲ經スシテ之ヲ爲スコトヲ得又此決定ニ對シテハ即時抗告ヲ爲スコトヲ得ルナリ（訴第七五四）

第二節　假處分

假處分ハ假差押ト同シク義務者カ將來盡スヘキ義務ヲ確實ニスル爲メ之ヲ許スモノトス然レ𪜈假處分ハ金圓ノ供給又ハ金圓ヲ以テ代償シ得ヘキ物品ノ供給ヲ確實ニスル爲メニアラスシテ確定物即チ一定ノ人若クハ一定ノ物若クハ一定ノ無形財産ニ關スル義務ヲ確實ニスルヲ以テ目的ト爲スモノナレハ此點ニ於テ假差押ト其性質ヲ異ニス故ニ假處分ハ常ニ訴訟物件既ニ始マリ又ハ將サニ始マラントスル直接ノ訴訟物件ニ關スルモノニシテ若シ之ヲ爲サヽルニ於テハ現狀ノ變更ニ因リ當事者一方ノ權利ノ實行ヲ爲ス𛀁能ハス又ハ之ヲ爲スニ困難ヲ生スル恐レアル𬼂之ヲ許スモノトス（訴第七五五）

假處分ハ爭アル權利關係ニ付キ假ノ地位ヲ定ムル爲ニモ亦之ヲ爲スコトヲ得然レ𪜈其處分ハ殊ニ繼續スル權利關係ニ付キ著シキ損害ヲ避ケ若クハ急迫ナル强暴ヲ防ク爲メ又ハ其他ノ理由ニ因リ之ヲ必要トスル𬼂ニ限ルナリ（訴第七六〇）

假處分ハ本案ヲ管轄スル裁判所ニ申請スヘキモノトス（第八十四號書式參看）（訴第七五七第一）假處分ノ目的ヲ達スルカ爲メ如何ナル處分ヲ爲スヘキヤハ裁判所ノ意見ヲ以テ之ヲ定ムルモノトス殊ニ保管人ヲ置キ又ハ相手方ニ行爲ヲ命シ若クハ之ヲ禁シ又ハ給付ヲ命スルコトヲ得又假處分チ以テ不動產ヲ讓渡シ又ハ抵當ト爲スコトヲ禁シタルトキハ裁判所ハ訴訟法第七百五十一條ノ規定ヲ準用シテ登記簿ニ其禁止ノ旨ヲ記入セシムヘキモノトス（訴第七五八）

假處分ハ原來獨リ本案ノ管轄裁判所即チ第一審裁判所之ヲ管轄ス若シ本案訴訟カ控訴審ニ繫屬スルトキハ該裁判所ノ管轄ニ屬ス（訴第七六三）而シテ急速ヲ要スル塲合ニ於テハ口頭辯論ヲ經スシテ裁判ヲ爲スコトヲ得（訴第七五七第二）只此種ノ塲合ニ於テハ裁判長ハ裁判所ニ代リ裁判ヲ爲スコトヲ得（訴第七六三）

又急迫ナル塲合ニ於テハ係爭物ノ所在地ヲ管轄スル區裁判所ハ假處

分ノ當否ニ付テノ口頭辯論ノ爲メ本案ノ管轄裁判所ニ相手方ヲ呼出スヘキ申立ノ期間ヲ定メ假處分ヲ命スルコトヲ得若シ其期間內ニ呼出ヲ爲サヽルトキハ區裁判所ハ申立ニ因リ其命シタル假處分ヲ取消スヘシ假處分ノ命令及ヒ取消ハ口頭辯論ヲ經スシテ之ヲ爲スヿヲ得（訴第七六一）其他假處分ノ命令及ヒ其後ノ手續ニ付テハ假差押ノ命令及ヒ手續ニ關スル規定ヲ準用ス（訴第七五六）然レトモ假處分ノ取消ハ保證ヲ立ツルモ特別ノ事情ヲ申立ツルニアラサレハ之ヲ爲スヿヲ許サヽルナリ（訴第七五九）

第七編　公示催告手續

公示催告手續ハ公示催告アランヿヲ裁判所ニ申立テ其不定ノ相手方又ハ分明ナラサル權利關係人ヲシテ其請求若クハ權利ニ付キ届出ヲ爲サシメン爲メ裁判所ヲシテ届出ツヘキ旨ヲ公示催告セシムルノ手續ヲ云フ而シテ此裁判上ノ公示催告ハ其届出ヲ爲サヽルトキハ失權

ヲ生スル効力ヲ以テ法律ニ定メタル場合ニ限リ之ヲ爲スコトヲ得公示催告手續ハ區裁判所之ヲ管轄ス(訴第七六四)

公示催告ノ申立ハ書面又ハ口頭ヲ以テ之ヲ爲スコトヲ得而シテ此申立ニ付テノ裁判ハ口頭辯論ヲ經スシテ之ヲ爲スコトヲ得(第八十五號書式參看)

申立ヲ許スヘキトキハ裁判所ハ公示催告ヲ爲スヘク其公示催告ヲ爲スヘク其公示催告ニハ殊ニ左ノ諸件ヲ揭記スヘシ(第八十六號書式參看)(訴第七六五)

第一　申立人ノ表示

第二　請求又ハ權利ヲ公示催告期日マテニ届出ツヘキコトノ催告

第三　届出ヲ爲サヽルニ因リ生スヘキ失權ノ表示

第四　公示催告期日ノ指定

公示催告ニ付テノ公示ハ裁判所ノ揭示板ニ揭示シ及ヒ官報又ハ公報

ニ掲載シテ之ヲ爲シ其他法律ニ別段ノ規定ヲ設ケサルトキハ訴訟法第百五十七條第三項ノ規定ニ從ヒテ之ヲ爲ス(訴第七六六)公示催告ヲ官報又ハ公報ニ掲載シタル日ト公示催告期日トノ間ニハ法律ニ別段ノ規定ヲ設ケサルトキハ少ナクトモ二个月ノ時間ヲ存スルコトヲ要ス(訴第七六七)公示催告期日ノ終リタル後ト雖モ除權判決前ニ届出ヲ爲ストキハ適當ナル時間ニ之ヲ爲シタルモノト看做ス(訴第七六八)除權判決ハ申立ニ因リテ之ヲ爲ス而シテ其判決前ニ詳細ナル探知ヲ爲ス可キ旨ヲ命スルコトヲ得又除權判決ノ申立ヲ却下スル決定及ヒ除權判決ニ付シタル限制又ハ留保ニ對シテハ即時抗告ヲ爲スコトヲ得(第八十七號書式參看)(訴第七六九)

申立人ノ申立ノ理由トシテ主張シタル權利ヲ爭フコトノ届出アリタルトキハ其事情ニ從ヒ届出テタル權利ニ付テノ裁判確定スルマテ公示催告手續ヲ中止シ又ハ除權判決ニ於テ届出テタル權利ヲ留保ス可

シ(訴第七七〇)
申立人カ公示催告期日ニ出頭セサルトキハ其申立ニ因リ新期日ヲ定ム可シ此申立ハ公示催告期日ヨリ六个月ノ期間ニ限リ之ヲ爲スコトヲ許ス(訴第七七一)
公示催告手續ヲ完結スル爲メ新期日ヲ定メタルトキハ其期日ノ公告ヲ爲スコトヲ要セス
裁判所ハ除權判決ノ重要ナル旨趣ヲ官報又ハ公報ニ掲載シテ公告ヲ爲スコトヲ得訴第七七三)
除權判決ニ對シテハ上訴ヲ爲スコトヲ得ス唯左ノ場合ニ於テハ除權判決ニ對シ申立人ニ對スル訴ヲ以テ催告裁判所ノ所在地ヲ管轄スル地方裁判所ニ不服ヲ申立ツルコトヲ得(第八十八號書式參看)(訴第七七四)
第一　法律ニ於テ公示催告手續ヲ許ス場合ニ非サルトキ
第二　公示催告ニ付テノ公告ヲ爲サス又ハ法律ニ定メタル方法ヲ

以テ公告ヲ爲サヽルトキ
第三　公示催告ノ期間ヲ遵守セサルトキ
第四　判決ヲ爲ス判事カ法律ニ依リ職務ノ執行ヨリ除斥セラレタルトキ
第五　請求又ハ權利ノ届出アリタルニ拘ハラス判決ニ於テ其届出ヲ法律ニ從ヒ顧ミサルトキ
第六　訴訟法第四百六十九條第一號乃至第五號ノ場合ニ於テ原狀回復ノ訴ヲ許ス條件ノ存スルトキ
右ノ訴ハ一个月ノ不變期間内ニ之ヲ起ス可シ此期間ハ原告カ除權判決ヲ知リタル日ヲ以テ始マル然レトモ右第四及ヒ第六ニ掲ケタル不服申立ノ理由ノ一ニ基キ訴ヲ起シ且原告カ右ノ日ニ其理由ヲ知ラサリシ場合ニ於テハ其期間ハ不服ノ理由ノ原告ニ知レタル日ヲ以テ始マル又除權判決ノ言渡ノ日ヨリ起算シテ五个年ノ滿了後ハ此訴ヲ起

スコトヲ得ス（訴第七七五）
盗取セラレ又ハ紛失若クハ滅失シタル手形其他商法ニ無効ト爲シ得ヘキコトヲ定メタル證書ハ公示催告手續ニ依リ無効ノ宣言ヲ爲スモノトス（訴第七七七）

此公示催告手續ニ付テハ左ノ特別規定ヲ適用ス

第一　無記名證券又ハ裏書ヲ以テ移轉シ得ヘク且略式裏書ヲ付シタル證書ニ付テハ最終ノ所持人公示催告手續ヲ申立ツル權アリ此他ノ證書ニ付テハ證書ニ因リ權利ヲ主張シ得ヘキ者此申立ヲ爲ス權アリ（訴第七七八）

第二　公示催告手續ハ證書ニ表示シタル履行地ノ裁判所之ヲ管轄ス若シ證書ニ其履行地ヲ表示セサルトキハ發行人カ普通裁判籍ヲ有スル地ノ裁判所之ヲ管轄シ其裁判所ナキトキハ發行人カ發行ノ當時普通裁判籍ヲ有セシ地ノ裁判所之ヲ管轄ス證書ヲ發行

スル原因タル請求ヲ登記簿ニ記入シタルトキハ其物ノ所在地ノ裁判所ノ管轄ニ專屬ス（訴第七七九）

第三　申立人ハ申立ノ憑據トシテ左ノ手續ヲ爲ス可シ

一　證書ノ謄本ヲ差出シ又ハ證書ノ重要ナル旨趣及ヒ證書ヲ十分ニ認知スルニ必要ナル諸件ヲ開示スルコト

二　證書ノ盜難、紛失、滅失及ヒ公示催告ヲ申立ツルコトヲ得ルノ理由タル事實ヲ疏明スルコト

第四　公示催告中ニ公示催告期日マテニ權利ヲ裁判所ニ屆出テ且其證書ヲ提出ス可キ旨ヲ證書ノ所持人ニ催告ス可ク又失權トシテ證書ノ無效宣言ヲ爲ス可キ旨ヲ戒示ス可シ（訴第七八一）

第五　公示催告ノ公告ハ裁判所ノ揭示板ニ揭示シ且官報又ハ公報ニ揭載シ及ヒ新聞紙ニ三回揭載シテ之ヲ爲ス又公示催告裁判所ノ所在地ニ取引所アルトキハ取引所ニモ亦此公告ヲ揭示ス可シ

（訴第七八二）公示催告ヲ官報又ハ公報ニ掲載シタル日ト公示催告期日トノ間ニハ少ナクトモ六个月ノ時間ヲ存スルコトヲ要ス（訴第七八三）

第六　除權判決ニ於テハ證書ヲ無效ナリト宣言ス可シ該判決ノ重要ナル旨趣ハ官報又ハ公報ヲ以テ之ヲ公告ス可シ又不服申立ノ訴ニ因リ判決ヲ以テ無效宣言ヲ取消シタルトキハ其判決ノ確定後官報又ハ公報ヲ以テ之ヲ公告ス可シ（訴第七八四）

第七　除權判決アリタルトキハ其申立人ハ證書ニ因リ義務ヲ負擔スル者ニ對シテ證書ニ因レル權利ヲ主張スルコトヲ得（訴第七八五）

第八編　仲裁手續

仲裁手續ハ通常仲裁契約即チ原告被告間ノ訴訟ヲ一名又ハ數名ノ仲裁人ヲシテ爭ノ判斷ヲ爲サシムルノ契約ニ基クモノトス該手續ハ當

事者カ係爭物ニ付キ和解ヲ爲ス權利アル場合ニ限リ其效力ヲ有ス(訴第七八六)又將來ノ爭ニ關スル仲裁契約ハ一定ノ權利關係及ヒ關係ヨリ生スル爭ニ關スル片ハ其效力ヲ有ス(訴第七八七)

仲裁契約ニ於テ仲裁人ノ選定ニ關シ別段ノ定ナキトキハ當事者ハ各一名ノ仲裁人ヲ選定スルコトヲ得(訴第六八八)然レ𪜈法律又ハ仲裁契約ニ依リ當事者ノ雙方カ仲裁人ヲ選定スル權利ヲ有スルトキハ先ニ手續ヲ爲ス一方ハ書面ヲ以テ相手方ニ其選定シタル仲裁人ヲ指示シ且七日ノ期間内ニ同一手續ヲ爲ス可キ旨ヲ催告ス可シ若此期間ヲ徒過シタルトキハ管轄裁判所ハ先ニ手續ヲ爲ス一方ノ申立ニ因リ仲裁人ヲ選定ス(第八十九號書式參看)(訴第七八九)

當事者ノ一方ニ相手方ニ仲裁人選定ノ通知ヲ爲シタル後ハ相手方ニ對シテ其選定ニ覊束セラルヽモノトス(訴第七九〇)

仲裁契約ヲ以テ選定シタルニ非サル仲裁人カ死亡シ又ハ其他ノ理由

ニ因リ欠缺シ又ハ其職務ノ引受若クハ施行ヲ拒ミタルトキハ其仲裁人ヲ選定シタル當事者ハ相手方ノ催告ニ因リ七日ノ期間内ニ他ノ仲裁人ヲ選定ス可シ此期間ヲ徒過シタルトキハ管轄裁判所ハ其催告ヲ爲シタル者ノ申立ニ因リ仲裁人ヲ選定ス可キモノトス(訴第七九一)

仲裁人ニ付テハ當事者ハ判事ヲ忌避スル權利アリト同一ノ理由及ヒ條件ヲ以テ之ヲ忌避スルコトヲ得此他仲裁契約ヲ以テ選定シタルニ非サル仲裁人カ其責務ノ履行ヲ不當ニ遲延スルトキハ亦之ヲ忌避スルコトヲ得又無能力者、聾者、啞者及ヒ公權ノ剝奪又ハ停止中ノ者ハ之ヲ忌避スルコトヲ得(訴第七九二)

仲裁契約ハ當事者ノ合意ヲ以テ左ノ場合ノ爲メ豫定ヲ爲サヽリシトキハ其効力ヲ失フ(訴第七九三)

第一　契約ニ於テ一定ノ人ヲ仲裁人ニ選定シ仲裁人中ノ或ル人カ死亡シ又ハ其他ノ理由ニ因リ欠缺シ又ハ其職務ノ引受ヲ拒ミ又

ハ仲裁人ノ取結ヒタル契約ヲ解キ又ハ其責務ノ履行ヲ不當ニ遲延シタルトキ

第二　仲裁人カ其意見ノ可否同數ナル旨ヲ當事者ニ通知シタルトキ

仲裁手續ハ原告被告之ニ付キ別段ノ契約ヲ爲サヽル片ハ仲裁人ノ意見ニ任スヘキモノトス然レ𪜈仲裁人ハ仲裁判斷ヲ爲ス前ニ原被告ヲ審訊シ且必要トスル限リハ爭ノ原因タル事件關係ヲ探知セサルヘカラス(訴第七九四)又仲裁人ハ任意ニ出頭スル所ノ證人及ヒ鑑定人ヲ訊問スルヿヲ得然レ𪜈此等ノ者ヲシテ宣誓ヲ爲サシメ又ハ原被告ヲシテ宣誓ヲ爲サシムル權ヲ有セス(訴第七九五)

仲裁人ノ必要ト認ムル判斷上ノ行爲ニシテ仲裁人ノ爲スコトヲ得サルモノハ當事者ノ申立ニ因リ其申立ヲ相當ト認メタルトキニ限リ管轄裁判所之ヲ爲スヘシ證人又ハ鑑定人ニ供述ヲ命シタル裁判所ハ證

據テ述フルコト又ハ鑑定ヲ爲スコトヲ拒ミタル場合ニ於テ必要ナル裁判ヲモ亦爲ス權アリ(訴第七九六)

仲裁人ハ當事者カ仲裁手續ヲ許ス可カラザルコトヲ主張スルトキ殊ニ法律上有効ナル仲裁契約ノ成立セサルコト仲裁契約カ判斷ス可キ爭ニ關係セサルコト又ハ仲裁人カ其職務ヲ施行スル權ナキコトヲ主張スルトキト雖モ仲裁手續ヲ續行シ且仲裁判斷ヲ爲スコトヲ得(訴第七九七)

數名ノ仲裁人カ仲裁判斷ヲ爲ス可キトキハ過半數ヲ以テ其判斷ヲ爲ス可シ但仲裁契約ニ別段ノ定アルトキハ此限ニ在ラス(訴第七九八)

仲裁人ハ仲裁判斷書ニ其作リタル年月日ヲ記載シ之ニ署名捺印ス可シ又署名捺印シタル判斷ノ正本ハ之ヲ當事者ニ送達シ其原本ハ送達ノ證書ヲ添ヘテ管轄裁判所ノ書記課ニ之ヲ預ケ置ク可シ(訴第七九九)

仲裁判斷ハ當事者間ニ於テ確定シタル裁判所ノ判決ト同一ノ效力ヲ

有ス（訴訴八〇〇）
仲裁判斷ノ取消ハ左ノ場合ニ於テ之ヲ申立ツルコトヲ得（第九十號書式參看）（訴第八〇一）
第一　仲裁手續ヲ許ス可カラサリシトキ
第二　仲裁判斷カ法律上禁止ノ行爲ヲ爲ス可キ旨ヲ當事者ニ言渡シタルトキ
第三　當事者カ仲裁手續ニ於テ法律ノ規定ニ從ヒ代理セラレサリシトキ
第四　仲裁手續ニ於テ當事者ニ審訊セサリシトキ
第五　仲裁判斷ニ理由ヲ付セサリシトキ
第六　訴訟法第四百六十九條第一號乃至第五號ノ場合ニ於テ原狀回復ノ訴ヲ許ス條件ノ存スルトキ
右ノ取消ハ當事者カ別段ノ合意ヲ爲シタルトキハ右第四及ヒ第五ニ

揭ケタル理由ニ因リ之ヲ爲スコトヲ得ス
仲裁判斷ニ因リ爲ス强制執行ハ執行判決ヲ以テ其許ス可キコトヲ言渡シタルトキニ限リ之ヲ爲スコトヲ得然レ𪜈執行判決ハ仲裁判斷ノ取消ヲ申立ツルコトヲ得ヘキ理由ノ存スルトキハ之ヲ爲スコトヲ得ス(訴第八〇二)
執行判決ヲ爲シタル後ハ仲裁判斷ノ取消ハ原狀回復ノ訴ヲ許ス條件ノ存スル𪜈之ヲ申立ツルコトヲ得尤モ當事者カ過失ノ自己ニ非スシテ前手續ニ於テ取消ノ理由ヲ主張スル能ハサリシコトヲ疏明シタルトキニ限ル(訴第八〇三)
仲裁判斷取消ノ訴ハ右ノ場合ニ於テハ一个月ノ不變期間內ニ之ヲ起ス可シ此期間ハ當事者カ取消ノ理由ヲ知リタル日ヲ以テ始マル然レトモ執行判決ノ確定前ニハ始マラサルモノトス然レ𪜈執行判決ノ確定ト爲タル日ヨリ起算シテ五个年ノ滿了後ハ此訴ヲ起スコトヲ許サ

ス仲裁判斷ヲ取消ストキハ執行判決ノ取消ヲモ亦言渡スヘキモノトス(訴第八〇四第一第二第三)

仲裁手續ニ付キ當事者ノ合意アラサル場合ニ於テハ其手續ハ仲裁人ノ意見ヲ以テ之ヲ定ム(訴第八〇四第四)

仲裁人ヲ選定シ若クハ忌避スルコト仲裁契約ノ消滅スルコト、仲裁手續ヲ許スヘカラサルコト仲裁判斷ヲ取消スコト、之ハ執行判決ヲ爲スコトヲ目的トスル訴ニ付テハ仲裁契約ニ指定シタル區裁判所又ハ地方裁判所之ヲ管轄シ其指定ナキトキハ請求ヲ裁判上主張スル場合ニ於テ管轄ヲ有スヘキ區裁判所又ハ地方裁判所之ヲ管轄ス若シ管轄ヲ有スル裁判所數箇アルトキハ當事者又ハ仲裁人カ最初ニ關係セシメタル裁判所之ヲ管轄スルモノトス(訴第八〇五)

民事訴訟提要終

（第一號書式）

（甲）管轄裁判所指定ノ申請（訴第二六參看）

附屬證據書類何通（附屬證據書類ノアル𪜈ハ如此記載スルヲ要ス以下倣之）

何府縣何市郡何町村何番地身分職業

申請人　某

私儀何府縣何市郡何町村何番地身分職業某ニ對シ何々訴訟提起仕度候處其訴訟ノ目的トスル地所ノ一ハ浦和地方裁判所ノ管轄區内ニ一ハ横濱地方裁判所ノ管轄區内ニ散在セリ即チ附屬第何號ヨリ第何號ニ至ル書類ヲ以テ證明仕候

右ノ如クナルニ付相當ノ裁判管轄御指定相成度此段申請仕候也

右

明治何年何月何日

申請人　某印

東京控訴院長　某　殿

（乙）合意上裁判管轄ニ付申請（訴第二九參看）

何府縣何市郡何町村何番地身分職業

原告　某

何府縣何市郡何町村何番地身分職業

被告　某

右當事者間ノ何々訴訟提起仕候本件ハ當裁判所ノ御管轄ニハ無之候得共私共合意ニ因リ當裁判所ニ於テ御裁判被成下度此段申請仕候也

右

原告　某印

被告　某印

何地方裁判所長　某　殿

（第二號書式）

（甲）特別代理人選定ノ申請（訴第四六參看）

何府縣何市郡何町村何番地身分職業

申請人　某

私儀何府縣何市郡何町村何番地身分職業某ニ對シ何々訴訟提起仕度候處本件ハ何々ノ件ニ關リ何々ノ爲メ（例ヘハ時效ニ因リ權利消滅シ又ハ訴訟物腐敗ニ歸スル等）危害ノ恐レ有之ニ依リ至急起訴仕度候得共相手方某ハ訴訟無能力ニシテ法律上代理人無之（又ハ「某ハ何年何月何日死亡シ跡相續人未ダ定ラス」又ハ「跡相續人ノ所在不分明」ニ付特別代理人御選定相成度此段申請仕候也

右

明治何年何月何日

申請人　某印

何地方裁判所長　某　殿

（乙）特別代理人選定ノ申請（訴第四七參看）

何府縣何市郡何町村何番地身分職業

申請人　某

私儀何府縣何市郡何町村何番地身分職業某ニ對シ何訴訟提起仕度候處某ハ現今何府縣何市郡何町村何學校寄宿生徒ニシテ且訴訟無能力者ニ有之候尤モ何地ニ法律上代理人有之候得共遠隔ニテ差支候間當地ニ於テ特別代理人御選定相成度此段申請仕候也

右

明治何年何月何日　申請人　某印

何地方裁判所長　某　殿

（第三號書式）

（甲）主參加訴訟（訴第五一第五二參看）

附屬證據書類何通

何府縣何市郡何町村何番地身分職業

主參加人　某

何府縣何市郡何町村何番地身分職業

原告　某

何府縣何市郡何町村何番地身分職業

被告　某

右原告ヨリ被告ニ對スル明治何年第何號何々請求ノ訴訟ニ付原告カ賣却ヲ受ケタリトテ其引渡ヲ求ムル何々物件ハ主參加人ノ所有物ニ有之候其證據ハ附屬書第何號ヲ以テ申立候

右ノ理由ニ付原告被告ヲ期日ニ御呼出相成度且原告被告ニ於テ私ノ所有ナルコトヲ承認シ該物件ヲ引渡ス樣御判決相成度候也

右

明治何年何月何日

主參加人　某印

何地方裁判所民事第何部長判事　某　殿

（乙）主參加ニ付本訴中止ノ申請

何府縣何郡市何村町何番地身分職業
主參加人　某

何府縣何郡市何村町何番地身分職業
原告　某

何府縣何郡市何村町何番地身分職業
被告　某

右原告ヨリ被告ニ係ル何々事件ニ付此度主參加訴訟提起仕候ニ付テハ本訴ノ判決中止被成下度此段申請仕候也

右主參加人　某印

明治何年何月何日

何地方裁判所民事第何部長判事　某　殿

（第四號書式）

何々訴訟ニ對スル從參加ノ申請（訴第五六參看）

附屬証據書類何通

何府縣何市郡何町村何番地身分職業

從參加人　某

何府縣何市郡何町村何番地身分職業

原告　某

何府縣何市郡何町村何番地身分職業

被告　某

右原告ヨリ被告ニ對スル明治何年第何號何々ノ事件ニ對シ私ハ被告ニ附隨仕候

原告被告カ爭訟スル處ノ何々物件ハ從參加人カ明治何年何月何日何府縣何市郡何町村何番地某ヨリ買求メ其後明治何年何月何日被告ニ貸與セシモノニ有之候其事實ハ附屬第何號書類ヲ以テ証明仕候

右ノ事由ニ付本訴訟ノ結果ハ私ニ利害ノ關係アルヲ以テ私ハ被告ヲ

補助スル爲メ何年何月何日ニ定メラレタル口頭辯論ノ期日ニ於テ原告ノ訴ヲ却下アリ度キコトヲ申立テ且該物件ハ私ノ所有ニシテ被告ニ貸渡シタルモノナルコトヲ主張可致候此段申請仕候也

右從參加人

明治何年何月何日　　某印

何區裁判所判事　某　殿

（第五號書式）

甲）委任狀（訴第六四乃至第六八參看）

私儀何府縣何市郡何町村何番地身分職業某ニ對スル何々事件ニ付辯護士某ニ訴訟代理ヲ委任ス

何府縣何市郡何町村何番地身分職業

明治何年何月何日　　某印

（乙）委任狀

私儀何府縣何市郡何町村何番地身分職業某ニ對スル何々事件ニ付親戚(雇人)
某ヲ以テ訴訟代理人トナシ左ノ權限ノ代理ヲ委任ス

一何々ノ事

一何々ノ事

一何々ノ事

以上

明治何年何月何日

何府縣何市郡何町村何番地身分職業

某印

(第六號書式)

(甲) 訴訟費用額確定ノ申請 (訴第八四参看)

附屬証據書類何通

何府縣何市郡何町村何番地身分職業

原告 某

何府縣何市郡何町村何番地身分職業
被告　某

右當事者間ノ明治何年第何號何々事件ニ付キ原被告ハ明治何年何月何日何裁判所ノ執行力アル判決ニ因リ訴訟費用ノ全幾部ヲ負擔スヘキ者ニ有之候依テ別紙訴訟費用計算調書幷ニ疏明書類何通提出仕候間右原被告カ辨濟スヘキ訴訟費用額幷ニ確定決定ノ費用額御確定相成度此段申請仕候也

明治何年何月何日

右申請人
原被告　某印

何地方裁判所民事第何部長判事　殿

（乙）訴訟費用額確定口頭申請調書

何府縣何市郡何町村何番地身分職業
原告　某

何府縣何郡市何町村何番地身分職業

被告　某

右當事者間ノ明治何年第何號何々事件ニ付キ原被告ハ出頭ノ上左ノ陳述ヲ爲シタリ

原被告ハ明治何年何月何日何裁判所ノ執行力アル判決ニ因リ訴訟費用ノ全幾部ヲ負擔ス可キ者ニ有之候

依テ別紙訴訟費用計算調書幷ニ疏明書類何通提出候間右原被告カ辨濟ス可キ訴訟費用額幷ニ確定決定ノ上費用額御確定相成度候也

右調書ハ申請人承諾ノ上記名調印セリ

何裁判所　某　印

明治何年何月何日

書記　某　印

(丙) 訴訟費用確定決定（訴第八五參看）

何府縣何市郡何町村何番地身分職業

原告　某

何府縣何市郡何町村何番地身分職業

被告　某

右當事者間ノ明治何年第何號何々事件ニ付キ明治何年何月何日何裁判所ノ執行力アル判決ニ因リ原被告カ提出シタル費用計算書ノ訴訟費用金何圓ハ原被告ノ負擔スヘキモノト確定ス

何裁判所

明治何年何月何日

判事　某　印

（第七號書式）

（甲）　訴訟費用計算書（訴第八四參看）

何府縣何市郡何町村何番地身分職業

原告　某

何府縣何市郡何町村何番地身分職業

被告　某

右當事者間ノ明治何年第何號何々事件ニ付テノ訴訟費用ハ左ノ通ニ有之候

裁判所ノ費用及ヒ立替金

一金　訴訟印紙代

一金　証人日當旅費

一金　鑑定人日當旅費

一金　、、、、

小計金

執達吏ノ費用及ヒ立替金

一金　手數料

一金　立替金

一金　、、、

小計金

其他ノ立替金

一金　、、、

一金　、、、

一金　、、、

小計金

總計金

右

原被告　某印

（乙）訴訟費用計算調書（訴第八四參看）

何府縣何市郡何町村何番地身分職業

原告　某

何府縣何市郡何町村何番地身分職業

被告　某

右當事者間ノ明治何年第何號何々事件ニ付テノ原被告ノ訴訟費用ハ左ノ如シ

裁判所ノ費用及ヒ立替金

一金　訴訟印紙代

一金　証人日當旅費

一金　鑑定人日當旅費

一金　ヽヽヽヽ

小計金

執達吏ノ費用及ヒ立替金

一金　手數料

一金　立替金

一金
小計金
其他ノ立替金
一金
一金
一金
小計金
總計金
右調書ハ申請人承諾ノ上記名調印セリ
某　印
何裁判所
明治何年何月何日
書記　某　印
（第八號書式）

（甲）　訴訟上救助申請（訴第九一第九三參看）

何府縣何市郡何町村何番地身分職業
申請人　某

私儀何府縣何市郡何町村何番地身分職業某ニ對シ訴訟提起仕度候處貧窮ニシテ訴訟費用ヲ辨シ難ク候ニ付第一審幷ニ强制執行共ニ訴訟上ノ救助御許可相成度別紙管轄市(町)(村)長証明書相添謹而願上候也

訴訟關係（訴訟關係ハ簡明ニ記載スルヲ要ス例ヘハ左ノ如シ）

何年何月何日何區裁判所ノ失踪宣言ニ依リ被告ハ申請人ノ財產ヲ占有セリ申請人ハ現出後直ニ其返還ヲ請求スルモ被告ハ保全費用金何圓辨濟ヲ受クルニ非レハ其請求ニ應スルコトヲ得スト主張セリ

証據方法

一財產目錄及計算書

右

明治何年何月何日　申請人　某　印

何地方裁判所長　某　殿

(乙) 訴訟上救助口頭申請調書 (訴第九一第九三參看)

何府縣何市郡何町村何　地身分職業

申請人　某

私儀何府縣何市郡何町村何番地身分職業某ニ對シ訴訟ヲ提起仕度候處貧窮ニシテ訴訟費用ヲ辨シ難ク候ニ付第一審幷ニ强制執行共ニ訴訟上ノ救助御許可相成度別紙管轄何市(町)(村)長証明書相添謹而願上候也

訴訟關係

(例へハ)申請人ハ何年何月何日ヨリ同何日マテ被告住居ノ家根瓦修繕ノ手間賃金何圓何錢ノ支拂ヲ請求セシ處被告ハ其辨濟ヲ拒ミタリ

証據方法

一証人　某

右調書ハ申請人承諾ノ上記名調印セリ

某　印

何裁判所

明治何年何月何日　書記　某　印

（第九號書式）

訴訟上救助許可（訴第九四第九七第一〇一參看）

何府縣何市郡何町村何番地身分職業

原告　某

何府縣何市郡何町村何番地身分職業

被告　某

右當事者間ノ何々事件ニ付當裁判所ハ原被告ニ左ノ訴訟上ノ救助ヲ附與ス

一　裁判費用（國庫ノ立替金ヲ包含ス）濟清ノ假免除

一　訴訟費用保証ヲ立ツルコトノ免除

一　送達及執行行爲ヲ爲サシムル爲メ一時無報酬ニテ執達吏ノ附添

一　一時無報酬ニテ辯護士ノ附添

何地方裁判所

裁判長　判事　某　印

判事　某　印

判事　某　印

明治何年何月何日

（第十號書式）

準備書面（準備書面ハ即チ訴狀、答辯書ナルヲ以テ略之）

（第十一號書式）

（甲）　口頭辯論調書（訴第一二九乃至第一三二第三八〇參看）

何府縣何市郡何町村何番地身分職業

原告　何府縣何市郡何町村何番地身分職業　某

右辯護士訴訟代理人　某

被告　何府縣何市郡何町村何番地身分職業　某

右辯護士訴訟代理人　某

右當事者間ノ明治何年第何號何々事件ニ付明治何年何月何日午前後第何時何地方裁判所民事第何部ニ於テ原告某被告某出頭

裁判長　判事　某

判事　某

判事　某

立會檢事某通事某列席公開禁公開口頭辯論ニ依リ左ノ通明確ニス

書記 某

何々、、、

右調書ハ法廷ニ於テ關係人ニ「讀聞カセ」「閲覧セシメ」シ處、、、、ハ之ヲ承諾セリ

明治何年何月何日

裁判長 判事 某 印

書記 某 印

（第十二號書式）

假住所御屆（訴第一四一參看）

何府縣何市郡何町村何番地身分職業

原被告 某

私儀何府縣何市郡何町村何番地身分職業某ニ對スル何々事件ニ付今般何町何番地某方ヲ以テ假住所ニ選定仕候間此段及御屆候也

右

明治何年何月何日

某 印

（甲）訴狀送達狀

（訴一四五、一四八、一五六、一九九、一四六、一四九、一六一、一四七、一五一、一九三、參看）

訴狀送達狀

原告某ト被告某間ノ何々事件ノ別冊訴狀送達候條明治何年何月何日迄ニ答辯書ヲ差出シ且口頭辯論ノ爲メ明治何年何月何日午前/午後何時當地方區裁判所ヘ出頭可致候也

明治何年何月何日　何地方(區)裁判所

何府/縣何市/郡何町/村何番地

某　殿

受取人ノ署名捺印若シ能ハサルトキ拒ミタルトキ又ハ受取ラサルトキハ其理由	
送達ノ年月日時	
送達ノ場所	
親族雇人營業使用人筆生代理人會社ノ首長等ニ送達シタルトキ又ハ市町村長ニ預置キタルトキ等ノ事由	

右之通取扱候也

區裁判所執達吏

明治　年　月　日　何　某　印

契

（訴一四五、一四八、一三六
一四六、一四九
一四七、一五一、參看）

（乙）送達狀

送達狀

一　書何通

右某區裁判所（當區裁判所）執達吏ヲ以テ送達セシメ候也

地方區裁判所

明治何年何月何日　書記　某　印

何府縣何市郡何町村何番地

某　殿

契

受取人ノ署名捺印若シ能ハサルトキ拒ミタルトキ又ハ受取ラサルトキハ其事由	送達ノ年月日時	送達ノ場所	親族雇人營業使用人筆生代理人會社ノ首長等ニ送達シタルトキ又ハ市町村長ニ預置キタルトキ等ノ事由

右之通取扱候也

區裁判所執達吏

明治何年何月何日　某　印

（第十四號書式）（甲）郵便送達證書

（民訴一三六、一四九、一四五、一五一參看）

郵便送達證書

一封書　何通

地方裁判所書記課發

何府縣何郡何市町村何番地

某　宛

一　受取本人　某　印

二　本人署名捺印スルコト能ハス

三　本人封書ヲ受取リ署名捺印スルコトヲ拒ミタリ

四　本人不在ニ付其妻某ニ渡シタリ

五　本人不在ニ付其成長シタル男女某ニ渡シタリ

六　本人不在ニ付成長シタル雇人某ニ渡シタリ

七　本人理由ナク受取ヲ拒ミタルニ付其場ニ差置キタリ

八　本人其家族雇人等受取人無之候ニ付何市町村長ニ預置キ住居ノ戸ニ告知書ヲ貼付シ且其旨ヲ隣家ノ者二名ニ通知シタリ

送達ノ年月日時

送達ノ場所

右之通取扱候也

郵便局

明治　年　月　日　配達人　某　印

契

（乙）送達告知書

一封書　何通

右何地方裁判所書記課ヨリ某宛ノ封書何市町村長ニ預置候間速ニ受取可
申候也

何郵便局

明治何年何月何日

配達人　某　印

（第十四號ノ二書式）

（甲）公示送達申立（訴第一五七參看）

何府縣何市郡何町村何番地身分職業

申立人　某

私儀何府縣何市郡何町村何番地身分職業某ニ對スル何々事件ニ付何々書類
ノ送達ヲ要シ候處相手方ノ現所在不分明ニ付公ノ告示ヲ以テ御送達
被成下度此段申立候也

右

明治何年何月何日

申立人　某　印

何地方(區)裁判所御中

（乙）公示送達（訴第一五七參看）

何府縣何市郡何町村何番地身分職業

原告　某

何府縣何市郡何町村何番地身分職業

被告　某

右當事者間ノ何々事件ニ付當裁判所ハ原被告ノ申立ニ依リ別紙訴狀ヲ告示ス

何地方區裁判所

明治何年何月何日

書記　某　印

期日呼出狀

原告某ト被告某間ノ何々事件ニ付キ口頭辯論ノ爲メ明治何年何月何日午前後何時當地方裁判所ヘ出頭可致候也

地方裁判所

明治何年何月何日　書記　某　印

何府縣何市郡何町村何番地

某　殿

契

受取人若シ署名捺印シ能ハサルトキ拒ミタルトキ又ハ受取ラサルトキハ其事由	送達ノ年月日時	送達ノ場所	親族雇人營業使用人筆生代理人會社ノ首長等ニ送達シタルトキ又ハ市町村長ニ預置キタルトキ等ノ事由

右之通取扱候也

明治　年　月　日

何區裁判所執達吏

某　印

（乙）何々期日變更ノ申請（訴第一六九參看）

何府縣何市郡何町村何番地身分職業

原告　某

何府縣何市郡何町村何番地身分職業

被告　某

右當事者間ノ明治何年第何號何々事件ニ付明治何年何月何日口頭辯論期日ニ候處何々事故（此所ニ於テ出頭シ得ヘカラサル事故ノ理由ヲ疏明スヘシ）ノ爲メ出頭仕兼候ニ付明治何年何月何日ニ變更被成下度此段申請仕候也

右申請人

明治何年何月何日　原（被）告　某印

何地方裁判所民事第何部長判事　某　殿

（丙）何々期間短縮（伸長）ノ申請（訴第一七〇參看）

何府縣何市郡何町村何番地身分職業

原告　某

何府縣何市郡何町村何番地身分職業
被告　某

右當事者間ノ明治何年第何號何々事件ニ付何々ノ期間ハ何日間ニ候處何々ノ事故有之差支候ニ付何日間ニ短縮(更ニ何日間伸長)被成下度此段申請仕候也

右申請人

明治何年何月何日

原(被)告　某印

何地方裁判所民事第何部長判事　某　殿

(第十五號書式)

原狀回復ノ申立(訴第一七六參看)

何府縣何市郡何町村何番地身分職業
原告　某

何府縣何市郡何町村何番地身分職業
被告　某

右當業者間ノ何々事件ニ付明治何年何月何日何裁判所ノ判決ニ對シ故障申立(抗告、控訴、上告)ノ不變期間ヲ遵守スルヿヲ得サリシハ私ノ過失ニアラサルヲ以テ左ニ其事由ヲ疏明シ原狀回復ヲ求メ候

闕席判決ヲ私ヘ御送達相成リタルハ明治何年何月何日ニ有之候然ルニ何月何日ヨリ何事變又ハ何々ノ天災ニ罹リ交通ヲ遮斷セラレ爲メニ法律上ノ期日ニ故障ヲ申立ツルヿヲ得サリシ次第ニ有之候

右ノ事由ニ付原狀回復ヲ求メ且該判決ニ對シ別册ノ如ク故障申立(抗告、抗訴、上告)仕候間御聽許相成度候也

右申立人

原(被)告　某

何地方裁判所長　某　殿

(第十五號ノ二書式)

死跡訴訟受繼人呼出ノ申立(第一七八參看)

何府縣何市郡何町村何番地身分職業

原告 某
何府縣何市郡何町村何番地身分職業
被告 某

右當事者間ノ明治何年第何號何々事件ニ於ケル相手方ハ明治何年何月何日ヲ以テ死亡セシニ依リ訴訟手續ハ目下中斷セラレ候處其死跡ハ別紙戸籍寫ノ通リ某ニ於テ承繼候條訴訟手續受繼且口頭辯論ノ爲メ期日ヲ定メラレ同人御呼出被成下度此段申立候也

右申立人
原(被)告 某印

明治何年何月何日

何地方裁判所民事第何部長裁判長判事 某 殿

(別紙ニ戸籍寫ヲ添付スヘシ)

(第十五號ノ三書式)

訴訟手續中止ノ申請（訴第一八四參看）

何府縣何市郡何町村何番地身分職業
原告 某

何府縣何市郡何町村何番地身分職業
被告　某

右當事者間ノ明治何年第何號何々事件ニ於ケル原(被)告ハ兵役ニ服シ居リ明治何年何月何日ヨリ何々戰爭ニ從事シテ何地ニ出張シ(又ハ何々事變ノ爲メ交通ヲ遮斷セラレ)出頭難致候ニ付此障碍消除候迄訴訟手續中止被成下度此段申請仕候也

右申請人
原(被)告　某印

明治何年何月何日

何地方裁判所民事第何部長判事某　殿

(第十五號ノ四書式)

訴訟手續休止ニ付御届

何府縣何市郡何町村何番地身分職業
原告　某

何府縣何市郡何町村何番地身分職業

被告　某

右當事者間ノ明治何年第何號何々事件何々ニ付訴訟手續休止ノ旨合意仕候條此段及御屆候也

右

原告　某印
被告　某印

何地方裁判所民事第何部長判事　某　殿

（第十五號ノ五書式）

相手方呼出ノ申立（訴第一八八參看）

何府縣何市郡何町村何番地身分職業
原告　某

何府縣何市郡何町村何番地身分職業
被告　某

右當事者間ノ明治何年第何號何々事件ニ付指定セラレタル明治何年何月何日ノ口頭辯論期日ニ双方共出頭セサリシニ依リ更ニ期日ヲ定

メラレ相手方御呼出相成度此段申立候也

右

明治何年何月何日

原(被)告　某印

何地方裁判所民事第何部長判事　某　殿

(第十六號書式)

(甲)　賣買代金請求ノ訴(訴第一九〇第三七四參看)

何府縣何市郡何町村何番地身分職業

原告　某

何府縣何市郡何町村何番地身分職業

被告　某

事實

被告ハ原告ヨリ別紙計算書ノ通リ物品ヲ買受ケ且既ニ其物品ヲ受取リタリ

證據方法

一受取證書

申立

被告ハ原告ニ對シ賣買代金何圓幷ニ明治何年何月何日マテノ利息金何圓合計金何圓ヲ辨濟ス可キ樣御判決相成度候也

右

某　印

明治何年何月何日

何區裁判所御中

（乙）買受物引渡請求ノ訴（訴第一九〇第三七四參看）

何府縣何市郡何町村何番地身分職業

原告　某

何府縣何市郡何町村何番地身分職業

被告　某

事實

原告ハ被告ヨリ別紙計算書ノ通何々ヲ買受ケ且既ニ其代價ヲ支拂ヒタリ

證據方法

一代金請取證書

申立

被告ハ原告ニ對シ速ニ右物品ヲ引渡シ(且)引渡遲滯ニ依テ生シタル損害賠償トシテ金何圓仕拂(拂)候樣御判決相成度候也

右

明治何年何月何日

原告　某

何區裁判所御中

(丙)　貸金請求ノ訴（訴第一九〇第三七四參看）

何府縣何市郡何町村何番地身分職業

三十八

原告　某

何府縣何市郡何町村何番地身分職業

被告　某

事實

被告ハ明治何年何月何日原告ヨリ年月何割ノ利子ニテ金何圓ヲ借受ケ
且明治何年何月何日限リ辨濟スヘキコトヲ約シタリ

證據方法

一借用金證書

申立

被告ハ原告ニ對シ右借用金何圓幷ニ明治何年何月何日ヨリ明治何年何月何日マテノ利息金何圓合計金何圓ヲ辨濟スヘキ樣御判決相成度候也

右

明治何年何月何日　　原告　某印

何地方裁判所長某　殿

(丁) 家賃請求ノ訴 (訴第三七四參看)

何府縣何市郡何町村何番地身分職業　原告　某

何府縣何市郡何町村何番地身分職業　被告　某

事實

被告ハ原告ヨリ何府縣何市郡何町村何番地ノ家屋倉庫ヲ借受ケ現前ニ住居使用致シ家賃ハ年月金何圓ツヽ明治何年何月何日限リ支拂フコト
貸借期間ハ明治何年何月何日ヨリ明治何年何月何日マテ

證據方法

一 借家證書

申立

被告ハ原告ニ對シ未濟ノ家賃金何圓幷ニ明治何年何月何日ヨリノ利息金何圓合計金何圓ヲ辨濟スヘキ樣御判決相成度候也

右

明治何年何月何日　原告　某印

何區裁判所御中

(戊) 貸家明渡請求口頭訴調書（訴第三七四參看）

何府縣何市郡何町村何番地身分職業　原告　某

何府縣何市郡何町村何番地身分職業　被告　某

事實

被告ハ原告ヨリ何府縣何市郡何町村何番地ノ家屋倉庫ヲ借受ケ現ニ住居使用ス

貸借期間ハ明治何年何月何日ヨリ明治何年何月何日マテ
家賃ハ年月金何圓ツヽ明治何年何月何日限リ支拂フコト
期日ニ至リ被告ニ於テ家賃ヲ拂ハサル片ハ原告ハ直ニ明渡ヲ請求ス
ルヲ得ヘキコト

證據方法

被告ハ明治何年何月何日期日ニ至ルモ家賃ヲ支拂ハス

一借家證書

申立

被告ハ原告ニ對シ右家屋ヲ明渡シ且未濟ノ家賃金何圓幷ニ明治何年
何月何日ヨリノ利息金何圓合計金何圓ヲ辨濟スヘキ樣御判決相成度
候也

右調書ハ原告承諾ノ上記名調印セリ

某　印

何區裁判所

書記　某　印

明治何年何月何日

（第十七號書式）

訴狀欠缺補正命令（訴一九二參看）

何府縣何市郡何町村何番地身分職業

原告　某

右原告ノ差出シタル訴狀ハ何々ノ點不充分ナルニ付キ明治何年何月何日迄ニ補正ノ上更ニ當地方（區）裁判所ニ差出ス可シ

何地方（區）裁判所

書記　某　印

明治何年何月何日

（第十八號書式）

訴狀送達狀（訴第一九三參看）

訴状送達状

原告某被告某間ノ何々事件ノ別冊訴狀送達候條明治何年何月何日迄ニ答辯書ヲ差出シ且口頭辯論ノ爲メ明治何年何月何日午前後何時當區裁判所ヘ出頭可致候也

明治何年何月何日　　何地方裁判所

何府縣何市郡何町村何番地

某　殿

契

受取人ノ署名捺印若シ能ハサルトキ拒ミタルトキ又ハ受取ラサルトキハ其事由	送達ノ年月日時	送達ノ場所	親族雇人營業使用人筆生代理人會社ノ首長等ニ送達シタルトキ又ハ市町村長ニ預置キタルトキ等ノ事由

右之通取扱候也

明治　年　月　日　區裁判所執達吏　何　某　印

（第十九號書式）

訴ノ取下（訴第一九八參看）

何府縣何市郡何町村何番地身分職業
原告　某

明治何年何月何日原告ヨリ被告何府縣何市郡何町村何番地身分職業某ニ係ル何々訴訟事件ハ取下ケ仕度候間此段申請仕候也

右

明治何年何月何日
原告　某印

何區裁判所御中

（第二十號書式）

（甲）何々訴訟ニ對スル答辯書

何府縣何市郡何町村何番地身分職業
被告　某

原告何府縣何市郡何町村何番地身分職業某ヨリ係ル何々事件ニ對シ左ニ答辯仕候

原告云々請求スル金何圓ハ既ニ其辨濟ヲ終ヘタルモノナリ(又ハ既ニ其幾分ヲ辨濟シタリ而シテ其殘額ハ若干年ノ時日ヲ經過シ時效ニ係レルヲ以テ之ヲ辨濟スルノ義務ナシ)

證據方法

受取證書(又ハ證人　何府縣何市郡何町村何番地身分職業某)

申立

右ノ事由ニ付原告ノ請求ハニ對シ敗訴ノ言渡相成度候也

右

明治何年何月何日

被告　某印

何地方裁判所民事第何部長判事　某　殿

(乙) 何々訴訟ニ對スル反訴

何府縣何市郡何町村何番地身分職業

原告　某

何府縣何市郡何町村何番地身分職業

被告　某

右被告ハ原告ニ對シ明治何年何月何日何事件ニ付訴訟提起仕候處該訴訟ハ事實ニ相違ノ點有之ニ付左ノ反訴ヲ提起仕候

事實

何々（原告ノ主張ニ反對スルノ事實及ヒ反訴ノ事實ヲ簡明ニ記載スヘシ）

據證方法

何々證書（又ハ證人何府縣何市郡何町村何番地身分職業　某）

申立

右ノ事由ニ付云々被告ノ請求ハ原告ノ請求ト相殺スヘキ樣御判決相成度候也

明治何年何月何日

右

原告　某印

某地方裁判所民事第何部長判事某殿

（第二十一號書式）

證據調期日通知書（訴二八〇參看）

何府縣何市郡何町村何番地身分職業
原告　某
何府縣何市郡何村町何番地身分職業
被告　某

右當事者間ノ何々事件ニ付キ明治何年何月何日當地方裁判所ノ證據決定ニ依リ明治何年何月何日午前後何時當地方裁判所民事第何部ニ於テ證據調可致候條此旨及通知候也

明治何年何月何日

何地方裁判所
書記　某　印

何府縣何市郡何町村何番地

某　　殿

（第廿二號書式）

人證申立（訴第二九一參看）

何府縣何市郡何町村何番地身分職業

原告　某

右原告ヨリ被告某ニ係ル賣買代價請求ノ訴件ニ付何府縣何市郡何町村何番地某ハ其賣品引渡ノ際現ニ立會ヒ被告ノ物品ヲ受領シタルヿヲ目擊セシモノニ付其事實證明ノ爲メ証人トシテ御呼出シ相成度此段申立候也

右

原告　某印

明治何年何月何日

何區裁判所御中

證人呼出狀

（民訴一四五、一四六、一四七、一一四、一四九、一五一、二九二、二九四、參看）

證人呼出狀

原告某被告某間ノ何々事件ニ關シ明治何年何月何日ノ證據決定ニ依リ別紙表示ノ事實ニ付キ證人トシテ訊問候條明治何年何月何日午前后何時當地方裁判所ヘ出頭可致候正當ノ理由ナクシテ出頭セサル時ハ民事訴訟法第二百九十四條ニ依リ不參ニ因リ生シタル費用ノ賠償及ヒ貳拾圓以下ノ罰金ヲ言渡ス可シ

明治何年何月何日　何地方裁判所

何府縣何市郡何村町何番地

某　殿

契

受取人若シ署名捺印能ハサルトキ拒ミタルトキ又ハ受取ラサルトキハ其事由	送達ノ年月日時	送達ノ場所	親族雇人營業使用人筆生代理人會社ノ首長等ニ送達シタルトキ又ハ市町村長ニ預置キタルトキ等ノ事由

右之通取扱候也

何區裁判所執達吏

明治　年　月　日　某　印

印

表面ノ通

（證人呼出狀ニ添付スヘキ書類）

證言スヘキ事實

一何々

一何々

（第廿四號書式）

（甲）證人不參屆（訴第二九五參看）

何府縣何市郡何町村何番地身分職業

證人　某

私儀何々事件ニ付何月何日証人トシテ可致出頭旨御呼出ヲ受ケ候處何々事故ノ爲メ當日出頭難仕候間此段御屆申上候也

右

明治何年何月何日

証人　某印

何裁判所御中

（乙）證人不參罰金決定取消ノ申請（訴第二九五參看）

何府縣何市郡何町村何番地身分職業

証人　某

私儀明治何年第何號何々訴訟事件ニ付證人トシテ明治何年何月何日出頭スヘキ旨ノ御呼出ヲ受ケ候處不參ノ爲メ罰金并ニ費用賠償スヘキ旨言渡相成候然ルニ私ハ御呼出ノ當時何々ノ爲メ（事故簡明ニ記載スヘシ例ヘハ旅行中又ハ天災事變ノ爲メ裁判所ヘ交通絶ヘタル等）事實不得止不參仕候

右ノ事由ニ付罰金及ヒ費用賠償ノ言渡御取消被成下度此段申請仕候也

右

明治何年何月何日

證人　某印

何裁判所御中

(丙) 證言拒絶ノ申立（訴第二九八第三〇〇參看）

何府縣何市郡何町村何番地身分職業
證人　某

私儀明治何年第何號何々訴訟事件ノ證人トシテ明治何年何月何日可致出頭旨ノ御呼出ヲ受ケ候處此事件ニテハ職務上默秘スヘキ義務有之ニ付証言拒絶仕候此段申立候也

明治何年何月何日
右
證人　某印

何裁判所御中

（第廿五號書式）

證人忌避申請（訴第三〇四參看）

何府縣何市郡何町村何番地身分職業
原告　某

何府縣何市郡何町村何番地身分職業

被告　某

右當事者間ノ何々事件ニ某ヲ證人トシテ出頭スヘキ旨御呼出相成候處某ハ原(被)告ノ配偶者ト親族(又ハ原(被)告ノ後見ヲ受クル者又ハ原(被)告ト同居スル者、又ハ雇人トシテ原(被)告ニ仕フル者ニ有之候ニ付忌避仕候此段申請仕候也

右申請人

明治何年何月何日　原(被)告　某印

何裁判所御中

(第廿六書式)

宣誓書 (訴第三〇六第三〇七參看)

良心ニ從ヒ眞實ヲ述ヘ何事ヲモ默秘セス又附加セサルセリシコトヲ誓フ

明治何年何月何日　某　印

(第二十七號書式)

證人訊問調書（訴第三一六參看）

何府縣何市郡何町村何番地身分職業

某

右ハ明治何年第何號原告某被告某間ノ何々訴訟事件ニ付證人トシテ出頭セリ依テ僞證ノ罰ヲ諭示シ別紙宣誓書ノ通宣誓セシメタル上後ニ訊問スヘキ證人ノ在ラサル所ニ於テ訊問セリ

證人ノ供述ハ左ノ如シ

一 氏名

一 年齡

一 身分

一 職業

一 住居

一 當事者ト親族又ハ後見等ノ關係

（第廿八號書式）

日當（旅費）ノ請求（訴第三二一參看）

何府縣何市郡何町村何番地身分職業

証人　某

私儀某ヨリ某ニ對スル何々事件ニ付証人トシテ御呼出相成期日ニ出頭仕既ニ御訊問相濟候ニ付別記仕譯書ノ通日當幷ニ旅費ノ辨濟相受ケ度此段請求仕候也

明治何年何月何日

右

申請人　某㊞

何地方裁判所民事第何部長判事　某　殿

日當及旅費仕譯

一金何圓　日當何日分

一金何圓　旅費里程何里

合計金何圓

（第二十九號書式）

（甲）鑑定申立書（訴第三二三參看）

何府縣何市郡何町村何番地身分職業

原告　某

右原告ヨリ被告ニ係ル賣買代金請求ノ訴ニ對シ被告カ己ニ辨濟ヲ終了シタリト主張シ其証據トシテ差出シタル受取證書ハ原告ノ作リタルモノ無之且印章モ原告ノ印章ト相違スルニ依リ鑑定人ヲシテ鑑定致サセ此段申立候也

右

原告　某印

何裁判所御中

（乙）鑑定人呼出狀

（民訴三二二參看）

鑑定人呼出狀

原告某被告某間ノ何々事件ニ關シ明治何年何月何日ノ證據決定ニ依リ別紙表示ノ事項ニ付キ鑑定人トシテ訊問候條明治何年何月何日午前/后何時當地方裁判所ヘ出頭可致候

正當ノ理由ナクシテ出頭セサル時ハ民事訴訟法第三百二十二條及第三百二十八條ニ依リ不參ニ因リ生シタル費用ノ賠償及貳拾圓以下ノ罰金ヲ言渡スヘシ

明治何年何月何日　何地方裁判所

何府/縣何市/郡何村/町何番地

某殿

契

受取人若シ署名捺印能ハサルトキ拒ミタルトキ又ハ受取ラサルトキハ其事由	送達ノ年月日時	送達ノ場所	親族雇人營業使用人筆生代理人會社ノ首長等ニ送達シタルトキ又ハ市町村長ニ預置キタルトキ等ノ事由

右之通取扱候也

區裁判所執達吏

明治　年　月　日　某　印

印

（呼出狀ニ添付スヘキ書類）

鑑定スヘキ事項

一何々

一何々

（丙）鑑定人不參屆

（證人不參屆ニ同シ）

（丁）鑑定人不參罰金決定取消ノ申請

（證人不參罰金決定取消ノ申請ニ同シ）

（戊）鑑定拒絕ノ申立

（証言拒絕申立ニ同シ）

（第三十號書式）

（甲）宣誓書（訴第三二九參看）

公平且誠實ニ鑑定人タル義務ヲ履行ス可キコトヲ誓フ
明治何年何月何日　某　印

(乙)　鑑定人訊問調書(訴第一二九乃至第一三二　第二二二第三二七參看)

何府縣何市郡何町村何番地身分職業
某

右ハ明治何年第何號原告某被告某間ノ何々事件ニ付鑑定人トシテ出頭セリ依テ僞證ノ罰ヲ諭示シ且別紙宣誓書ノ通宣誓ヲ爲サシメタル上訊問セシ所左ノ如ク供述ヲ爲シタリ

一氏名
一年齡
一身分
一職業
一住居

一當事者ノ親族又ハ後見等ノ關係

（第三十一號書式）

（甲）證書提出ノ申立（訴第三三八參看）

何府縣何市郡何町村何番地身分職業

原告　某

何府縣何市郡何町村何番地身分職業

被告　某

右當事者間ノ何々ニ訴訟ニ付被告ハ左ノ事由ニ基キ原告ヲシテ証書ヲ提出セシメラレンコトヲ申立候

一何々証書　何通

此証書ハ今原告カ被告ニ要求スル所ノ金額ノ内已ニ其一部ヲ辨濟シタルコヲ證スル爲メ必要ニ有之候

此證書ハ既ニ辨濟シタル金額ノ受取證書ニ有之候

此證書ハ何々事情ニ依リ原告ノ手ニ存在致居候
此證書ハ被告ノ求メニ因リ原告ハ之ヲ提出スヘキ義務アルモノニ有
之候其原因ハ何々
右ノ事由ニ付原告ヲシテ速カニ此證書ヲ提出セシムヘキ樣御判決相
成度此段申立候也

明治何年何月何日

右申立人
被告　某

何裁判所御中

(証書カ第三者ノ手ニ存在スル片ハ訴訟ヲ以テスヘシ即チ左ノ如シ)

(乙)　證書提出ノ訴訟（訴第三四二第三四三第三四四參看）

何府縣何市郡何町村何番地身分職業
原告　某

何府縣何市郡何町村何番地身分職業

被告　某

某ヨリ原告ニ對スル賣買代金請求ノ訴訟ニ付原告ハ証書提出ノ爲メ被告ニ對シ本訴ヲ提起仕候

一何々証書何通

此證書ハ今某ヨリ原告ニ請求スル所ノ賣買代金ニ對シ原告カ辨濟ヲ爲シタルヿヲ證スル爲メ必要ニ有之候

此証書ハ原告カ辨濟シタル賣買代金ノ受取證書ニ有之候

此證書ハ原告カ被告ニ托シテ辨濟ヲ爲シタルモノナルヲ以テ其受取證書カ被告ノ手ニ存在致居候

此證書ハ原告ノ委托ヲ受ケテ辨濟シタル賣買代金ノ受取證ナルヲ以テ被告ハ其證書ヲ提出セサルヘカラサル義務アル者ニ有之候

右ノ事由ニ付被告ヲシテ相當ノ期日ニ此證書ヲ提出スヘキ樣御判決相成度候也

右

原告　　　某印

明治何年何月何日

何地方裁判所長　某　殿

（第三十二號書式）

檢證申立

何府縣何市郡何町村何番地身分職業

原告　某

何府縣何市郡何町村何番地身分職業

被告　某

右當事間ノ土地境界ノ訴訟ニ付某地ノ境界某實地臨檢相願度該境界ハ本訴ノ爭點ヲ証明スルモノニ有之候間此段申立候也

右申立人

明治何年何月何日

原（被）告　某印

（第三十三號書式）

検證調書

何府縣何市郡何町村何番地身分職業
原告　某

何府縣何市郡何町村何番地身分職業
被告　某

右當事者間ノ何々訴訟ニ付原（被）告某ノ申立ニ據リ明治何年何月何日某々ト共ニ某所ニ出張某ヲ立會ハシメ臨驗セシトコロ云々

明治何年何月何日

何裁判所
判事　某印

（第三十四號書式）

證據保全申請（訴第三六六第三六七參）

何府縣何市郡何町村何番地身分職業

申請人　某

私ヨリ何府縣何市郡何町村何番地某ニ對シ明治何年何月何日何物件貸渡候處其際何府縣何市郡何町村何番地某之ニ立會ヒ候然ルニ同人ハ今般外國ヘ旅行シ數年ヲ經サレハ歸國致サヽル趣ニ付証據保全ノ爲メ至急同人御訊問被成下度此段申請仕候也

右

明治何年何月何日

申請人　某㊞

何裁判所御中

（第三十五號書式）

判決原本（訴第二三六第二三七參看）

何府縣何市郡何町村何番地身分職業

原告　某

何府縣何市郡何町村何番地身分職業

辯護士訴訟代理人　某

何府縣何市郡右町村何番地身分職業

被告　某

何府縣何市郡何町村何番地身分職業

右護辯士訴訟代理人　某

右當事者間ノ何々事件ニ付キ當地方裁判所ハ檢事某立會判決スルコト左ノ如シ

判決主文

事實及ヒ爭點ノ摘示

理由

明治何年何月何日

何地方裁判所民事第何部

裁判長判事　某　印

判事　某　印

判事　某　印

判決正本（訴第二三九第五一六第五一七）

何府縣何市郡何町村何番地身分職業

原告　某

何府縣何市郡何町村何番地身分職業

右辯護士訴訟代理人　某

何府縣何市郡何町村何番地身分職業

被告　某

何府縣何市郡何町村何番地身分職業

右辯護士訴訟代理人　某

右當事者間ノ何々事件ニ付キ當地方裁判所ハ檢事某立會判決スルコト左ノ如シ

判決主文

事實及ヒ爭點ノ摘示

理由

何地方裁判所民事第何部

裁判長　判事　某

判事　某

判事　某

明治何年何月何日

原本ニ依リ此正本ヲ作ルモノナリ

何地方裁判所

書記　某　印

明治何年何月何日

執行力アル正本ヲ附與スルトキハ場合ニ從ヒ以下

ノ式文ヲ附記ス（訴五一六、五一七、五一八、五一九、五二〇、五二三參看）

前記ノ正本ハ原被告某ニ對シ强制執行ノ爲メ原被告某ニ之ヲ附與ス

前記ノ第二正本ハ裁判長ノ命ニ依リ原被告某ニ對シ張制執行ノ爲メ原被告某ニ之ヲ附與ス

某ハ原告ノ（相續人ナルコト）明白ナルヲ以テ裁判長ノ命ニ依リ被告ニ對シ强制執行ノ爲メ原告ノ（相續人）ニ前記ノ正本ヲ附與ス

某ハ明治何年何月何日ノ（公正證書）ヲ以テ原告某ノ（讓受人）ナルコトヲ證明セシニ付キ裁判長ノ命ニ依リ被告某ニ對シ强制執行ノ爲メ原告ノ讓受人）ニ前記ノ正本ヲ附與ス

原告某ハ明治何年何月何日ノ（公正證書）ヲ以テ被告某ニ對シ（修繕費用ヲ辨濟セシ）コトヲ證明セシニ付キ裁判長ノ命ニ依リ被告ニ對シ强制執行ノ爲メ原告ニ前記ノ正本ヲ附與ス

地方裁判所

明治何年何月何日　　　書記　某　印

（各執行文ノ末尾ニ附記ス）

（丙）判決原本（訴第二二九、第二三六 第二三七 第五〇一參看）

何府縣何市郡何町村何番地身分職業
原告　某

何府縣何市郡何町村何番地身分職業
右辯護士訴訟代理人　某

何府縣何市郡何町村何番地身分職業
被告　某

何府縣何市郡何町村何番地身分職業
右辯護士訴訟代理人　某

右當事者間ノ何々事件ニ付被告ハ原告某ノ請求ヲ認諾シタルヲ以テ
原告ノ申立ニ因リ當地方裁判所ハ民事訴訟法第二百二十九條及ヒ第

百一條第一號ニ依リ判決スルコト左ノ如シ
此判決ハ假リニ執行スルコトヲ得

何地方裁判所民事第何部
裁判長　判事　某　印
判事　某　印
判事　某　印

明治何年何月何日

（丁）　判決正本（訴第二二九第二三九第五〇一参看）

何府縣何市郡何町村何番地身分職業
原告　某
何府縣何市郡何町村何番地身分職業
右訴訟代理人辯護士　某
何府縣何市郡何町村何番地身分職業
被告　某

何府縣何市郡何町村何番地身分職業

右辯護士訴訟代理人　某

右當事者間ノ何々事件ニ付キ被告ハ原告ノ某請求ヲ認諾シタルヲ以テ原告ノ申立ニ因リ當地方裁判所ハ民事訴訟法第二百二十九條及ヒ第五百一條第一號ニ依リ判決スルコト左ノ如シ

此判決ハ假リニ執行スルコトヲ得

何地方裁判所民事第何部

裁判長　判事　某

明治何年何月何日　判事　某

判事　某

原本ニ依リ此正本ヲ作ルモノナリ

明治何年何月何日

書記　某　印

(第三十六號書式)

判決送達ノ申立（訴第二三八參看）

何府縣何市郡何町村何番地身分職業

原（被）告　某

右某ヨリ某ニ對スル何々事件ニ付明治何年何月何日裁判言渡相成候處其正本御送達被成下度此段申立候也

右申立人

明治何年何月何日

原（被）告　某印

何裁判所御中

（第三十七號書式）

（甲）判決補正ノ申立（訴第二四一參看）

何府縣何市郡何町村何番地身分職業

原（被）告　某

右某ヨリ某ニ對スル何々事件ニ付明治何年何月何日裁判言渡相成候

處該判決中何々ノ點書類(又ハ違算)有之候ニ付補正被成下度此段申立候也

右申立人

明治何年何月何日

原(被)告　某　印

何裁判御中

(乙)　判決補充ノ申立(訴第二四二參看)

何府縣何市郡何町村何番地身分職業

原告　某

右某ヨリ某ニ對スル何々訴訟ニ付明治何年何月何日裁判言渡相成候處(例ヘハ主タル請求書ニ付テノミ御判決相成其付帶ノ請求何々ニ付テハ)又ハ何々ノ點判決文中脱漏セルニ付追加裁判ヲ以テ判決補充成被下度此段申立候也

右申立人

原告　某印

何裁判所御中

（第三十八號書式）

欠席判決ノ申立（訴第二四六參看）

何府縣何市郡何町村何番地身分職業

原（被）告　某

右某ヨリ某ニ對スル何々事件ニ付原（被）告某ハ何等ノ申立ヲモ爲サス期日ニ出頭セサルヲ以テ欠席判決被成下度此段申立候也

右申立人

明治何年何月何日

原（被）告　某印

何裁判所御中

（第三十九號書式）

（甲）欠席判決ニ對スル故障申立（訴第二五六參看）

何府縣何市郡何町村何番地身分職業

原告　某

何府縣何市郡何町村何番地身分職業

被告　某

右當事者間ノ何々事件ニ付明治何年何月何日何々（此所ニ判決主文ヲ掲クヘシ）ノ欠席裁判御言渡相成候處本案ノ事實ハ何々（此所ニ判決ニ對スル故障ノ點ヲ掲クベシ）ニシテ此判決不服ニ付故障申立候

右ノ事由ニ依リ事實上又ハ法律上ノ點ニ付キ更ニ辯論ヲ盡サレ度此段申立候也

右申立人

原（被）告　某印

明治何年何月何日

何裁判所御中

（乙）故障棄却ノ申立（訴第二六三參看）

何府縣何市郡何町村何番地身分職業

原告　某

何府縣何市郡何町村何番地身分職業

被告　某

右當事者間ノ明治何年第何號何々事件ニ付相手方ハ闕席判決ヲ受ケ之ニ對シ故障ノ申立ヲ爲シタルモ何等ノ申立モナサス期日ニ出頭セサルヲ以テ故障棄却被成下度此段申立候也

右申立人

原(被)告　某　印

何裁判所御中

(第四十號書式)

準備手續呼出狀(訴二六九參看)

何府縣何市郡何町村何番地身分職業

原告　某

何府縣何市郡何町村何番地身分職業

被告　某

右當事者間ノ何々事件ニ付明治何年何月何日當地方裁判所ノ命シタル準備手續ノ施行ヲ完結スル爲メ明治何年何月日午前後何時當地方裁判所ニ出頭ス可シ

明治何年何月何日ノ期日ニ於テ原被告ノ提供ニ付キ作リタル調書ハ別紙謄本ノ通リニ候條心得ノ爲メ之ヲ附與ス

地方裁判所

明治何年何月何日

書記　某　印

（第四十一號書式）

口頭訴調書（訴第三七四参看）

貸金請求口頭訴調書

何府縣何市郡何町村何番地身分職業
原告　某
何府縣何市郡何町村何番地身分職業
被告　某

事實

被告ハ明治何年何月何日原告ヨリ年月何割利子ニテ金何圓ヲ借受ケ且
明治何年何月何日限辨濟スルコトヲ約シタリ

證據方法

一借用證書

申立

被告ハ原告ニ對シ右借用金何圓幷ニ明治何年何月何日ヨリ明治何年
何月何日マテノ利子金何圓合計金何圓ヲ辨濟スヘキ樣御判決相成度
候也

右調書ハ原告承諾ノ上記名調印セリ

某　印

何區裁判所

書記　某　印

明治何年何月何日

（第四十二號書式）

和解申立（訴第三八一參看）

何府縣何市郡何町村何番地身分職業

債權者　某

何府縣何市郡何町村何番地身分職業

債務者　某

請求ノ目的

一貸金何圓

一利息金何圓

債務者ハ明治何年何月何日限リ右金額ヲ辨濟スヘキ處期日ニ至ルモ辨濟ヲ爲サヽルニ依リ出訴仕度候處先ツ當區裁判所ニ於テ和解ヲ試ミ度候間債務者御呼出被下度此段奉願候也

右

明治何年何月何日

債務者　某　印

何區裁判所御中

(第四十三號書式)

(甲)　支拂命令申請　(訴第三八四參看)

何府縣何市郡何町村何番地身分職業

債權者　某

何府縣何市郡何町村何番地身分職業

債務者　某

請求金額

一金何圓
一金何圓
合計金何圓

債務者ハ明治何年何月何日限リ右金額ヲ辨濟スヘキ處期日ニ至ルモ支拂ヲ爲サヽルニ依リ此金額幷ニ督促手續費用金何圓ニ付債務者ニ對シ支拂命令ヲ發セラレ度此段申請仕候也

右

明治何年何月何日

債權者　某印

何區裁判所御中

（乙）支拂命令口頭申請調書

前同文

右調書ハ債權者承諾ノ上記名調印セリ

明治何年何月何日

（第四十四號書式）

支拂命令

何區裁判所　　某　印

書記　某　印

何府縣何市郡何町村何番地身分職業

債權者　某

何府縣何市郡何町村何番地身分職業

債務者　某

請求金額

一金

一金　明治何年何月ヨリ明治何年何月マテ利子

一金　督促手續ノ費用

右債權者ハ此命令送達ノ日ヨリ何々ノ期間內ニ右請求ノ金額幷ニ督促手續ノ費用ヲ弁濟スルカ又ハ當區裁判所ニ於テ異議ノ申立ヲ爲ス可シ若シ此期間內ニ弁濟ヲ爲サス又ハ異議ノ申立ヲ爲サヽルニ於テハ債權者ノ申請ニ因リ債務者ニ對シ此命令ノ假執行ヲ宣言スルコトアル可シ

此命令ハ債權者ノ申請ニ因リ發スルモノナリ

何區裁判所

明治何年何月何日

判事　某　印

(送達スヘキ正本ハ原本ヲ謄寫シ左ノ末文ヲ附記スルモノトス)

原本ニ依リ此正本ヲ作ルモノナリ

何區裁判所

明治何年何月何日

書記　某　印

（第四十五號書式）

（甲）　支拂命令ニ對スル異議申立（訴第三八八參看）

何府縣何市郡何町村何番地身分職業

異議申立人　某

明治何年何月何日送達アリタル某ヨリ係ル何區裁判所ノ支拂命令ニ對シテハ私ハ之ニ應スルノ義務無之候間支拂命令ノ中金何圓ノ支拂ニ付テハ異議ヲ申立候也

右

明治何年何月何日　某　印

何區裁判所御中

（乙）　支拂命令ニ對スル口頭異議申立調書（訴第三八八參看）

前同文

右調書ハ異議申立人承諾ノ上記名調印セリ

某　印

何區裁判所

明治何年何月何日

書記　某　印

(丙) 支拂命令ニ對スル異議ノ通知書 (訴第三九一參看)

明治何年何月何日當區裁判所カ債務者某ニ宛テ發シタル支拂命令ニ對シ明治何年何月何日適當ナル異議ノ申立アリタリ此旨及通知候也

何區裁判所

明治何年何月何日

書記　某　印

何府縣何市郡何町村何番地

某　殿

(第四十六號書式)

支拂命令假執行ノ申請 (訴第三九三參看)

何府縣何市郡何町村何番地身分職業

債權者　某

何府縣何市郡何町村何番地身分職業

債務者　某

債權者ノ申立ニヨリ明治何年何月何日債務者ニ對シ何々支拂命令ヲ發セラレタル處該期間ヲ經過スルモ支拂ヲ爲サス且異議ノ申立ヲモ爲サヽルニ付假執行ノ宣言ヲ付シタル執行命令御下付相成度此段申請仕候也

右申請人

明治何年何月何日

債權者　某印

何區裁判所御中

（第四十七號書式）

執行命令ニ對スル故障申立書（訴第三九四參看）

何府縣何市郡何町村何番地身分職業

故障申立人　某

明治何年何月何日送達アリタル明治何年何月何日何裁判所ニ於テ下サレタル支拂命令ニ付シタル執行命令ニ對シ故障申立候也

右

明治何年何月何日

某　印

何區裁判所御中

（第四十八號書式）

控訴狀

何府縣何市郡何町村何番地身分職業
控訴人　某

何府縣何市郡何町村何番地身分職業
被控訴人　某

右當事者間ノ何々訴訟ニ對シ明治何年何月何日何裁判所ニ於テ云々ノ判決ヲ言渡サレ候處云々本件ノ事實ハ云々然ルニ原判決ハ云々不

服ニ付控訴仕候

以上ノ事由ニ付原判決ノ一全部ヲ廢棄セラレ更ニ適當ノ御判決被成下候也

明治何年何月何日

右

控訴人　某㊞

何地方裁判所長　某　殿

又ハ

何控訴院長　某　殿

（第四十九號書式）

答辨書

何府縣何市郡何町村何番地身分職業

控訴人　某

何府縣何市郡何町村何番地身分職業

被控訴人　某

右何々訴訟事件ニ付控訴人ハ明治何年何月何日何裁判所ニ於テ言渡サレタル判決ニ服セス控訴ヲ提起セシニ付被控訴人ハ左ニ答辯仕候」控訴人ハ何々ノ點ニ付云々スレモ云々ナルヲ以テ（控訴人ノ主張ニ反對スル事由ヲ簡單ニ掲記スヘシ）控訴ノ理由ナキモノト信認仕候

右答辯仕候也

右

被控訴人　某印

何地方裁判所長　某　殿

何控訴院長　某　殿

（第五十號書式）

欠席判決ノ申立（第四二八參看）

何府縣何市郡何町村何番地身分職業

控(被控)訴人　某

右某ヨリ某ニ對スル何々控訴事件ニ付某ハ何等ノ申立ヲモ爲サス期日ニ出頭セサルヲ以テ欠席判決被成下度此段申立候也

右

明治何年何月何日

控(被控)訴人　某印

何地方裁判所長　某　殿

又ハ

何控訴院長　某　殿

(第五十一號書式)

(甲)　訴訟記錄送付請求書（訴第四三一參看）

何府縣何市郡何町村何番地身分職業

控訴人　某

何府縣何市郡何町村何番地身分職業

被控訴人　某

右控訴人ハ明治何年何月何日午前後何時何地方裁判所明治何年何月何日ノ判決ニ對シ控訴狀ヲ提出致シ候ニ付本事件ノ第一審訴訟記錄御送付有之度候也

明治何年何月何日

何控訴院

書記　某　印

何地方裁判所

書記課御中

(乙) 訴訟記錄送付書 (訴第四三一參看)

一　冊

右ハ明治何年何月何日付ノ御請求ニ因リ及送付候也

明治何年何月何日

何地方裁判所

書記　某　印

控訴院
書記課御中

(丙) 訴訟記錄返還書 (訴第四三一參看)

一 冊

右明治何年何月何日御送付ニ相成候訴訟記錄別紙判決謄本相添及返還候也

何地方裁判所
書記 某 印

明治何年何月何日

區裁判所
書記課御中

(第五十二號書式)

上告狀 (訴第四三八參看)

何府縣 何市郡 何町村 何番地身分職業

上告人　某

何府縣何市郡何町村何番地身分職業

被上告人　某

右當事者間ノ何々訴訟ニ對シ明治何年何月何日何裁判所ニ於テ云々ノ判決言渡サレ候處云々本件ノ事實ハ云々然ルニ何々ノ點ニ於テ云々ノ判決ヲ言渡サレタルハ何々ノ法則ヲ不當ニ適用セラレ即チ法律ニ違背シタル裁判ナリト信認仕候

以上ノ事由ニ付原判決ノ一全部ヲ破毀セラレ更ニ適當ノ御判決被下度候也

右

上告人　某印

明治何年何月何日

大審院長　某　殿

（第五十三號書式）

答辨書（訴第四四一參看）

何府縣何市郡何町村何番地身分職業

上告人　某

何府縣何市郡何町村何番地身分職業

被上告人　某

右何々訴訟事件ニ付上告人ハ明治何年何月何日何裁判所ニ於テ言渡サレタル判決ニ服セス上告ヲ爲シタルニ付被上告人ハ左ニ答辨仕候

一 上告人ハ何々ノ點ニ付云々スレ圧云々ナルヲ以テ（上告人ノ主張ニ反對スル事由ヲ簡明ニ揭記スヘシ）上告ノ理由ナキモノト信認仕候

右答辨仕候也

明治何年何月何日

右　被上告人　某印

大審院長　某殿

（第五十四號書式）

抗告狀

何府縣何市郡何町村何番地身分職業

抗告人 某

私ヨリ何府縣何市郡何町村何番地某ニ係ル何々事件ニ付何裁判所ニ對シ何々ノ申請仕候處其申請ヲ何々ナリトシ却下セラレシハ其當ヲ得サルモノト信認仕候何トナレハ云々（抗告ノ理由ヲ簡明ニ掲記スヘシ）

右ノ理由ニ依リ前裁判ハ速カニ御取消シ被下度此段抗告仕候也

右

明治何年何月何日

抗告人 某印

何裁判所長 某 殿

（第五十五號參看）

取消ノ訴訟（訴第四五七參看）

何府縣何市郡何町村何番地身分職業

原告　某

何府縣何市郡何町村何番地身分職業

被告　某

右

右當事者間ノ何々事件ニ付明治何年何月何日當地方裁判所ノ判決ニ對シ取消ノ訴ヲ提起仕候

云々（此所ニ取消訴訟ヲ起ス申立ヲ掲記スヘシ）

右ノ事由ニ依リ明治何年何月何日ノ判決御取消相成度候也

明治何年何月何日

原告　某印

何地方裁判所民事第何部長判事　某　殿

（第五十六號書式）

證書訴訟ノ訴（訴第四八五參看）

何府縣何市郡何町村何番地身分職業
原告　某
何府縣何市郡何町村何番地身分職業
被告　某

事實

被告ハ明治何年何月何日原告ノ爲メ金何圓ヲ預リ且明治何年何月何日拂戻スコトヲ約シタリ

證據方法

一預リ証書

申立

被告ハ原告ニ對シ預リ金何圓ヲ拂戻スヘキ樣証書訴訟手續ニ因リ御判決被成下度候也

右

明治何年何月何日　　　　原告人　某印

何區裁判所御中

（第五十七號書式）

（甲）爲替訴訟ノ訴

何府縣何市郡何町村何番地身分職業
原告　某

何府縣何市郡何町村何番地身分職業
被告　某

事實

被告ハ別紙明治何年何月何日付ノ金何圓ノ爲替手形支拂人（豫備支拂人）（裏書讓渡人）（振出人）（保證人）ナリ
原告ハ滿期日ニ至リ右爲替手形ヲ呈示シ支拂ヲ請求セリ
被告ハ支拂ヲ爲サヽルニ依リ別紙拒ミ證書ヲ作リ（且戻爲替ヲ振出シ

金何圓ノ費用ヲ生シタリ
證據方法
一爲替手形
一拒證書
申立
被告ハ原告ニ對シ爲替金額何圓明治何年何月何日ヨリ年百分ノ七ノ利子金何圓幷ニ爲替費用金何圓合計何圓ヲ連帶シテ辨濟スヘキ樣爲替訴訟手續ニ依リ御判決相成度候也
右
明治何年何月何日
原告 某印
何區裁判所御中
(乙) 爲替訴訟口頭訴調書
前同文

右調書ハ原告承諾ノ上記名調印セリ

何區裁判所

書記

某印

某印

明治何年何月何日

(第五十八號書式)

假執行ノ執行文下付願

何府縣何市郡何町村何番地身分職業

原告

某

何府縣何市郡何町村何番地身分職業

被告

某

右當事者ノ何々事件ニ付明治何年何月何日言渡相成候處今般該判決ニ付假執行ノ宣言ヲ得度候間執行文御下付支被成下度此段申請仕候也

右申請人

明治何年何月何日　　原告　某印

何裁判所御中

（第五十九號書式）

執行文下付願

何府縣何郡市何町村何番地身分職業　原告　某

何府縣何郡市何町村何番地身分職業　被告　某

右當事者間ノ何々事件ニ付明治何年何月何日御言渡相成候處該判決ニ對シ既ニ控訴（上告）期間經過シ確定判決ト相成候間別冊裁判言渡正本ヘ執行文御下付被成下度此段申請仕候也

右申請人

原告　某

何裁判所御中

（第六十號書式）

（甲）有体動産差押調書（訴第五四〇第五六六參看）

何府縣何市郡何町村何番地身分職業

債權者　某

何府縣何市郡何町村何番地身分職業

債務者　某

請求金額

一金何圓　何々

一金何圓　何々

一金何圓　訴訟費用

合計金何圓

右金額ハ明治何年何月何日ノ何裁判所／控訴院ノ判決(執行命令)及ヒ明治何年何月何日ノ何裁判所ノ訴訟費用確定決定ニ依リ債務者ノ辨濟スヘキモノトス

明治何年何月何日送達アリタル右判決ノ執行正本ニ基ク(右命令ノ正本ニ基ク)債權ノ委任ニ依リ某所ニ於テ債務者ニ(債務者ノ某ニ)出會ノ上任意辨濟ヲ爲スヘキ旨ヲ催告シタリ

債務者ハ(債務者ノ某ハ)支拂ヲ爲スノ資力ナキ旨ヲ陳述シタリ

依テ前記請求金額幷ニ强制執行費用ノ辨濟ニ充ツル爲メ債務ノ住居(店舗)(倉庫)(物置)ヲ捜索シ別紙目錄ノ通リ其財產ヲ差押ヘタリ

右差押物ハ悉皆之ヲ占有シ某所ニ貯藏シタリ(債權者ノ承諾ニ依リ)(運搬人ニ差支タルニ依リ)封印ヲ爲シ(標目ヲ附シ)(公示書ヲ貼附シ)債務者ノ保管ニ任セタリ

差押物ノ占有ハ執達吏ニ移リタルヲ以テ債務者ハ之ヲ處分スヘカラ

ス若シ之ヲ處分ン又ハ封印、標目、公示書ヲ破毀スルトキハ刑罰ニ處セラルヘキ旨ヲ債務者ニ(債務者ノ某ニ)諭告シタリ

差押物ハ明治何年何月何日午前後何時某所ニ於テ之ヲ競賣ニ付スヘシ

明治何年何月何日午前後何時差押ニ着手シ同時之ヲ完結シタリ

口頭ヲ以テ(調書ノ謄本ヲ送達シテ)差押ヲ爲シタル旨ヲ債務者ニ通知シタリ

此調書ハ某ニ「讀聞カセ」「閲覽セシメ」シ處某ハ承諾ノ上記名調印シタリ

債務者　　某印

關係人(親屬證人ノ類)　　某印

此調書ハ某所ニ於テ之ヲ作ルモノナリ

何區裁判所

明治何年何月何日

執達吏　　某印

明治何年何月何日午前後何時競賣施行ニ先チ競賣スヘキ物ト差押調書

ニ添附シタル差押財産目録トヲ比照シタルニ何ハ見當ラス（毀損シタリ）

明治何年何月何日

何區裁判所

執達吏　某印

（書式甲第六十號添附）

差押財産目録第一號

番號	物件ノ表示	員數、尺度重量	見積代價	封印標目又ハ他ノ方法	備考
壹	金時計	壹個	金何圓	封印	
貳	何油	何石何斗何升	金何圓	標目	
參	何船	何艘	金何圓	何々ノ方法ニ依ル	
四	春蠶種紙	何枚	金何圓何錢	何	期節物
五	鷄卵	何箱	金何圓	何	腐敗物
	合五點				

(乙) 有体動産差押調書 (訴第五四〇、第五六六、第五八六參看)

何府縣何市郡何町村何番地身分職業

債權者　某

何府縣何市郡何町村何番地身分職業

債務者　某

請求金額

一金　何々

一金　何々

一金　訴訟費用

合計金何圓

右金額ハ明治何年何月何日ノ裁判所控訴院ノ判決(執行命令)及ヒ明治何年何月何日ノ何裁判所ノ訴訟費用確定決定ニ依リ債務者ノ辨濟スヘキモノトス

明治何年何月何日送達アリタル右判決ノ執行正本ニ基ク(右命令ノ正本ニ基ク)債權者ノ委任ニ依リ某所ニ於テ債務者ニ(債務者ノ某ニ)出會ノ上任意辨濟ヲ爲スヘキ旨ヲ催告シタリ

債務者ハ(債務者ノ某ハ)支拂ヲ爲ス資力ナキ旨ヲ陳述シタリ

執達吏某ハ他ノ債權者ノ爲メ既ニ債務者ノ財ヲ差押ヘタルヲ以テ其差押調書ノ閲覽ヲ求メ前記請求金額幷ニ强制執行費用ノ辨濟ニ充ツル爲メ別紙目錄ノ通リ未タ其差押ニ係ラサル財産ヲ差押ヘタリ

右差押物ハ悉皆之ヲ占有シ執達吏某ニ交付シタリ(債權者ノ承諾ニ依リ)(運搬人ニ差支ヘタルニ依リ)封印ヲ爲シ(標目ヲ付シ)(公示書ヲ貼附シ)債務者ノ保管ニ任セタリ

差押物ノ占有ハ執達吏某ニ移リタルヲ以テ債務者ハ之ヲ處分スヘカラス若シ之ヲ所分シ又ハ封印、標目、公示書ヲ破毀スルトキハ刑罰ニ處セラルヘキ旨ヲ債務者ニ(債務者ノ某ニ)諭告シタリ

明治何年何月何日午前後何時差押ニ着手シ同時ニ之ヲ完結シタリ
口頭ヲ以テ(調書ノ謄本ヲ送達シテ)差押ヲ為シタル旨ヲ債務者ニ通知シタリ
此調書ハ某ニ「讀聞カセ」「閲覽セシメ」シ所某ハ承諾ノ上記名調印シタリ

債務者　某印

關係人(親屬證人ノ類)　某印

此調書ハ某所ニ於テ之ヲ作ルモノナリ

何區裁判所

執達吏　某印

明治何年何月何日

(丙)　照査調書　(訴第五四〇第五八六參看)

何府縣何市郡何町村何番地身分職業

債權者　某

何府縣何市郡何町村何番地身分職業

債務者　某

請求金額

一金

一金

一金

合計金

右金額ハ明治何年何月何日何裁判所控訴院ノ判決（執行命令）及ヒ明治何年何月何日ノ何裁判所ノ訴訟費用確定決定ニ依リ債務者ノ辨濟ス可キモノトス

明治何年何月何日送達アリタル右判決ノ執行正本ニ基ク（右命令ノ正本ニ基ク）債權者ノ委任ニ依リ某所ニ於テ債務者ニ（債務者ノ某ニ）出會ノ上任意辨濟ヲ爲スヘキ旨ヲ催告シタリ

債務者（債務者ノ某ハ）支拂ヲ爲ス資力ナキ旨ヲ陳述シタリ

依テ前記請求金額并ニ強制執行費用ノ辨濟ニ充ツル爲メ債務者ノ財産ヲ差押ヘントシタルニ其財産ハ既ニ差押ニ係ルヲ以テ其差押ヲ爲シタル執達吏某ニ差押調書ノ閲覽ヲ求メ債務者ノ財産ト對照シタル所一モ差押フヘキ物ナシ

明治何年何月何日午前／後何時差押ノ手續ニ着手シ同時之ヲ止メタリ

此調書ハ某ニ讀聞カセ／閲覽セシメシ所某ハ承諾ノ上記名調印シタリ

債務者　某印

關係人（親屬證人ノ類）　某印

此調書ハ某所ニ於テ之ヲ作ルモノナリ

何區裁判所

執達吏　某印

明治何年何月何日

(丁) 有体動産差押調書（訴第五四〇第五六四第七五〇參看）

何府／縣何市／郡何町／村何番地身分職業

債權者　某

何府縣何市郡何町村何番地身分職業

債務者　某

請求金額

一金　何々

一金　何々

一金　訴訟費用

合計金

右金額ハ明治何年何月何日何裁判所控訴院ノ判決（執行命令）及ヒ明治何年何月何日何裁判所ノ訴訟費用確定決定ニ依リ債務者ノ辨濟スヘキモノトス

明治何年何月何日送達アリタル右判決ノ執行正本ニ基ク（右命令ノ正本ニ基ク）債權者ノ委任ニ依リ某所ニ於テ債務者ニ（債權者ノ某ニ）出會

ノ上任意辨濟ヲ爲ス可キ旨ヲ催告シタリ
債務者ハ(債務者ノ某ハ)支拂ヲ爲ス資力無キ旨ヲ陳述シタリ
依テ前記請求金額幷ニ强制執行費用ノ辨濟ニ充ツル爲メ債務者ノ住居(店舗、倉庫、物置)ヲ搜索シタル所其現ニ所有スル所ノ財産ハ別紙目錄ノ通リ法律上差押フコトヲ得サル物又ハ差押フルコトヲ得ルモ換價ノ上强制執行ノ費用ヲ償フテ剩餘ヲ得ル見込ナキモノナルヲ以テ差押ヲ止メタリ
明治何年何月何日午前後何時差押ノ手續ニ着手シ同時之ヲ止メタリ
此調書ハ某ニ「讀聞カセ」「閲覽セシメ」シ處某ハ承諾ノ上記名調印シタリ

債務者　某印

關係人(親屬證人ノ類)　某印

此調書ハ某所ニ於テ之ヲ作ルモノナリ

何區裁判所

明治何年何月何日

執達吏　某印

(戊) 菓實差押調書（訴第五四〇第五六八參看）

何府縣何郡市何町村何番地身分職業

債權者　某

何府縣何郡市何町村何番地身分職業

債務者　某

請求金額

一金　何々

一金　何々

一金　訴訟費用

合計金

右金額ハ明治何年何月何日何裁判所控訴院ノ判決(執行命令)及ヒ明治何年何月何日ノ何裁判所ノ訴訟費用確定決定ニ依リ債務者ノ辨濟スヘキモノ

トス
明治何年何月何日送達アリタル右判決ノ正本ニ基ク(右命令ノ正本ニ基ク)債權者ノ委任ニ依リ某所ニ於テ債務者ニ(債務者ノ某ニ)出會ノ上任意辨濟ヲ爲ス可キ旨ヲ催告シタリ
債務者ハ(債務者ノ某ハ)支拂ヲ爲ス資力ナキ旨ヲ陳述シタリ
依テ前記請求金額幷ニ强制執行費用ノ辨濟ニ充ツル爲メ債務者所有ノ田(畑)ニ於テ左ノ菓實ヲ差押ヘタリ

何府(縣)何郡(市)何町(村)字何々何番地
一田何反何畝何歩

何府(縣)何郡(市)何町(村)字何々何番地
一(畑)何反何畝何歩

何ノ收穫豫定時期ハ何月何日
菓實賣得見積代金何圓

田畑ニ公示札ヲ建テ其菓實ハ差押物ナルコトヲ示シ某ノ保管ニ任セタリ

差押菓實ノ占有ハ執達吏ニ移リタルヲ以テ債務者ハ之ヲ處分スヘカラス若シ之ヲ處分シ又ハ公示札ヲ破毀スルトキハ刑罰ニ處セラルヘキ旨ヲ債務者ニ(債務者ノ某ニ)諭告シタリ

明治何年何月何日午前/后何時差押ニ着手シ同何時之ヲ完結シタリ

口頭ヲ以テ(調書ノ謄本ヲ送達シテ)差押ヲ爲シタル旨ヲ債務者ニ通知シタリ

此調書ハ某ニ讀聞カセ/閲覽セシメシ處某ハ承諾ノ上記名調印シタリ

債務者　某印

關係人(親屬證人ノ類)　某印

此調書ハ某所ニ於テ之ヲ作ルモノナリ

何區裁判所

明治何年何月何日

執達吏　某印

（己）蠶差押調書（訴第五四〇第五六八參看）

何府縣何市郡何町村何番地身分職業

債權者　某

何府縣何市郡何町村何番地身分職業

債務者　某

請求金額

一金

一金

一金

訴訟費用

合計金

右金額ハ明治何年何月何日何裁判所控訴院ノ判決（執行命令）及ヒ明治何年何月何日ノ何裁判所ノ訴訟費用確定決定ニ依リ債務者ノ辨濟ス可キモ

ノトス

明治何年何月何日送達アリタル右判決ノ執行正本(右命令ノ正本)ニ基ク債權者ノ委任ニ依リ某所ニ於テ債務者(債務者ノ某)ニ出會ノ上任意辨濟ヲ爲スヘキ旨ヲ催告シタリ

債務者(債務者ノ某)ハ支拂ヲ爲ス資力ナキ旨ヲ陳述シタリ

依テ前記金額幷ニ强制執行費用ノ辨濟ニ充ツル爲メ左ノ塲所ニ於テ債務者所有ノ蠶ヲ差押ヘタリ

何府縣何市郡何村町何番地　　養蠶所

同　　何

同　　何

差押ヘタル春夏蠶ノ概量

收穫豫定期日何月何日

此見積賣得金何圓

公示書ヲ某所ニ貼付シ竈ハ差押物ナルコトヲ告示シ某ノ保管ニ任セタリ

差押ヘタル竈ノ占有ハ執達吏ニ移リタルヲ以テ債務者ハ之ヲ處分スヘカラス若シ之ヲ處分シ又ハ公示書ヲ破毀スルトキハ刑罰ニ處セラルヘキ旨ヲ債務者(債務者ノ某)ニ諭告シタリ

明治何年何月何日午前后何時差押ニ着手シ同何時之ヲ完結シタリ

口頭ヲ以テ(調書ノ謄本ヲ送達シテ)差押ヲ爲シタル旨ヲ債務者ニ通知シタリ

此調書ハ某ニ「讀聞カセ」「閲覧セシメ」シ處某ハ承諾上ノ記名調印シタリ

債務者　某印

關係人(親屬證人ノ類)　某印

此調書ハ某所ニ於テ之ヲ作ルモノナリ

何區裁判所

明治何年何月何日

執達吏　某印

（第六十一號書式）

執達吏ノ所爲ニ關スル異議申立（訴第五四四參看）

何府縣何市郡何町村何番地身分職業

異議申立人　某

何區裁判所執達吏

相手方　某

右申立人ハ相手方ニ對シ何々事件ニ付テノ强制執行ヲ委任仕候其手續ニ付何々ノ不當ノ行爲有之候ニ付異議申立候條相當ノ御裁判相成度候也

右

明治何年何月何日

申立人　某印

某區裁判所御中

（第六十二號書式）

（甲）確定判決ノ請求ニ關スル强制執行ニ付異議ノ訴（訴第五四五參看）

何府縣何市郡何町村何番地身分職業
原告　某

何府縣何市郡何町村何番地身分職業
被告　某

右當事者ノ明治何年第何號何々事件ニ付明治何年何月何日裁判言渡ヲ受ケ該判決確定セルニ依リ右被告ハ私ニ對シ何々ノ債務ヲ執行スヘキ旨命令セラレ候處被告ハ私ノ依賴ニ應シ請求額ノ取立ヲ何年何月何日迄ニ猶豫スヘキコトヲ承諾セリ其事實ハ何々書類ヲ以テ証明仕候然ルニ被告ハ此事實アルニ關セス明治何年何月何日强制執行ノ手續ヲ開始シタルハ不當ノ所爲ニ付速ニ停止候樣御判決相成度候也

右

明治何年何月何日

原告　某㊞

何裁判所長　某　殿

（乙）確定判決ノ請求ニ關スル强制執行中止ノ申立

何府縣何市郡何町村何番地身分職業
原告　某

何府縣何市郡何町村何番地身分職業
被告　某

右當事者間ノ何々事件ニ付何裁判所ノ判決ニ基キ强制執行ノ手續開始セラレタル處右請求ニ關シ債務者ハ異議ノ訴ヲ某裁判所ニ提起仕候（又ハ提起仕度候）ニ付開始セラレタル手續中止セラレ度此段申立候也

右

明治何年何月何日

債務者　某印

何區裁判所御中

(第六十三號書式)

強制執行ノ目的物ニ對スル異議ノ訴(訴第五四九參看)

何府縣何市郡何町村何番地身分職業

原告　某

何府縣何市郡何町村何番地身分職業

被告(債權者)　某

何府縣何市郡何町村何番地身分職業

被告(債務者)　某

一何々物件

右物件ハ被告債權者ヨリ被告債務者ニ對スル何々事件ニ付差押ヘラレ候處該物件ハ原告ノ所有ニ有之候其證據ハ附屬書第何號ノ如クニ有之候

右ノ事由ニ付被告等ニ於テ此物件ヲ速ニ云々スヘキ樣御判決相成度候也

但本訴判決ニ至ルマテ此物件ニ對スル强制執行ハ中止セラレ度候

右　原告　某印

明治何年何月何日

何區裁判所御中

（第六十四號書式）

優先辨濟請求ノ訴訟

何府縣何市郡何町村何番地身分職業
原告　某

何府縣何市郡何町村何番地身分職業
被告（債權者）　某

何府縣何市郡何町村何番地身分職業

被告(債務者) 某

右被告債權者ハ被告債務者ニ對シ何々事件ノ强制執行ノ爲メ右ニ表示スル物件ヲ差押ヘ競賣ニ付スルノ手續ヲ爲セリ然ルニ該物件ニ對シ原告ハ云々ノ關係ニ因リテ擔保權ヲ有セリ其事實ハ附屬書第何號ヲ以テ證明仕候

右ニ付原告ハ此物品賣上ケ代金ノ優先ノ弁濟ヲ相受ケ度候也

右

明治何年何月何日　原告　某印

何區裁判所御中

(第六十五號書式)

動產競賣期日公告(訴第五七六參看)

一何　何個

右ハ來ル何月何日午前後何時某處ニ於テ競賣ニ付スヘ可シ

何區裁判所

明治何年何月何日

執達吏　　某印

(第六十六號書式)

執行事情屆書(訴第五九三參看)

一金

右ハ何府縣何市郡何町村何番地債務者某所有ノ差押物、賣得金(差押金、錢)ニ有之候處其債權者ヲ滿足セシムルニ足ラス且債權者間ノ配當協議調ハサルニ依リ大藏省預金局(何地何金庫)ニ供託候條別紙證明書類相添ヘ此段及御屆候也

區裁判所

明治何年何月何日

執達吏　　某印

何區裁判所御中

（第六十七號書式）

（甲）　差押命令申請（訴第五九六參看）

何府縣何市郡何町村何番地身分職業
債權者　某

何府縣何市郡何町村何番地身分職業
債務者　某

請求金額

一金

一金

一金

一金

合計金

右金額ハ明治何年何月何日ノ何裁判所控訴院ノ執行力アル判決及ヒ明治何

年何月何日ノ何裁判所ノ訴訟費用確定決定ニ依リ債務者ノ辨濟スヘキモノトス

前記請求金額並ニ此差押命令ノ費用何圓ノ辨濟ニ充ツル爲メ某ヨリ債務者ニ支拂フヘキ借用金何圓ノ債權ニ對シ差押命令ヲ發セラレ度候也

右

明治何年何月何日

債權者　某㊞

某區裁判所御中

(乙) 差押命令口頭申請調書

前同文

右調書ハ債權者承諾ノ上記名調印セリ

何區裁判所

某㊞

明治何年何月何日

書記　某　印

（第六十八號書式）

差押命令

何府縣何市郡何町村何番地身分職業
債務者　某

何府縣何市郡何町村何番地身分職業
債務者　某

請求金額

一金何圓　何々

一金　何々

一金　訴訟費用

合計金

右金額ハ明治何年何月何日ノ何裁判所控訴院ノ執行力アル判決及ヒ明治何年何月何日ノ何區裁判所ノ訴訟費用確定決定ニ依リ債務者ノ辨濟ス

ヘキモノトス

前記金額并ニ此差押命令申請ノ費用金貳拾錢ノ辨濟ニ充ツル爲メ某ヨリ債務者ニ支拂フヘキ借用金何圓ノ債權ハ之ヲ差押ルモノトス

某ハ差押ヘタル債權額ヲ債務者ニ支拂フヘカラス又債務者ハ右ノ債權ニ付キ取立等一切ノ處分ヲ爲スヘカラス

何區裁判所

判事　某　印

明治何年何月何日

（第六十九號書式）

（甲）債權轉付申請

何府縣何市郡何町村何番地身分職業

債權者　某

何府縣何市郡何町村何番地身分職業

債務者　某

債權者ハ債務者ニ對シ明治何年第何號何々事件ノ執行ニヨリ某ニ對スル債權何圓ヲ差押候處更ニ支拂ニ換ヘ右債權ヲ轉付スルノ命令ヲ發セラレ度此段申請仕候也

明治何年何月何日

右

債權者　某印

某區裁判所御中

(乙) 債權轉付命令（訴第六〇〇第六〇一參看）

何府縣何市郡何町村何番地身分職業

債權者　某

何府縣何市郡何町村何番地身分職業

債務者　某

某ヨリ債務者ニ支拂フヘキ借用金何圓ノ債權ハ明治何年何月何日ノ差押ニ依リ之ヲ差押ヘタル處支拂ニ換ヘ劵面額ニテ之ヲ債權者ニ轉

付ス

明治何年何月何日

何區裁判所

判事　某　印

（丙）債權取立申請（訴第六〇〇第六〇二參着）

何府縣何市郡何町村何番地身分職業

債權者　某

何府縣何市郡何町村何番地身分職業

債務者　某

債權者ハ債務者ニ對シ明治何年第何號何々事件ノ執行ニヨリ某ニ對スル債權何圓ヲ差押候處該債權ヲ以テ支拂ヲ爲ス爲メ取立ノ命令ヲ發セラレ度此段申請候也

右

明治何年何月何日

債權者　某　印

某區裁判所御中

(丁) 債權取立命令 (訴第六〇〇第六〇二參看)

何府縣何市郡何町村何番地身分職業

債權者 某

何府縣何市郡何町村何番地身分職業

債務者 某

某ヨリ債務者ニ支拂フヘキ借用金何圓ノ債權ハ明治何年何月何日ノ差押命令ニ依リ之ヲ差押ヘタル處債權者ハ之ヲ取立ツヘシ

明治何年何月何日

何區裁判所

判事 某 印

(第七十號書式)

差押債權換價申請 (訴第六一三參看)

何府縣何市郡何町村何番地身分職業

債權者　某

何府縣何市郡何町村何番地身分職業

債務者　某

債權者ハ債務者ニ對シ明治何年第何號事件ノ執行ニヨリ某ニ對スル債權若干ノ取立ニ着手仕候處此債權ハ何々ノ理由有之取立方困難ニ付更ニ他ノ換價方法御命令相成度此段申請仕候也

右

債權者　某印

明治何年何月何日

某區裁判所御中

（第七十一號書式）

有体動産請求差押命令（訴第六一四、第六一五參看）

何府縣何市郡何町村何番地身分職業

債權者　某

何府縣何市郡何町村何番地身分職業
債務者　某

請求金額

一金
一金
一金
合計金

右金額ハ明治何年何月何日ノ何裁判所控訴院ノ執行力アル判決及ヒ明治何年何月何日ノ何區裁判所ノ訴訟費用確定決定ニ依リ債務者ノ弁濟スヘキモノトス

前記請求金額并ニ此差押命令ノ費用金何圓ノ弁濟ニ充ツル爲メ某ヨリ債務者ニ引渡スヘキ何々請求權ハ之ヲ差押フルモノトス

某ハ右何々ヲ債務者ニ引渡サス債權者ノ委任シタル執達吏某ニ引渡

スヘシ又債務者ハ右何々ヲ交付セシメ又ハ之ヲ受取ル等一切ノ處分ヲ爲スヘカラス

何區裁判所

判事　某印

明治何年何月何日

（第七十二號書式）

債權計算書差出催告書（訴第五九三第六二七參看）

何府縣何市郡何町村何番地身分職業

債務者　某

右債務者ニ對スル請求金ノ辨濟ニ付キ差押ヘタル財産ノ競賣賣得金（差押ヘタル金錢）配當候條何月何日限リ元金利息費用等ノ債權計算書ヲ差出スヘク候也

明治何年何月何日

何區裁判所　印

何府縣何市郡何町村何番地

某　殿

（第七十三號書式）

配當期日呼出狀（訴第六二九參看）

何府縣何市郡何町村何番地身分職業

債務者　某

右債務者ニ對スル請求金弁濟ノ爲メ供託セシ金配當可致候ニ付キ配當表ニ關スル陳述幷ニ配當實施ノ爲メ明治何年何月何日午前后何時當區裁判所ニ出頭可致候也

但配當表ハ閲覽ノ爲メ何月何日ヨリ當區裁判所書記課ニ備置候

何區裁判所

明治何年何月何日

書記　某印

（第七十四號書式）

强制競賣申立

何府縣何市郡何町村何番地身分職業

債權者　某

何府縣何市郡何町村何番地身分職業

債務者　某

請求金額

一金

一金

一金

合計金

右金額ハ明治何年何月何日ノ何裁判所控訴院ノ執行力アル判決及ヒ明治何年何月何日ノ何區裁判所ノ訴訟費用確定決定ニ依リ債務者ノ辨濟スヘキモノトス

前記請求金額並ニ此强制競賣申立ノ費金ノ辨濟ニ充ツル爲メ債務某

ノ所有スル左記ノ不動産競賣被成下度此段申立候也

何府縣何市郡何町村何番地

字何

一宅地何反何歩

同番地

一木造建物　壹棟

右

明治何年何月何日　債權者　某印

何區裁判所御中

（第七十五號書式）

不動産競賣手續開始決定（訴第六四四參看）

何府縣何市郡何町村何番地身分職業

債權者　某

何府縣何市郡何町村何番地身分職業

債務者　某

請求金額

一金

一金

一金

合計金

右金額ハ明治何年何月何日ノ何（裁判所／控訴院）ノ執行力アル判決及ヒ明治何年何月何日ノ何裁判所ノ訴訟費用確定決定ニ依リ債務者ノ辨濟スヘキモノトス

前記金額幷ニ此決定申立ノ費用金、、、ノ辨濟ニ充ツル爲メ當區裁判所ハ債權者ノ申立ニ因リ何（府／縣）何（市／郡）何（町／村）登記所（地所／建物）登記簿第何冊何丁第何號ニ登記シタル債務者所有ノ何（府／縣）何（市／郡）何（町／村）何番地字何宅地何反何畝歩ニ付キ競賣手續ヲ開始シ債務者ノ爲メ之ヲ差押フルモノナ

リ

何區裁判所

明治何年何月何日

判事　某印

（第七十六號書式）

不動産競賣申立記入囑託書（訴第六五一第六五二參看）

何府縣何市郡何町村何番地

字何

一宅地何反何畝歩

同番地

一木造建物　壹棟

右何府縣何市郡何町村登記所地所建物登記簿第何冊何丁第何號ニ登記シタル債務者某所有ノ地所建物ニ付債權者某ヨリ競賣ノ申立有之候間其旨登記簿ニ御記入有之度候也

追テ御記入ノ上ハ登記簿ノ謄本幷ニ不動產上權利者ヨリ差出シタル證書有之候ハヽ其抄本御送付有之度候也

何區裁判所

明治何年何月何日

判事　某印

何登記所御中

（第七十七號書式）

不動產競賣期日公告（訴第六五七第六五八參看）

何府縣何市郡何町村何番地字何

一田何町何反何畝步

此最低競賣價額金

何府縣何市郡何町村何番地字何

一畑何反何畝步

此最低競賣價額金

右何府縣何市郡何町村登記所地所登記簿第何冊何丁第何號ニ登記シタル某所有ノ地所來ル何月何日午前後何時某所ニ於テ强制競賣ニ付セシムヘシ

競賣ハ何府縣何市郡何町村何番地執達吏某ヲシテ之ヲ取扱ハシムヘシ

競落許可決定ノ期日ハ明治何年何月何日午前後何時當區裁判所ニ於テ之ヲ開クヘシ

田畑ノ負擔ニ係ル（地租）金何圓

田畑ハ明治何年何月何日ヨリ明治何年何月何日マテ年月金何圓ノ貸賃ニテ賃貸期間中ナリ

債務者、差押債權者執行正本ニ因ル配當要求債權者登記簿ニ記入セル不動產上權利者及不動產上ノ權利者ニシテ其債權ヲ證明シ屆出ヲ爲シタル者ハ競賣期日ニ出頭スヘシ

此强制執行ニ關スル書類ハ總テ當區裁判所書記課ニ於テ之ヲ閲覽ス

ルコトヲ得

明治何年何月何日　　何區裁判所

（第七十八號書式）

不動產競賣調書（訴第五四〇第六六七參看）

何府縣何市郡何町村何番地身分職業

差押債權者　某

何府縣何市郡何町村何番地身分職業

債務者　某

請求金額

一金

一金

一金

訴訟費用

一金

合計金

右金額ノ辨濟ニ充ツル爲メ明治何年何月何日當區裁判所及ヒ何市町村ノ掲示板幷ニ明治何年何月何日ノ某新聞紙ニ掲載セシ公告ノ通リ左ノ

何縣何郡何村何番地字何

一田何町何反何畝何歩

ノ競賣期日ヲ開キ以下ノ手續ヲ履行シタリ

一執行記録ハ各人ノ閲覽ニ供シタリ

一（特別賣却條件）

ヲ告知シタリ

一何月何日午前後何時競買價額ノ申立ヲ催告シタリ

一別紙競買申出人氏名價額目録ノ通リ競買ノ申出アリタリ（相當ノ競買ヲ申出ツルモノナキヲ以テ其競買ヲ許サス）

一競買人某ハ某ノ申立ニ因リ現金（公債證書株券）ニテ金何圓ノ保證ヲ立テタ

リ(競買人某ハ某ノ申立アルモ保證ヲ立テサルニ因リ其競賣ヲ許サス)
一某ヲ以テ最高價競買人ト定メ其氏名幷ニ最高價ヲ呼上ケタル後何月何日午前後何時競賣ノ終局ヲ告知シタリ
右調書ハ左ノ利害關係人承諾ノ上記名調印セリ

最高價競買人　某印
差押債權者　某印
債務者　某印

(某ハ調書作成前退場シタルニ依リ記名調印セシムルコトヲ得ス)
此調書ハ某所ニ於テ之ヲ作ルモノナリ

何區裁判所

明治何年何月何日

執達吏　某印

書式第七十八號添附

競買申出人氏名價格目錄

第號	競買申出人氏名	住所	競買價額
一	某	府縣郡市町村番地	何圓錢
二			

（第七十九號書式）

競落許可決定（訴第六七七、第六七九參看）

何府縣何市郡何町村何番地
字何
一田何町何反何畝歩
何府縣何市郡何町村何番地
字何
一畑何反何畝歩

右何府縣何市郡何町村登記所地所登記簿第何冊何丁第何號ニ登記シタル某所有ノ地所ノ競賣ニ付キ何府縣何市郡何町村何番地某ハ最高價金ノ申出ヲ爲シタルニ依リ當區裁判所ハ本人ヲ以テ競落人ト定ム

但競落人ハ以下ノ條件ヲ履行スヘシ

一

一

一

競賣ノ費用ハ右賣得金ヲ以テ之ヲ支拂フヘシ

何區裁判所

明治何年何月何日　判事　某印

（第八十號書式）

不動產競賣申立記入抹消囑託書

何府縣何市郡何町村何番地

字何

一田何町何反步

何府縣何市郡何町村何番地

一畑何反何畝步

右府縣何市郡何町村何登記所地所登記簿第何冊何丁第何號ニ登記シタル債

務者某所有ノ地所ニ付キ明治何年何月何日付ヲ以テ御囑託申候競賣
申立ノ記入ハ御抹消有之度候也

何區裁判所

判事　　　某印

明治何年何月何日

何登記所御中

（第八十一號書式）

強制管理ノ申請

何府縣何市郡何町村何番地身分職業

債權者　　　某

何府縣何市郡何町村何番地身分職業

債務者　　　某

請求金額

一金

一金
一金
合計金
右金額ハ明治何年何月何日ノ何裁判所控訴院ノ執行力アル判決及ヒ明治何年何月何日ノ何裁判所ノ訴訟費用確定決定ニ依リ債務者ノ弁濟スヘキモノトス
前記金額茲ニ此强制管理申請ノ費用金、、、ノ辨濟ニ充ツル爲メ債務者ノ所有スル何府縣何市郡何町村何番地字何田何町何反何畝歩ヨリ生スル収益ヲ管理人ヘ給付スヘキ様强制管理ノ御決定被下度此段申立候也

右

明治何年何月何日　債權者　某印

何區裁判所御中

（第八十二號書式）

（甲）假差押ノ申請

何府縣何市郡何町村何番地身分職業
債權者　某
何府縣何市郡何町村何番地身分職業
債務者　某

請求金額

一金
一金
一金
合計金

債務者某ハ右債權ヲ避クル爲メ財產ヲ隱匿シ又ハ轉移セントスル恐レ有之候間右債權ニ對スル弁濟ヲ保全スル爲メ債務者所有ノ不動產

（動産）假差押被成下度此段申請仕候也

右

明治何年何月何日　　　　　　債權者　某印

何區裁判所御中

（乙）有体動産（不動産）假差押命令（訴第七三七第七四三第七五〇參看）

何府縣何市郡何町村何番地身分職業

債權者　某

何府縣何市郡何町村何番地身分職業

債務者　某

請求金額

一金

一金

一金

書式

合計金

右金額幷ニ此假差押命令申請ノ費用金、、、ノ辨濟ヲ保全スル爲メ債務者所有ノ何々ハ之ヲ差押フルモノトス

但債務者ニ於テ金、、、ヲ供託スルトキハ此假差押ノ執行停止又ハ取扱ヲ求ムルコトヲ得ヘシ

何區裁判所

判事　某　印

明治何年何月何日

（第八十三號）

（甲）債權假差押ノ申請

何府縣何市郡何町村何番地身分職業

債權者　某

何府縣何市郡何町村何番地身分職業

債務者　某

請求金額

一金

一金

一金

合計金

債務者某ハ目下倒産セントスル狀態ニ有之候條右債權ニ對スル弁濟ヲ保全スル爲メ某(第三債務者)ヨリ債務者ニ支拂フヘキ借用金何圓ノ債權ヲ假差押被成下度此段申請候也

右

明治何年何月何日

債權者　某㊞

何區裁判所御中

(乙)　債權假差押命令　（訴第七三七第七四三、第七五〇參看）

何府縣何市郡何町村何番地身分職業

債權者　某

何府縣何市郡何町村何番地身分職業

債權者　某

請求金額

一金

一金

一金

合計金

右金額幷ニ此假差押命令ノ申請費用金丶丶丶ノ辨濟ヲ保全スル爲メ某(第三債務者)ヨリ債務者ニ支拂フヘキ借用金丶丶丶ノ債權ハ假ニ之ヲ差押フルモノトス

某ハ差押ヘタル債權額ヲ債務者ニ支拂フヘカラス又債務者ハ右ノ債權ニ付キ取立等一切ノ處分ヲ爲スヘカラス

但債務者ニ於テ金〻〻〻ヲ供託スルトキハ此假差押ノ執行停止又ハ其取消ヲ求ムルコトヲ得ヘシ

明治何年何月何日

何裁判所

判事　某印

(第八十四號書式)

假處分申請

何府縣何郡市何町村何番地身分職業

申請人　某

何府縣何郡市何町村何番地身分職業

被申請人　某

一何々物件

申請人某ハ被申請人某ニ對シ右何々物件請求權有之候處云々該物件滅失ノ恐レ有之候間該物件ハ引渡ノ假處分被成下度此段申請候也

明治何年何月何日

右

申請人　某印

何區裁判所御中

（第八十五號書式）

公示催告申立（訴第七六五參看）

何府縣何市郡何町村何番地身分職業

申立人　某

一何々株劵額面金、、、　何枚

右株劵ハ云々ノ關係ニヨリテ申立人所持仕居候處明治何年何月何日盜難ニ罹（又ハ紛失）候ニ付公示催告被成下度此段申立候也

明治何年何月何日

右

申立人　某印

何區裁判所御中

（第八十六號書式）

公示催告（訴第七六五參看）

何府縣何市郡何町村何番地身分職業

申立人　某

一何々株券額面金、、、　何枚

右株券ノ所持人ハ明治何年何月何日午前後何時迄ニ當區裁判所ニ權利ヲ届出テ且此株券ヲ提出スヘシ若シ右期日マテニ其届出ヲ爲サス且之ヲ提出セサルニ於テハ其無效タルヘキコトヲ宣告スヘシ依テ此旨催告ス

明治何年何月何日

何區裁判所

（第八十七號書式）

（甲）除權判決ノ申立（第七六九參看）

何府縣何市郡何町村番地身分職業

申立人　　某

一何々株券額面金、、、　　何枚

右株券盗難ニ罹リ(又ハ紛失)候ニ付公示催告セラレ候處該期日已ニ終了仕候間除權判決被成下度此段申立候也

右

明治何年何月何日　　申立人　　某印

何區裁判所御中

(乙)　除權判決(訴第七八四參看)

何府縣何市郡何町村何番地身分職業

申立人　　某

一何々株券競賣金、、、　　何枚

右申立人ハ前記證書ノ盗難ニ罹リタル(又ハ紛失シタル)事由及ヒ公示催告ヲ申立ツル權利ヲ有スルコトヲ疏明セシヲ以テ當區裁判所ハ公

示催告ヲ其掲示板ニ掲示シ只之ヲ明治何年何月何日官公報紙上及ヒ明治何年何月何日明治何年何月何日明治何年何月何日都合三回何新聞紙上ニ公告セリ
明治何年何月何日公示催告期日後ニ至ルモ權利ノ屆出ヲ爲シ只證書ヲ提出スルモノナシ依テ當區裁判所ハ公示催告申立人ノ除權判決申立ニ因リ前記證書ノ無效タルコトヲ宣言ス

何區裁判所

明治何年何月何日

判事　　　　某印

（第八十八號書式）

（甲）除權判決不服ノ訴（訴第七七四參看）

何府縣何市郡何町村何番地身分職業
原告　　某
何府縣何市郡何町村何番地身分職業

被告　某

一(何物件)

右物件何々ニ付何區裁判所ニ於テ公示催告ノ末明治何年何月何日除權判決宣言相成候處該判決ハ云々民事訴訟法第七百七十四條何々ニ該當スル違法ノ判決ニ付御取消相成度候也

右

何治何年何月何日

原告　某印

何地方裁判所長　某　殿

(乙)除權判決不服ノ訴ニ對スル答辯

何府縣何市郡何町村何番地身分職業

原告　某

何府縣何市郡何町村何番地身分職業

被告　某

右原告ハ何々事件ニ付何區裁判所ニ於テ宣言セラレタル明治何年何月何日ノ除權判決ニ服セス訴ヲ提起候ニ付左ニ答弁仕候

一原告ハ何々主張スルト雖𪜈其事實ハ何々證據ノ如ク何々ニ有之候

右ノ事由ニ付原告ノ訴ハ却下セラレ度此段答弁仕候也

右

明治何年何月何日　　被告　某

何地方裁判所民事第何部長判事　某　殿

（第八十九號書式）

仲裁人選定ニ付相手方へ通知（訴第七八九參看）

何々事件仲裁契約ニ基キ仲裁判斷ヲ受クヘキノ處該契約ニ仲裁人ヲ選定セサリシニ依リ拙者ハ何府縣何市郡何町村何番地某ヲ以テ仲裁人ニ選定候條貴殿ニ於テモ成規ノ期間內ニ仲裁人ヲ選定セラレ御通知相成度此段催告候也

何府縣何市郡何町村何番地

明治年何月何日　某印

何府縣何市郡何町村何番地

某 殿

（第九十號書式）

仲裁判斷取消ノ訴（訴第八〇一參看）

何府縣何市郡何町村何番地身分職業
原告 某

何府縣何市郡何町村何番地身分職業
被告 某

右當事間ノ何々事件ニ付仲裁契約ニ基キ住所ノ仲裁判斷ヲ受ケ候處
云々
右ノ理由ニ付判決ヲ以テ仲裁判斷御取消相成度候也

右 原告 某印

明治何年何月何日

何區裁判所御中

民事訴訟提要終

明治廿四年七月一日印刷
全　七月二日出版

定價五十五錢

發行者兼編輯者　井本常治
神田區仲猿樂町十七番地

編輯者　鈴木敬親
神田區裏神保町七番地

全　壚入太輔
神田區小川町四十一番地

全　佐々木忠藏
神田區裏神保町七番地

印刷者　松本義保
京橋區弓町十三番地

發行所　政治學講習會
東京神田區裏神保町七番地

印刷所　京橋區弓町拾三番地　績文舍

遞信省認可

民事訴訟法提要　全　　日本立法資料全集　別巻 1173

平成29年11月20日　復刻版第1刷発行

著　者　齋　藤　孝　治
　　　　緩　鹿　實　彰

発行者　今　井　　　貴
　　　　渡　辺　左　近

発行所　信　山　社　出　版
〒113-0033 東京都文京区本郷6-2-9-102
モンテベルデ第2東大正門前
電　話　03（3818）1019
FAX　03（3818）0344
郵便振替 00140-2-367777（信山社販売）

Printed in Japan.

制作／(株)信山社，印刷・製本／松澤印刷・日進堂

ISBN 978-4-7972-7286-4 C3332

巻数	書　名	編・著者	ISBN	本体価格
950	実地応用町村制質疑録	野田藤吉郎、國吉拓郎	ISBN978-4-7972-6656-6	22,000円
951	市町村議員必携	川瀬周次、田中迪三	ISBN978-4-7972-6657-3	40,000円
952	増補 町村制執務備考 全	増澤鐵、飯島篤雄	ISBN978-4-7972-6658-0	46,000円
953	郡区町村編制法 府県会規則 地方税規則 三法綱論	小笠原美治	ISBN978-4-7972-6659-7	28,000円
954	郡区町村編制 府県会規則 地方税規則 新法例纂 追加地方諸要則	柳澤武運三	ISBN978-4-7972-6660-3	21,000円
955	地方革新講話	西内天行	ISBN978-4-7972-6921-5	40,000円
956	市町村名辞典	杉野耕三郎	ISBN978-4-7972-6922-2	38,000円
957	市町村吏員提要〔第三版〕	田邊好一	ISBN978-4-7972-6923-9	60,000円
958	帝国市町村便覧	大西林五郎	ISBN978-4-7972-6924-6	57,000円
959	最近検定 市町村名鑑 附 官国幣社 及 諸学校所在地一覧	藤澤衛彦、伊東順彦、増田穆、関惣右衛門	ISBN978-4-7972-6925-3	64,000円
960	鼇頭対照 市町村制解釈 附 理由書 及 参考諸布達	伊藤寿	ISBN978-4-7972-6926-0	40,000円
961	市町村制釈義 完　附 市町村制理由	水越成章	ISBN978-4-7972-6927-7	36,000円
962	府県郡市町村 模範治績　附 耕地整理法 産業組合法 附属法令	荻野千之助	ISBN978-4-7972-6928-4	74,000円
963	市町村大字読方名彙〔大正十四年度版〕	小川琢治	ISBN978-4-7972-6929-1	60,000円
964	町村会議員選挙要覧	津田東璋	ISBN978-4-7972-6930-7	34,000円
965	市制町村制 及 府県制　附 普通選挙法	法律研究会	ISBN978-4-7972-6931-4	30,000円
966	市制町村制註釈 完　附 市制町村制理由〔明治21年初版〕	角田真平、山田正賢	ISBN978-4-7972-6932-1	46,000円
967	市町村制詳解 全　附 市町村制理由	元田肇、加藤政之助、日鼻豊作	ISBN978-4-7972-6933-8	47,000円
968	区町村会議要覧 全	阪田辨之助	ISBN978-4-7972-6934-5	28,000円
969	実用 町村制市制事務提要	河邨貞山、島村文耕	ISBN978-4-7972-6935-2	46,000円
970	新旧対照 市制町村制正文〔第三版〕	自治館編輯局	ISBN978-4-7972-6936-9	28,000円
971	細密調査 市町村便覧(三府 四十三県 北海道 樺太 台湾 朝鮮 関東州)　附 分類官公衙公私学校銀行所在地一覧表	白山榮一郎、森田公美	ISBN978-4-7972-6937-6	88,000円
972	正文 市制町村制 並 附属法規	法曹閣	ISBN978-4-7972-6938-3	21,000円
973	台湾朝鮮関東州 全国市町村便覧 各学校所在地〔第一分冊〕	長谷川好太郎	ISBN978-4-7972-6939-0	58,000円
974	台湾朝鮮関東州 全国市町村便覧 各学校所在地〔第二分冊〕	長谷川好太郎	ISBN978-4-7972-6940-6	58,000円
975	合巻 佛蘭西邑法・和蘭邑法・皇国郡区町村編成法	箕作麟祥、大井憲太郎、神田孝平	ISBN978-4-7972-6941-3	28,000円
976	自治之模範	江木翼	ISBN978-4-7972-6942-0	60,000円
977	地方制度実例総覧〔明治36年初版〕	金田謙	ISBN978-4-7972-6943-7	48,000円
978	市町村民 自治読本	武藤榮治郎	ISBN978-4-7972-6944-4	22,000円
979	町村制詳解　附 市制及町村制理由	相澤富蔵	ISBN978-4-7972-6945-1	28,000円
980	改正 市町村制 並 附属法規	楠綾雄	ISBN978-4-7972-6946-8	28,000円
981	改正 市制 及 町村制〔訂正10版〕	山野金蔵	ISBN978-4-7972-6947-5	28,000円

巻数	書　名	編・著者	ISBN	本体価格
915	改正 新旧対照市町村一覧	鍾美堂	ISBN978-4-7972-6621-4	78,000 円
916	東京市会先例彙輯	後藤新平、桐島像一、八田五三	ISBN978-4-7972-6622-1	65,000 円
917	改正 地方制度解説〔第六版〕	狭間茂	ISBN978-4-7972-6623-8	67,000 円
918	改正 地方制度通義	荒川五郎	ISBN978-4-7972-6624-5	75,000 円
919	町村制市制全書 完	中嶋廣蔵	ISBN978-4-7972-6625-2	80,000 円
920	自治新制 市町村会法要談 全	田中重策	ISBN978-4-7972-6626-9	22,000 円
921	郡市町村吏員 収税実務要書	荻野千之助	ISBN978-4-7972-6627-6	21,000 円
922	町村至宝	桂虎次郎	ISBN978-4-7972-6628-3	36,000 円
923	地方制度通 全	上山満之進	ISBN978-4-7972-6629-0	60,000 円
924	帝国議会府県会郡会市町村会議員必携 附関係法規 第1分冊	太田峯三郎、林田亀太郎、小原新三	ISBN978-4-7972-6630-6	46,000 円
925	帝国議会府県会郡会市町村会議員必携 附関係法規 第2分冊	太田峯三郎、林田亀太郎、小原新三	ISBN978-4-7972-6631-3	62,000 円
926	市町村是	野田千太郎	ISBN978-4-7972-6632-0	21,000 円
927	市町村執務要覧 全 第1分冊	大成館編輯局	ISBN978-4-7972-6633-7	60,000 円
928	市町村執務要覧 全 第2分冊	大成館編輯局	ISBN978-4-7972-6634-4	58,000 円
929	府県会規則大全　附 裁定録	朝倉達三、若林友之	ISBN978-4-7972-6635-1	28,000 円
930	地方自治の手引	前田宇治郎	ISBN978-4-7972-6636-8	28,000 円
931	改正 市制町村制と衆議院議員選挙法	服部喜太郎	ISBN978-4-7972-6637-5	28,000 円
932	市町村国税事務取扱手続	広島財務研究会	ISBN978-4-7972-6638-2	34,000 円
933	地方自治制要義 全	末松偕一郎	ISBN978-4-7972-6639-9	57,000 円
934	市町村特別税之栞	三邊長治、水谷平吉	ISBN978-4-7972-6640-5	24,000 円
935	英国地方制度 及 税法	良保両氏、水野遵	ISBN978-4-7972-6641-2	34,000 円
936	英国地方制度 及 税法	髙橋達	ISBN978-4-7972-6642-9	20,000 円
937	日本法典全書 第一編 府県制郡制註釈	上條慎蔵、坪谷善四郎	ISBN978-4-7972-6643-6	58,000 円
938	判例挿入 自治法規全集 全	池田繁太郎	ISBN978-4-7972-6644-3	82,000 円
939	比較研究 自治之精髄	水野錬太郎	ISBN978-4-7972-6645-0	22,000 円
940	傍訓註釈 市制町村制 並ニ 理由書〔第三版〕	筒井時治	ISBN978-4-7972-6646-7	46,000 円
941	以呂波引町村便覧	田山宗堯	ISBN978-4-7972-6647-4	37,000 円
942	町村制執務要録 全	鷹巣清二郎	ISBN978-4-7972-6648-1	46,000 円
943	地方自治 及 振興策	床次竹二郎	ISBN978-4-7972-6649-8	30,000 円
944	地方自治講話	田中四郎左衛門	ISBN978-4-7972-6650-4	36,000 円
945	地方施設改良 訓諭演説集〔第六版〕	鹽川玉江	ISBN978-4-7972-6651-1	40,000 円
946	帝国地方自治団体発達史〔第三版〕	佐藤亀齢	ISBN978-4-7972-6652-8	48,000 円
947	農村自治	小橋一太	ISBN978-4-7972-6653-5	34,000 円
948	国税 地方税 市町村税 滞納処分法問答	竹尾高堅	ISBN978-4-7972-6654-2	28,000 円
949	市町村役場実用 完	福井淳	ISBN978-4-7972-6655-9	40,000 円

別巻　巻数順一覧【878 ～ 914 巻】

巻数	書　名	編・著者	ISBN	本体価格
878	明治史第六編 政黨史	博文館編輯局	ISBN978-4-7972-7180-5	42,000 円
879	日本政黨發達史 全〔第一分冊〕	上野熊藏	ISBN978-4-7972-7181-2	50,000 円
880	日本政黨發達史 全〔第二分冊〕	上野熊藏	ISBN978-4-7972-7182-9	50,000 円
881	政党論	梶原保人	ISBN978-4-7972-7184-3	30,000 円
882	獨逸新民法商法正文	古川五郎、山口弘一	ISBN978-4-7972-7185-0	90,000 円
883	日本民法鼇頭對比獨逸民法	荒波正隆	ISBN978-4-7972-7186-7	40,000 円
884	泰西立憲國政治攬要	荒井泰治	ISBN978-4-7972-7187-4	30,000 円
885	改正衆議院議員選擧法釋義 全	福岡伯、横田左仲	ISBN978-4-7972-7188-1	42,000 円
886	改正衆議院議員選擧法釋義 附 改正貴族院令,治安維持法	犀川長作、犀川久平	ISBN978-4-7972-7189-8	33,000 円
887	公民必携 選擧法規ト判決例	大浦兼武、平沼騏一郎、木下友三郎、清水澄、三浦數平	ISBN978-4-7972-7190-4	96,000 円
888	衆議院議員選擧法輯覽	司法省刑事局	ISBN978-4-7972-7191-1	53,000 円
889	行政司法選擧判例總覽―行政救濟と其手續―	澤田竹治郎・川崎秀男	ISBN978-4-7972-7192-8	72,000 円
890	日本親族相續法義解 全	髙橋捨六・堀田馬三	ISBN978-4-7972-7193-5	45,000 円
891	普通選擧文書集成	山中秀男・岩本溫良	ISBN978-4-7972-7194-2	85,000 円
892	普選の勝者 代議士月旦	大石末吉	ISBN978-4-7972-7195-9	60,000 円
893	刑法註釋 卷一～卷四(上卷)	村田保	ISBN978-4-7972-7196-6	58,000 円
894	刑法註釋 卷五～卷八(下卷)	村田保	ISBN978-4-7972-7197-3	50,000 円
895	治罪法註釋 卷一～卷四(上卷)	村田保	ISBN978-4-7972-7198-0	50,000 円
896	治罪法註釋 卷五～卷八(下卷)	村田保	ISBN978-4-7972-7198-0	50,000 円
897	議會選擧法	カール・ブラウニアス、國政研究科會	ISBN978-4-7972-7201-7	42,000 円
901	鼇頭註釈 町村制 附 理由 全	八乙女盛次、片野続	ISBN978-4-7972-6607-8	28,000 円
902	改正 市制町村制 附 改正要義	田山宗堯	ISBN978-4-7972-6608-5	28,000 円
903	増補訂正 町村制詳解〔第十五版〕	長峰安三郎、三浦通太、野田千太郎	ISBN978-4-7972-6609-2	52,000 円
904	市制町村制 並 理由書 附 直接間接税類別及実施手続	高崎修助	ISBN978-4-7972-6610-8	20,000 円
905	町村制要義	河野正義	ISBN978-4-7972-6611-5	28,000 円
906	改正 市制町村制義解〔帝國地方行政学会〕	川村芳次	ISBN978-4-7972-6612-2	60,000 円
907	市制町村制 及 関係法令〔第三版〕	野田千太郎	ISBN978-4-7972-6613-9	35,000 円
908	市町村新旧対照一覧	中村芳松	ISBN978-4-7972-6614-6	38,000 円
909	改正 府県郡制問答講義	木内英雄	ISBN978-4-7972-6615-3	28,000 円
910	地方自治提要 全 附 諸届願書式 日用規則抄録	木村時義、吉武則久	ISBN978-4-7972-6616-0	56,000 円
911	訂正増補 市町村制問答詳解 附 理由及追輯	福井淳	ISBN978-4-7972-6617-7	70,000 円
912	改正 府県制郡制註釈〔第三版〕	福井淳	ISBN978-4-7972-6618-4	34,000 円
913	地方制度実例総覧〔第七版〕	自治館編輯局	ISBN978-4-7972-6619-1	78,000 円
914	英国地方政治論	ジョージ・チャールズ・ブロドリック、久米金彌	ISBN978-4-7972-6620-7	30,000 円

別巻　巻数順一覧【843 ～ 877 巻】

巻数	書　名	編・著者	ISBN	本体価格
843	法律汎論	熊谷直太	ISBN978-4-7972-7141-6	40,000 円
844	英國國會選擧訴願判決例 全	オマリー、ハードカッスル、サンタース	ISBN978-4-7972-7142-3	80,000 円
845	衆議院議員選擧法改正理由書 完	内務省	ISBN978-4-7972-7143-0	40,000 円
846	戇齋法律論文集	森作太郎	ISBN978-4-7972-7144-7	45,000 円
847	雨山遺稾	渡邉輝之助	ISBN978-4-7972-7145-4	70,000 円
848	法曹紙屑籠	鷺城逸史	ISBN978-4-7972-7146-1	54,000 円
849	法例彙纂 民法之部 第一篇	史官	ISBN978-4-7972-7147-8	66,000 円
850	法例彙纂 民法之部 第二篇〔第一分冊〕	史官	ISBN978-4-7972-7148-5	55,000 円
851	法例彙纂 民法之部 第二篇〔第二分冊〕	史官	ISBN978-4-7972-7149-2	75,000 円
852	法例彙纂 商法之部〔第一分冊〕	史官	ISBN978-4-7972-7150-8	70,000 円
853	法例彙纂 商法之部〔第二分冊〕	史官	ISBN978-4-7972-7151-5	75,000 円
854	法例彙纂 訴訟法之部〔第一分冊〕	史官	ISBN978-4-7972-7152-2	60,000 円
855	法例彙纂 訴訟法之部〔第二分冊〕	史官	ISBN978-4-7972-7153-9	48,000 円
856	法例彙纂 懲罰則之部	史官	ISBN978-4-7972-7154-6	58,000 円
857	法例彙纂 第二版 民法之部〔第一分冊〕	史官	ISBN978-4-7972-7155-3	70,000 円
858	法例彙纂 第二版 民法之部〔第二分冊〕	史官	ISBN978-4-7972-7156-0	70,000 円
859	法例彙纂 第二版 商法之部・訴訟法之部〔第一分冊〕	太政官記録掛	ISBN978-4-7972-7157-7	72,000 円
860	法例彙纂 第二版 商法之部・訴訟法之部〔第二分冊〕	太政官記録掛	ISBN978-4-7972-7158-4	40,000 円
861	法令彙纂 第三版 民法之部〔第一分冊〕	太政官記録掛	ISBN978-4-7972-7159-1	54,000 円
862	法令彙纂 第三版 民法之部〔第ニ分冊〕	太政官記録掛	ISBN978-4-7972-7160-7	54,000 円
863	現行法律規則全書（上）	小笠原美治、井田鐘次郎	ISBN978-4-7972-7162-1	50,000 円
864	現行法律規則全書（下）	小笠原美治、井田鐘次郎	ISBN978-4-7972-7163-8	53,000 円
865	國民法制通論 上卷・下卷	仁保龜松	ISBN978-4-7972-7165-2	56,000 円
866	刑法註釋	磯部四郎、小笠原美治	ISBN978-4-7972-7166-9	85,000 円
867	治罪法註釋	磯部四郎、小笠原美治	ISBN978-4-7972-7167-6	70,000 円
868	政法哲學 前編	ハーバート・スペンサー、濱野定四郎、渡邊治	ISBN978-4-7972-7168-3	45,000 円
869	政法哲學 後編	ハーバート・スペンサー、濱野定四郎、渡邊治	ISBN978-4-7972-7169-0	45,000 円
870	佛國商法復説 第壹篇自第壹卷至第七卷	リウヒエール、商法編纂局	ISBN978-4-7972-7171-3	75,000 円
871	佛國商法復説 第壹篇第八卷	リウヒエール、商法編纂局	ISBN978-4-7972-7172-0	45,000 円
872	佛國商法復説 自第二篇至第四篇	リウヒエール、商法編纂局	ISBN978-4-7972-7173-7	70,000 円
873	佛國商法復説 書式之部	リウヒエール、商法編纂局	ISBN978-4-7972-7174-4	40,000 円
874	代言試験問題擬判録 全 附録明治法律學校民刑問題及答案	熊野敏三、宮城浩蔵 河野和三郎、岡義男	ISBN978-4-7972-7176-8	35,000 円
875	各國官吏試驗法類集 上・下	内閣	ISBN978-4-7972-7177-5	54,000 円
876	商業規篇	矢野亨	ISBN978-4-7972-7178-2	53,000 円
877	民法実用法典 全	福田一覺	ISBN978-4-7972-7179-9	45,000 円

別巻　巻数順一覧【810～842巻】

巻数	書　名	編・著者	ISBN	本体価格
810	訓點法國律例 民律 上卷	鄭永寧	ISBN978-4-7972-7105-8	50,000円
811	訓點法國律例 民律 中卷	鄭永寧	ISBN978-4-7972-7106-5	50,000円
812	訓點法國律例 民律 下卷	鄭永寧	ISBN978-4-7972-7107-2	60,000円
813	訓點法國律例 民律指掌	鄭永寧	ISBN978-4-7972-7108-9	58,000円
814	訓點法國律例 貿易定律・園林則律	鄭永寧	ISBN978-4-7972-7109-6	60,000円
815	民事訴訟法 完	本多康直	ISBN978-4-7972-7111-9	65,000円
816	物權法(第一部)完	西川一男	ISBN978-4-7972-7112-6	45,000円
817	物權法(第二部)完	馬場愿治	ISBN978-4-7972-7113-3	35,000円
818	商法五十課 全	アーサー・B・クラーク、本多孫四郎	ISBN978-4-7972-7115-7	38,000円
819	英米商法律原論 契約之部及流通券之部	岡山兼吉、淺井勝	ISBN978-4-7972-7116-4	38,000円
820	英國組合法 完	サー・フレデリック・ポロック、榊原幾久若	ISBN978-4-7972-7117-1	30,000円
821	自治論 一名人民ノ自由 卷之上・卷之下	リーバー、林董	ISBN978-4-7972-7118-8	55,000円
822	自治論纂 全一册	獨逸學協會	ISBN978-4-7972-7119-5	50,000円
823	憲法彙纂	古屋宗作、鹿島秀麿	ISBN978-4-7972-7120-1	35,000円
824	國會汎論	ブルンチュリー、石津可輔、讃井逸三	ISBN978-4-7972-7121-8	30,000円
825	威氏法學通論	エスクバック、渡邊輝之助、神山亨太郎	ISBN978-4-7972-7122-5	35,000円
826	萬國憲法 全	高田早苗、坪谷善四郎	ISBN978-4-7972-7123-2	50,000円
827	綱目代議政體	J・S・ミル、上田充	ISBN978-4-7972-7124-9	40,000円
828	法學通論	山田喜之助	ISBN978-4-7972-7125-6	30,000円
829	法學通論 完	島田俊雄、溝上與三郎	ISBN978-4-7972-7126-3	35,000円
830	自由之權利 一名自由之理 全	J・S・ミル、高橋正次郎	ISBN978-4-7972-7127-0	38,000円
831	歐洲代議政體起原史 第一册・第二册／代議政體原論 完	ギゾー、漆間眞學、藤田四郎、アンドリー、山口松五郎	ISBN978-4-7972-7128-7	100,000円
832	代議政體 全	J・S・ミル、前橋孝義	ISBN978-4-7972-7129-4	55,000円
833	民約論	J・J・ルソー、田中弘義、服部德	ISBN978-4-7972-7130-0	40,000円
834	歐米政黨沿革史總論	藤田四郎	ISBN978-4-7972-7131-7	30,000円
835	内外政黨事情・日本政黨事情 完	中村義三、大久保常吉	ISBN978-4-7972-7132-4	35,000円
836	議會及政黨論	菊池學而	ISBN978-4-7972-7133-1	35,000円
837	各國之政黨 全〔第1分冊〕	外務省政務局	ISBN978-4-7972-7134-8	70,000円
838	各國之政黨 全〔第2分冊〕	外務省政務局	ISBN978-4-7972-7135-5	60,000円
839	大日本政黨史 全	若林清、尾崎行雄、箕浦勝人、加藤恒忠	ISBN978-4-7972-7137-9	63,000円
840	民約論	ルソー、藤田浪人	ISBN978-4-7972-7138-6	30,000円
841	人權宣告辯妄・政治眞論一名主權辯妄	ベンサム、草野宣隆、藤田四郎	ISBN978-4-7972-7139-3	40,000円
842	法制講義 全	赤司鷹一郎	ISBN978-4-7972-7140-9	30,000円